Une femme parmi tant d'autres

Tome 2

Enice Toussaint

Éditions Nouveau Siècle

Éditions Nouveau Siècle

La maison d'édition "Nouveau Siècle (ÉNS)" propose des œuvres sincères et personnelles où la liberté d'expression prime avant tout. À notre époque, malgré tous les conflits, nous vivons dans un monde de plus en plus unifié. Cela est en grande partie dû aux télécommunications et à une économie mondiale sans frontières. Cette nouvelle forme de réalité facilite les échanges entre les cultures et la conceptualisation d'une identité humaine enfin en harmonie avec elle-même.

C'est dans une telle vision de paix que cette maison d'édition entend promouvoir ses activités : publier des paroles personnelles, nées de l'expérience individuelle, souhaitant témoigner d'un monde en transformation. Pour avancer dans ce nouveau siècle, nous devons aller de l'avant sans craindre le changement, la différence, le fait d'être soi-même, ses pensées et celles des autres. Avec une telle philosophie, des mots vrais, même les plus simples, peuvent contribuer à nourrir le renouveau de notre monde.

Déclaration de mission de "Nouveau Siècle" : Partager les pensées et préserver les souvenirs…

Éditeur : Éditions Nouveau Siècle ENS

Adresse e-mail: ediontionsens@gmail.com

Site Internet : www.enspublishing.com

Chef de projet :

Natatsha Casimir

Conception de la couverture du livre :

Natatsha, Elle-Camay C. Reason et Max Casimir

Infographie de la page de couverture : Elle-Camay C. Reason

Photographie, Maquillage : Natatsha Casimir

Conception du site Internet : Elle-Camay C. Reason

© 2001, Éditions Nouveau Siècle et Enice Toussaint

© 2004, Éditions Nouveau Siècle et Enice Toussaint pour la traduction en anglais

Droits d'auteur
Éditions Nouveau Siècle ENS et Enice Toussaint

Tous droits réservés

ISBN : 978-1-80623-717-3 – Imprimé

ISBN : 978-1-80623-716-6 – Livre numérique

Dépôt légal – 2ème trimestre 2025

Droits d'auteur

Bibliothèque nationale du Québec

Bibliothèque nationale du Canada – Livre numérique

À la mémoire de ma mère.

Pour mes enfants Natatsha et Max qui m'ont aidée à concrétiser ce projet d'écriture.

À mes petits-enfants que j'adore.

Puissent-ils chérir la mémoire de chaque vie

et ainsi apprendre la persévérance.

Votre vie peut être remplie de joies et de satisfactions.

Nous ne devons pas permettre aux obstacles de détruire notre bien-être et notre bonheur.

Nous ne sommes vaincus que si nous acceptons la défaite.

Martin Gray

Le Livre de la Vie

Table des Matieres

AVANT-PROPOS 1
PROLOGUE 2
Chapitre 1 14
    Janvier 1975 14
    De retour de chez madame Bélisle, la gardienne, après ma libération 14
Chapitre 2 24
    Mon premier appartement dans ma vie commune avec Jacques 24
    Février 1975 24
    Première Partie 24
Chapitre 3 37
    Juillet 1975 — La vie à Anjou sur la rue Ronsard 37
    Première Partie 37
Chapitre 4 51
    Projet de trouer un autre appartement 51
    Première partie 51
Chapitre 5 69
    Déménagement à Saint-Louis-de-Terrebonne (1976-1985) 69
    Première partie 69
Chapitre 6 158
    Notre emménagement à la rue Hénault 158
    Première partie 158

Chapitre 7 185
Chapitre 8 249
    La petite maison des horreurs, à rue Boyer — juin 1991
    249
    Lundi 23 octobre 2006 Québec 249
    Moment présent 249
    Suite du chapitre 8 345
    Jeudi 26 octobre 2006, à Québec 345
    Trajet d'écriture du volume 2 345
    Un moment au présent 345

AVANT-PROPOS

D'un style simple, ordinaire et limpide, l'Auteur présente sa biographie à l'attention du lecteur. C'est un récit captivant basé sur des faits et des événements réels et présentés de manière chronologique.

La description des lieux est vivante, invitant le lecteur, aux promenades et à la rêverie. Les personnages sont présentés à visage humain avec leurs qualités mais aussi avec leurs tares et défauts d'où transpirent souvent des pratiques et gestes inexplicables.

L'auteur décrit à travers sa propre vie, les méandres et péripéties de la femme en couple ; plus spécifiquement de la situation d'une majorité sans voix de toute nationalité. C'est une alerte lancée à cette société foncièrement machiste dont les manipulations sont à peine perceptibles.

Ce livre ouvre un vaste champ de recherche et de réflexion aux féministes et activistes de libération et de l'autonomisation de la femme.

D.M

PROLOGUE

Mon départ pour New York

Je suis au parc Riverside à Manhattan. En face de moi, sur l'autre rive, c'est la ville du New Jersey dans l'État du même nom. Un bateau plein de touristes vient de passer. Je prends le temps de regarder la beauté du paysage avant de commencer à écrire.

Depuis un an déjà, je devais entamer la suite de mon livre : une *femme parmi tant d'autres*. Je comptais choisir un endroit inspirant pour le faire. Je mûrissais l'idée de me rendre à New York, et ma fille approuvait mon projet.

En réalité, j'étais indécise. Car je soupesais également deux autres possibilités : un voyage en Haïti ou un séjour dans une maison de retraite située non loin de Montréal. Finalement, j'optai pour le quartier de Manhattan dans la ville de New York, la cité de mes rêves.

Le départ avait été retardé, parce que j'avais d'autres obligations à Montréal. Les deux enfants de ma fille, Josh et Sophia étaient en vacances, de même que mon petit neveu, Steeve, venu d'Haïti pour un séjour de deux mois au Québec. La mère de ce dernier avait été victime d'un crime gratuit en

Haïti, le 31 décembre 2003. Dans la famille, c'était surtout moi qui pouvais me libérer de mes obligations. Je fus obligée de changer mes plans pour me mettre à la disposition des enfants. Mais je ne l'ai point regretté. J'ai éprouvé beaucoup de plaisir en leur compagnie ; ce fut d'ailleurs, je crois, l'un de mes plus beaux étés. J'en garderai très longtemps le souvenir.

À la fin des vacances, ma fille Natasha et moi avons décidé qu'il était temps pour moi de partir pour New York. Chaque semaine, je remettais à plus tard la date de mon départ. Je me sentais très vulnérable et triste. Je me disais : « Est-ce que j'aurai le courage de laisser tous ceux que j'aime et de partir si loin pour écrire ? » Je me rappelle combien, pour la rédaction de mon premier livre, *une femme parmi tant d'autres*, j'avais d'enthousiasme et d'énergie. Je ne reculais devant aucun obstacle.

Je n'ai pas révélé mes angoisses à Natasha ; je ne voulais pas l'inquiéter. J'ai prié Dieu en lui demandant de m'accorder la volonté, l'audace et l'inspiration. Durant trois jours, j'ai prié ; je suis même allée me recueillir à Notre Dame-du-Cap. Je me suis sentie en paix et plus déterminée. Deux jours plus tard, j'ai annoncé à ma fille que je serais prête à partir dans deux semaines.

J'ai téléphoné à mon neveu Marco qui habite à New York (Manhattan) pour lui faire savoir que j'arriverais bientôt. Je lui avais déjà demandé ainsi qu'à sa sœur Valène s'ils pouvaient m'héberger pour pendant deux mois. Valène n'est pas souvent à la maison, elle travaille à New Jersey et revient chez elle une fois par mois.

Si j'ai pris la décision d'écrire ce livre à Manhattan, c'est bien sûr j'aime ce quartier, mais aussi ; c'est parce que depuis les événements du 11 septembre 2001, chaque fois que je retourne là-bas, je constate qu'un nouveau miracle s'est produit dans la ville de New York. Celle-ci est devenue plus chaleureuse ; les gens sont plus accueillants, ils prennent le temps de découvrir leurs voisins. Un côté humain s'est installé. Je souhaitais que tous ceux qui ne connaissent pas la ville de New York apprennent à l'apprécier autant que moi. Car c'est une ville magique.

Mon arrivée à New York — 24 septembre 2004

Ma première journée à New York

Avec deux valises et deux petits sacs, je suis partie de Montréal le jeudi 24 septembre à 23 heures 45 du soir, pour arriver à Port Authority, dans Manhattan, le lendemain vendredi à 7 heures 30 du matin. Mon neveu Marco qui devrait m'accueillir n'était pas présent. Mais son retard ne fut que de très courte durée. Après nous être salués, nous sommes allés prendre le Subway (le métro). La station de la 42e était bondée, nous avons dû marcher longuement pour accéder à la prochaine. Fort heureusement, un bon samaritain nous a prêté main-forte.

Marco est le fils de mon frère Alain. Très beau jeune homme, il a 35 ans. À l'âge de 15 ans, il a dû subir l'amputation d'un pied. Accepte stoïquement sa maladie, c'était lui qui, de son lit d'hôpital, réconfortait sa famille. Il a réussi à terminer ses études collégiales avec un diplôme de travailleur social. Présentement, il travaille dans son métier. Ses parents étant retournés en Haïti, il occupe leur appartement avec sa sœur Valène. C'est un garçon extrêmement chaleureux.

Description de l'appartement et du quartier

L'appartement se trouve au troisième étage d'un immeuble situé dans la 104e Street, au coin de Broadway dans le West Side. C'est un grand 4½ très propre constitué d'un grand salon et d'une salle à manger combinés, d'une petite cuisine et deux grandes chambres. Marco m'installe dans la chambre de sa sœur Valine donnant sur la rue Broadway. De la chambre, on voyait sur les deux rues, les passantes, surtout rue Broadway, mais celle-ci était très calme la nuit. Le Parc Riverside se trouve en arrière de chez lui, ce que j'admire particulièrement sur cette grande rue Broadway, c'est la présence des nombreux magasins de fruits et de fleurs. Ceux-ci donnent un cachet particulier à l'environnement.

Au milieu de la rue, un grand parterre de fleurs sépare les deux voies ; à chaque extrémité ont été placés des bancs sur lesquels les gens peuvent s'asseoir pour se détendre, tout en prenant un café. Il y a de tout dans le quartier : des bons restaurants, des bars, des églises. Je fus étonnée du nombre d'églises à Manhattan ; j'aurai donc l'embarras du choix, lorsque viendra le temps d'assister à une messe.

Après avoir visité l'appartement, j'ai brièvement conversé avec mon neveu, puis j'ai pris une douche. Comme je n'avais pas faim, je n'ai pas mangé. J'ai demandé à Marco quel serait notre itinéraire pour la journée, après quoi il est sorti, très probablement pour me donner l'occasion de me reposer un peu.

Étant donné que je n'avais pas dormi durant le voyage, je suis allée me coucher. J'ai dormi durant au moins deux heures. À mon réveil, après m'être habillée j'ai mangé quelque chose de léger. Au retour de mon neveu, nous sommes sorties. Il projetait me faire faire une petite visite du quartier. Il m'a accompagnée à l'église Michael qui se trouve sur la rue Amsterdam, au coin de la 101e Street, mais elle était fermée. Nous nous sommes dirigées vers celle qui est située au coin d'Amsterdam et de la 96e Street ; elle était ouverte. Nous y sommes entrés. J'ai fait une prière. À notre retour, Marco m'a signalé la bibliothèque qui se trouve au 100e Street au coin d'Amsterdam. J'avais un petit creux, je me suis acheté des prunes que j'ai mangées tout en me promenant. J'en ai offert à mon neveu, il n'en a pas voulu.

Durant le trajet du retour, nous avons fait l'épicerie. Rentrée dans l'appartement, je me suis sentie trop épuisée pour préparer le souper. J'ai alors donné à Marco un peu d'argent pour lui permettre d'aller s'acheter des mets tout préparés. Vers 19 heures, j'ai appelé ma fille et ma sœur pour leur donner de mes nouvelles. Marco est revenu avec de la nourriture chinoise que nous avons mangée avec plaisir.

**Ma deuxième journée à New York —
samedi 25 septembre 2004**

À la recherche des meilleurs endroits pour écrire

Marco et moi sommes sortis à 11 heures 30, en vue de retourner à cette bibliothèque située sur la 100e Street ; je comptais y faire une demande de carte. On m'en a accordé une sans la moindre difficulté.

Description de la New York Public Library, située sur la 100e Street à Manhattan.

C'est une vieille bibliothèque de deux étages, le premier étage était destiné aux adultes et celui du haut aux enfants. Une petite section est réservée aux livres en français. Les commis de la bibliothèque sont très sympathiques. En observant attentivement les lieux, j'ai remarqué un coin très calme, occupé pour les gens qui veulent travailler en paix.

Ma visite se poursuit

Après avoir quitté la bibliothèque, nous nous sommes rendus à la cathédrale Saint-John, situé au coin des rues Colombus et 112e Street. C'est une très belle et très grande église antique. On peut y admirer, entre autres souvenirs, un monument construit avec les débris des deux immeubles World Trade Center 9-11, en mémoire des personnes et des pompiers décédés dans la tragédie.

Nous sommes ensuite allés à l'Université Columbia. J'ai été impressionnée par la grandeur et la beauté de cette université. J'en ai visité la bibliothèque, et après quoi nous sommes revenus sur nos pas pour nous rendre au Park de Riverside. Marco m'a montré le trajet le plus simple ; je serais ainsi en mesure de me le rappeler plus facilement. Nous avons longé la rue Riverside jusqu'à la 104e Street, et jusqu'au parc Riverside. C'est justement l'endroit, pensé-je, où je viendrai écrire quand il fera beau. Nous avons poursuivi notre promenade au parc pendant quelques minutes au Parc, puis nous sommes rentrés chez nous. Il était 16 heures 30. Ma journée a été épuisante, mais productive.

Je me suis reposée un peu, puis j'ai commencé à préparer mon plan d'écriture. Vers 18 heures, j'ai apprêté un léger repas. Après avoir soupé, j'ai appelé ma sœur, ainsi que mes enfants à Montréal pour leur donner de mes nouvelles. En compagnie de mon neveu, j'ai ensuite regardé un film dans le salon. Je me suis couchée à 23 heures.

Ma troisième journée d'exploration

Dimanche 26 septembre 2004

Ayant éprouvé de la difficulté à dormir, je me suis réveillée tôt. Je me suis rendue à pied, pour la messe de 11 heures, à l'église St Michaël. La messe y est célébrée de la même façon que dans les églises catholiques ; toutefois, c'est à la toute fin qu'est placée la partie eucharistique. J'ai trouvé très harmonieux et très mélodieux les chants exécutés par la chorale. J'ai donc pu me recueillir spirituellement, ce qui m'a procuré une douce satisfaction.

À mon retour de la messe vers 13 heures, j'ai dîné. Et comme je me sentais fatiguée. Je me suis reposée un peu. Ma nièce Valine est arrivée à 16 heures ; nous avons été heureuses de nous revoir. Je l'ai complimentée sur sa perte de poids. Elle m'a retourné le compliment en ajoutant : « Je trouve que tu as bronzé comme moi. » Je lui ai répondu : « Durant l'été, il faut bien prendre un peu de couleur ; cela fait du bien à notre peau. » Comme c'était son anniversaire, je lui ai offert des fleurs jaunes que j'avais achetées en sortant de l'église. Marco et moi lui avons présenté une carte de vœux. Elle en a paru très ravie. Nous avons eu envie de boire du vin. Elle a envoyé son frère en acheter, mais il n'en a pas trouvé : les magasins de vin étaient tous fermés. Vers 15 heures 30, nous avons décidé d'aller souper à l'extérieur et nous nous sommes rendus dans un restaurant hispano-chinois situé sur Broadway.

Comme c'était un dimanche, le restaurent était bondé. Nous avons commandé nos plats. J'ai personnellement choisi du plantain mûr avec des crevettes et une salade. Valène, pour sa part, a pris des côtelettes de porc avec de la banane pesée et de la salade, alors que Marco a choisi du tasseau de bœuf. Nous avons aussi commandé un pichet de sangria. Ce fut très appétissant et très bien apprêté. Nous étions satisfaits du service. Le repas terminé, nous sommes allés faire une promenade sur Broadway. Après avoir longé 16 pâtés de maisons, nous sommes parvenus à la 90ᵉ Street, au coin d'Amsterdam, où se tenait une assemblée de prière conduite par le prêtre Darbouse pour les Haïtiens sinistrés des Gonaïves en Haïti.

Nous n'y sommes pas restés jusqu'à la fin. Au retour, nous avons longé la grande rue Amsterdam jusqu'à l'appartement, tout en faisant du lèche-vitrine.

À notre arrivée à l'appartement, je suis rentrée dans ma chambre. Et j'ai pensé : « Je suis venue pour un but, l'écriture. » Je me suis alors installée devant le bureau ; j'ai révisé le plan du livre, mon plan de travail et mon horaire. Me sentant un peu nerveuse et angoissée, je suis allée me coucher. Je me suis dit : « C'est demain lundi 27 septembre que je lance mon plan d'attaque. » J'ai alors prié Dieu de me donner la volonté et l'inspiration. Ma nuit de sommeil fut très agitée.

En présentant ainsi l'introduction de ce livre, je voulus montrer dans quelles conditions j'ai écrit, le deuxième tome d'une *femme parmi tant d'autres*. Dès demain, j'aborderai d'emblée le récit de la deuxième étape de ma vie. Celui-ci débutera en janvier 1975, au moment où Jacques est venu me chercher chez la gardienne, madame Delisle, à Sainte Thérèse-De-Blainville, un village au nord de Montréal.

Je décrirai des moments forts, heureux et malheureux qui sont restés inconnus de mon entourage. Ce nouveau témoignage s'avérera extrêmement important pour ma famille. C'est que j'ai connu une expérience de vie tellement différente de celle de mes enfants !

Je prévois que ces révélations vont générer alternativement des instants de joie et de souffrance, mais je dois les faire. La nuit précédant l'amorce de mon projet d'écriture, j'ai très mal dormi : mon sommeil était plein d'épouvantables cauchemars.

À mon réveil, je me sentais encore angoissée et indécise. Je continuais à m'interroger sur le bien-fondé et l'opportunité de mon projet. Pourquoi tout cela ? Eh bien, il faut que je fonce ! J'ai besoin d'énergie. Je sais que je reste la seule personne à m'en procurer ! Je me suis mise à prier. J'ai demandé à Dieu de m'envoyer un ange pour m'insuffler la force et la volonté nécessaires, ainsi que la paix intérieure.

Je me suis ensuite fermé les yeux pour méditer. Après m'être posé bien des questions restées sans réponses, j'ai aperçu en ouvrant les yeux les photos de mes petits-enfants que j'avais installées sur le bureau. Je les ai fixés longuement. J'avais l'impression que les enfants me parlaient tellement j'attachais mon regard sur ces photos. Je pensais aux enfants, à leur avenir.

Brusquement, une idée m'est venue. Je me suis dit : « Pourquoi ; n'écrirais-je pas mon livre comme une longue lettre à mes petits-enfants sous la forme d'un journal intime ? » Je pourrais ainsi m'entretenir avec eux, et par l'intermédiaire de cette lettre chercher à faire régner en eux la joie de vivre. Ils m'accompagneront au cours des grandes aventures de mon passé.

À cette idée, je me suis sentie mieux, prête à commencer ma grande traversée dramatique et mystique en compagnie de mes petits-enfants. J'ai alors pris mon sac, et je suis sortie de l'immeuble. Rendue à l'extérieur, j'ai respiré longuement tout en me dirigeant vers le parc Riverside.

Mardi 28 septembre 2004

Chapitre 1

Janvier 1975
De retour de chez madame Bélisle, la gardienne, après ma libération

Après avoir pris le déjeuner avec madame Bélisle et mes enfants, je téléphone à Jacques pour qu'il vienne me chercher. « Où es-tu ? » me demande-t-il. Depuis hier, je n'arrivais pas à te retrouver nulle part ! » Je réponds que je devais être seule et que c'était surtout une mère qu'il me fallait pour le moment. Il réplique simplement : « D'accord, je viens te chercher. »

À son arrivée, je salue mes enfants et madame Bélisle tout en la remerciant de tout ce qu'elle a fait pour moi. Absorbée comme je le suis par mes pensées, je ne parle pas beaucoup avec Jacques durant le voyage. Il me ramène chez ma sœur et part immédiatement après pour son travail. Je me sens heureuse d'être rendue au bout de ce calvaire.

Chez ma sœur Irène

Je suis allée chez ma sœur que j'ai trouvé un peu soucieuse. « Peut-être éprouve-t-elle trop de peine pour moi » ai-je pensé. Cette hypothèse était fondée sur le fait qu'elle me faisait part des conversations bizarres qu'elle avait eues avec Jacques. Je me suis dit que cela lui passerait, mais j'ignorais alors que, durant mon séjour chez madame Bélisle, Tony lui avait raconté une histoire inventée de toutes pièces au sujet de Jacques.

Ainsi, Tony aurait confié à ma sœur que Jacques prétendait que, s'il le voulait, il pourrait également faire l'amour avec elle et bien d'autres choses encore ! J'ignore si Jacques avait vraiment émis de telles affirmations, parce que dans ce temps-là je ne le connaissais pas encore très bien. Aujourd'hui, même si je ne suis pas portée à y croire, un léger doute persiste dans mon esprit !

Tony n'avait rien déclaré de négatif à mon sujet parce qu'il savait que ma sœur éprouvait une très profonde affection envers moi. Il tentait d'entrer dans les bonnes grâces de celle-ci. De toute façon, elle ne me trahirait jamais, quoi qu'il en soit, je lui ai conseillé de ne prêter aucune attention aux propos de Tony et je l'ai priée de me laisser faire mon choix. Elle ne m'approuvait pas, mais elle s'est conformée à mes volontés.

C'était un lundi. Je travaillais de nuit. Je disposais donc de toute la journée pour mettre de l'ordre dans mes pensées.

L'appartement n'était pas très grand : la cuisine, la salle à dîner, une salle de bain, une chambre transformée en salon durant le jour. Nous nous en accommodions. Comme notre frère Robert habitait avec Irène, nous disposions de très peu d'espace. L'appartement était cependant très propre.

Robert m'adressait rarement la parole ; il suivait toutefois mes conversations téléphoniques, ainsi que ma sœur d'ailleurs : cela ne leur plaisait pas que je confie mes problèmes personnels à des amis. Je les trouvais alors bien méfiants, mais j'ai compris quelques années plus tard qu'ils ne cherchaient qu'à me protéger.

Vers 22 heures, je me suis rendue à mon travail ; celui-ci consistait à prendre soin des malades à la maison des sœurs du Saint-Nom-de-Jésus-et-Marie sur la rue Mont-Royal à Outremont. À la fin de mon quart de travail, la directrice, sœur Monica, m'a annoncé que je travaillerais de jour à compter du lundi suivant. J'en étais très satisfaite et j'ai remercié Dieu.

Ma sœur Irène et mon frère Robert ayant toujours vécu ensemble, mon arrivée chez eux dérangeait quelque peu leur routine : j'empiétais sur leurs espaces. Malgré leur attachement à mon endroit, nous ne partagions pas le même mode de vie. Ils sont plus calmes, plus réservés ; on ne parle pas trop fort, on ne fait pas de bruit ; contrairement à eux, je suis très ouverte, très expressive. J'aime parler, discuter, traiter toutes les facettes d'une question, vivre librement et sans trop de complications. Ma façon de vivre devrait les déranger passablement.

Toutefois, Irène me gâtait beaucoup. Parfois, pour m'encourager, elle venait me chercher le matin au terme de mon quart de travail lorsqu'elle était en congé. Après avoir déjeuné ensemble, nous nous rendions à l'église. Tout se passait assez bien, mais un certain malaise persistait, du fait que Jacques qui appelait assez souvent ou venait me chercher pour m'amener au restaurant ou ailleurs.

Nombre de mes amis me téléphonaient et venaient me voir ou m'invitaient au restaurant en vue de discuter avec eux de mes problèmes, tel le père de Yvi et tant d'autres. Quelques-uns avaient finalement pris fait et cause pour Tony et ne m'adressaient plus la parole ; alors que d'autres avaient conclu que je n'avais pas fait le bon choix. Jamais je n'ai montré à ceux qui m'ignoraient que leur attitude m'affectait : je n'en ressentais pas le besoin.

Je me tenais en contact avec mon avocat. Aussi, lorsqu'un beau jour Tony m'a téléphoné, je lui ai lancé : « Si tu as quelque chose à me dire, fais-en part à mon avocat. » Il a assez mal réagi.

Entre-temps, l'atmosphère changeait graduellement chez ma sœur. Puisque je travaillais désormais de jour, je réussissais à mieux me reposer et me sentais moins nerveuse. C'était mieux pour moi parce que je ne dormais pas assez. Quant aux enfants, il devenait évident qu'ils étaient bien mieux chez madame Delisle.

Un matin, j'engageai une très vive discussion avec ma sœur et mon frère. J'étais très en colère. J'ai claqué la porte et je suis partie comme une folle sans savoir où j'allais. J'ai pleuré à chaudes larmes.

C'est que je me sentais tiraillée entre Jacques qui désirait que j'emménage avec lui et ma sœur qui cherchait à m'en dissuader, dans l'intention de me protéger. Et moi, je n'avais pas fait une lucide évaluation de la situation à ce moment-là. J'agissais comme l'adolescente qui décide seule de son chemin. Maintenant, je la comprends. Il reste que j'avais pris alors la solution de la fuite.

Chez ma cousine Gisèle

J'appelle Jacques pour l'avertir que je n'habiterai plus chez ma sœur, que je me trouve dans un restaurant et que j'aimerais qu'il vienne me chercher. Vingt minutes plus tard, il est déjà là. Sa voiture est une Volkswagen « Hatch back » rouge. Il aime conduire très vite. Avec tous ces événements, je me sens comme dans un nuage, comme une spectatrice de ce qui m'arrive. Durant l'attente au restaurant, je n'arrête pas de pleurer ; c'est plus fort que moi.

Dès son arrivée, Jacques me demande ce qui s'est passé. Je lui réponds : « Je suis partie en claquant la porte. Je ne sais pas... c'est tout. Ne m'en demande pas plus. » Il n'insiste pas. Il trouve que je parais très ébranlée. Je lui confie que je demanderai à ma cousine Gisèle s'il lui est possible de m'héberger pour un court séjour.

C'est, selon lui, une bonne idée. Je lui révèle alors que l'appartement de Gisèle est exigu et que deux de ses amies habitent déjà avec elle. « Ce ne sera pas pour longtemps, me réplique-t-il, juste le temps de trouver notre propre appartement. »

Je contacte donc ma cousine et elle accepte de m'héberger en me proposant de dormir sur le sofa du salon, si cela ne me dérange pas. « Cela me satisfait en attendant, fais-je, je te remercie. Je viens tout de suite puisque ça va régler mon problème. »

Ma cousine Gisèle est une personne très simple. Elle est la fille de ma tante Paulette, l'une des sœurs de mon père. C'est elle qui m'appelait « Têt sèk » (cheveux courts) quand j'étais enfant. À son arrivée d'Haïti, elle est demeurée quelque temps chez ma sœur, sur la rue Saint-Denis (comme je l'ai raconté dans mon premier livre).

Ma cousine habitait un appartement à aire ouverte au sous-sol : chambre, cuisine et salon ne faisaient qu'un. J'ai bien vite compris que ce n'était pas le logement idéal. Le sofa n'était pas confortable. Le deuxième soir, Jacques a voulu lui aussi dormir sur le sofa ; celui-ci a cédé sous nos poids.

J'ai parlé de ma situation à une personne que je connaissais depuis peu. Elle commençait à travailler au même endroit que moi et s'appelait Anièce. C'était une femme de grande taille, dotée de remarquables qualités ; elle était notamment spirituelle et très minutieuse.

La première fois que je l'ai aperçue, elle m'avait simplement saluée. Puis, le lendemain, nous avons fait plus ample connaissance. Elle était mère d'un petit garçon. Quelques années plus tard, elle a aussi eu une fille du nom de Nadine, une enfant que j'ai vue naître. Nous sommes devenues de très bonnes amies.

Je lui ai donc fait part du fait que je devais trouver un appartement de toute urgence. Elle m'a répondu : « J'ai une amie qui doit laisser son appartement d'ici deux jours. Je l'appelle ce soir. Je te donnerai des nouvelles. » Je l'ai remerciée tout en lui soulignant que je comptais sur elle. J'en ai aussi informé Jacques. Et j'ai prié Dieu pour obtenir cet appartement.

Entre-temps, j'appelle ma sœur pour m'excuser. Je lui explique que je suis chez Gisèle jusqu'à ce que je me trouve une place. Ma sœur me répond froidement, mais je le comprends. Je lui précise que je viendrai chercher mes affaires dès que j'aurai mon appartement. Je l'appellerai tous les jours pour prendre de ses nouvelles, car c'est important pour moi de garder le lien familial.

Quant à Jacques, il était obligé de dormir chez un ami depuis qu'il était parti de chez Tony. Et moi, je ne pouvais pas aller vivre avec lui chez son ami, jamais de la vie ! Jacques devait prendre ses responsabilités, c'est-à-dire louer un appartement, ce qu'il a fait.

Anièce m'a finalement fait savoir que son amie me laissait son appartement. Celui-ci était situé à Saint-Léonard, dans un sous-sol de la rue Couture ; il s'agissait d'un 3 ½ meublés. J'ai rencontré le propriétaire qui m'a loué l'appartement sans me faire signer un bail. Et j'ai appelé Tony pour l'avertir que je viendrais chercher le reste de mes affaires le soir même, une journée de plus ! Il ne pouvait pas refuser.

Du temps où j'habitais à Anjou avec Tony, je m'étais fait des amis : non loin, Nélia et son mari Simon. Étant donné que je ne voulais pas me rendre seule chez Tony ni y envoyer Jacques, j'ai demandé à Simon de m'accompagner pour y prendre ce qui m'appartenait et il a accepté. C'est que je cherchais à éviter toute confrontation avec Tony. J'avais tout laissé derrière moi : meubles, télévision, appareils ménagers. Parmi les meubles des enfants, il y avait une bibliothèque que mon frère m'avait donnée et que je tenais à récupérer.

Jacques, arrivé depuis quelques minutes, m'attendait à l'extérieur. En entrant dans l'appartement, j'ai rencontré la sœur de Tony, Édith, sa fille Clarice ainsi que Tony. Je les ai salués et j'ai pris ce dont j'avais besoin ; puis, je suis repartie. Le tout n'a duré que trente minutes. J'ai remercié mes amis d'avoir pris le risque de venir m'aider. C'est un moment de ma vie que je n'oublierai jamais. Tony était manifestement très surpris de me voir. Il n'a pas articulé aucun mot, moi de même, d'ailleurs ; je veillais à ne pas le provoquer.

Ainsi s'est accomplie ma libération de Tony. Il restait les procédures pour la garde des enfants et le divorce.

Dans toute cette épreuve, il y a une action que je n'ai jamais regrettée : c'est d'avoir eu mon garçon Max avec Tony parce que c'est un fils adorable.

Chapitre 2

Mon premier appartement dans ma vie commune avec Jacques
Février 1975
Première Partie

Le même soir du 15 février, j'ai pris possession de l'appartement, en compagnie de Jacques. À peine y étions-nous entrés que Jacques voulait déjà faire l'amour. « Maintenant, ça y est, m'a-t-il soufflé, je t'ai pour moi, toute seule. Je peux faire l'amour quand je le veux avec toi. » Je lui ai rétorqué qu'il fallait que nous soyons tous deux consentants. Il a insisté. Comme il y avait déjà un lit dans l'appartement, nous avons finalement fait l'amour. Lui, il s'est ensuite endormi, et moi, je suis restée à réfléchir à tout cela. Puis, je me suis dit : « Il faut que mon fils vienne vivre avec nous ici. » Ensuite, j'ai commencé à mettre les choses en ordre. Un peu plus tard, j'ai pris ma douche et je me suis préparée pour aller me coucher ; mais j'avais noté au préalable que j'appellerais madame Bélisle pour la prévenir que je viendrais chercher Max en fin de semaine.

Ma décision a étonné Jacques. Je lui ai fait comprendre que j'étais très sérieuse. Il a alors accepté que Max vienne vivre avec nous. Je suis ensuite allée chez ma sœur pour récupérer ce que j'y avais laissé. Je me sentais, malgré tout triste et fragile, sans savoir pourquoi. Lui, Jacques, il était aux anges !

Il m'a accompagné chez ma sœur. Celle-ci n'était pas de bonne humeur ; elle n'exprimait aucun commentaire, mais je devinais son angoisse. Elle craignait peut-être pour moi. Il nous restait une machine à coudre à recouvrer. Jacques est monté seul à l'appartement pour le prendre. Cette fois-ci, ma sœur ne l'a pas laissé entrer : elle l'a mis à la porte. C'était fini. À bien y penser, elle avait raison d'agir ainsi, après tout ce qu'il avait dit à son sujet.

Ils sont restés en froid. De mon côté, je suis restée tout de même en contact avec ma sœur, même si nos rapports n'étaient pas des plus chaleureux. Je tenais à maintenir mes relations avec elle, car je l'aimais beaucoup.

Nous avons poursuivi et terminé l'aménagement de l'appartement. Jacques travaillait de 19 heures à minuit et moi, je travaillais le jour, de 7 heures à 15 heures, ce qui nous arrangeait bien. Le matin, il m'amenait au travail et il venait me chercher à 15 heures.

Il travaillait dans une fonderie à Saint-Léonard. Le trajet durait 10 minutes. Jacques était plein d'énergie. Il voulait toujours faire l'amour. Il n'avait pas besoin de caresses préliminaires pour se sentir prêt. Il était comme une machine. Il me réveillait le matin avant de se rendre au travail et dans l'après-midi, il me voulait encore. Je ne comprenais pas ce qui se passait. J'étais toujours épuisée, je ne disposais plus de temps pour moi. Au début, ça va, mais après quelque temps on commence à se poser bien des questions…

J'avais hâte d'aller chercher mon fils. C'est que l'arrivée de Max avait été différée d'une semaine à cause de mon travail.

Deuxième Partie

Mon lieu de Travail

La vie continue. J'appelle ma sœur tous les soirs pour m'enquérir de ses nouvelles et de celles de mon frère. J'évite pour le moment d'aller chez elle : j'attends une amélioration sensible de nos relations.

Ma vie est en train de devenir un cercle infernal : elle se partage entre mon travail, la préparation des repas, l'entretien de l'appartement et les rapports sexuels. C'est excessivement éreintant. Au travail, tout va bien. Je prends soin de quatre patients. Les malades m'aiment bien. Sœur Margherita et sœur Agate, qui sont mes préférées, m'apprécient particulièrement. Je devenais leur rayon de soleil aussitôt que j'entre dans les chambres. J'aime aller travailler, c'est mon moment de repos et de répit !

Sœur Margherita était très potelée. Elle éprouvait de la difficulté à marcher. Elle devait utiliser une « marchette. » : déambulatoire, elle était une institutrice avant de devenir religieuse. Elle me racontait sa vie et moi, la mienne. Durant mes journées de congé, elle devenait triste ; elle boudait ma remplaçante et ne facilitait pas le travail de celle-ci.

Quand j'entrais dans sa chambre, elle me prenait par la main pour y déposer un baiser. J'étais à la fois tendre et sévère avec mes patientes. En procédant ainsi, je réussissais à faire fonctionner même les plus difficiles.

La petite sœur d'Agate était, quant à elle, délicate et très belle : on aurait dit un ange. Elle ne marchait plus et restait alitée. Chaque après-midi, on devrait la lever et l'asseoir pour au moins une heure.

Quand j'entrais dans les chambres le matin, elle exprimait sa joie avec ses yeux et ses mains. Ses yeux brillaient comme le bleu du ciel, tandis que ses mains aussi essayaient de me dire quelque chose qui ne sortait pas de sa bouche, parce ce qu'elle était aphone. C'était merveilleux de la voir. Je passais ma main dans ses cheveux blancs comme la neige, pour lui communiquer un peu d'affection.

Une autre sœur était, pour sa part, une ancienne directrice d'école. Elle était très sévère. Elle me répétait sans cesse qu'elle n'était pas comme les autres, puisqu'elle avait déjà été directrice. Il ne fallait pas la traiter comme les autres.

Sœur Tessier était mince, hautaine et snob. Elle pouvait se déplacer, mais il lui fallait quand même de l'aide. Quand j'étais de garde, elle ne voulait rien savoir des autres employées. Elle grommelait : « Je ne veux rien de vous autres ; j'attends le retour de madame Toussaint. » Elle était pourtant une bonne personne. Je n'ai jamais connu de problème avec elle. Je savais comment l'approcher.

J'ai toujours évité soigneusement de traîner mes problèmes personnels au travail. Je savais que ces malades avaient besoin de tendresse et d'attention. Même si j'éprouvais du chagrin, dès que je pénétrais dans leur chambre, je communiquais de la joie. Il le fallait. Parce qu'elles en avaient besoin.

J'étais en congé une fin de semaine sur deux. Au cours d'un des congés, un dimanche, nous sommes allés chercher Max. Lui et sa petite sœur Natatsha étaient très heureux de me voir. Mais madame Bélisle était très triste du fait que Max allait la quitter. Mais le fragile état de santé de madame Delisle nous imposait cette décision. De son côté, malgré son état physique, elle se sentait coupable de ne pas pourvoir le garder. Je l'ai rassurée en lui expliquant que la présence de Max m'aiderait à me sentir moins seule quand Jacques irait travailler. Max, quant à lui, n'était pas content de revenir à la maison. Sa petite sœur allait lui manquer et maman Bélisle également. Il a quand même obéi sans trop se plaindre. Après avoir soupé chez madame Bélisle, nous sommes retournés à Montréal.

Nous avions décidé d'installer le petit lit de Max dans notre chambre, qui lui a paru bien étroite. Mélancolique, Max s'exprimait très peu. Je comprenais sa peine. Je le rassurais en lui disant de ne pas s'en faire, en lui soulignant que ces dispositions étaient temporaires, juste le temps de trouver un autre appartement. Il murmurait : « Oui » avec une profonde peine. Se séparer de sa petite sœur et se voir confiné dans un petit appartement ! Sa situation me causait une intense tristesse.

Un jour que j'étais en congé, je suis allée l'inscrire à l'école du quartier Saint-Léonard en maternelle. Dès lors, tout s'est passé très simplement : le matin, Jacques l'amenait à son école. À midi, il retournait le chercher. De mon côté, je pouvais profiter d'un certain apaisement sur le plan sexuel : moins de baise au lit à tout moment. La vie suivait son cours calme et tranquille. Mon avocat amorçait de démarches juridiques pour la garde des enfants et pour une pension alimentaire. J'attendais qu'il m'annonce la date de l'audience. À la fête des Mères, en revenant du travail, j'ai trouvé une carte de Tony dans ma boîte aux lettres. Il n'accomplissait point ce type de geste quand nous vivions ensemble. Je ne l'ai pas appelé pour le remercier.

Une fin de semaine sur deux, nous allions visiter Natatsha à Sainte-Thérèse. Elle et Max étaient toujours heureux de se retrouver, à cette occasion. Celui-ci attendait cette journée avec impatience.

Nous étions à la recherche d'un plus grand appartement. Nous en avons trouvé un à Anjou sur la rue Ronsard entre Neuville et Chambeau, un grand 3½, mais non meublé. Nous avons donc dû acheter des meubles à crédit. Et il a fallu inscrire Max à une école de notre nouveau quartier.

Le choix des meubles n'avait pas été très aisé : chaque fois que je choisissais un salon, ce n'était jamais le bon ; Jacques trouvait toujours une raison pour rejeter mon choix. Si je choisissais un salon en cuir blanc ou beige, lui préférait le rouge vin. Finalement, il m'a convaincu que c'était le meilleur. Pour la chambre et la salle à manger, le même manège : son choix l'emportait toujours, je le regardais faire sans rien dire. Pour moi, c'était bien, c'est tout.

Troisième partie

Au tribunal pour la garde des enfants et la pension alimentaire

Le rendez-vous au tribunal était fixé pour le mois de mai 1975. Vu que j'habitais avec Jacques, mon avocat m'a prévenu que je devrais invoquer des arguments convaincants pour obtenir la garde des enfants. Il fallait démontrer que Tony ne pourrait pas être un bon père. Il avait demandé la garde de la petite fille dont il était le père légal, mais non biologique, et il le savait très bien. Il agissait ainsi dans l'unique intention de me faire du mal. Il n'avait pas demandé la garde de son propre fils.

J'ai rassuré l'avocat en lui recommandant de ne pas s'inquiéter. J'aurais des preuves. J'ai prié Dieu. Je lui ai demandé de m'aider. J'ai appelé ma sœur pour l'avertir de la nouvelle. Elle était révoltée puisqu'elle savait que Tony n'était pas un bon père. Elle m'a promis qu'elle serait de mon côté. Ma cousine Vivianne m'a dit : « Si tu as besoin de témoins, j'y serai. » Ma mère adoptive, sœur Berthe, était pour sa part atterrée. Elle m'a garant : que je pourrais compter sur ses prières et celles de ses compagnes.

Et madame Bélisle, la très chère, quand je lui ai annoncé cette nouvelle, m'a confié : « Ne t'inquiète pas, c'est surtout moi qui prenais soin de ses deux enfants ; je peux savoir qui les aimait et se souciait vraiment d'eux. » Elle a ajouté : « madame Enice, soyez tranquille. Je peux donner mon nom pour le témoignage à la cour. » D'habitude, cette femme est très douce ; mais, cette fois-là, je sentais de la colère dans sa voix. C'était comme si qu'on venait d'attaquer ses propres enfants. Nous étions prêts pour déclencher l'offensive, avec tout le support de Dieu et de la Vierge Marie.

Tony avait touché deux mères au lieu d'une. Je savais que la bataille allait être rude et j'étais extrêmement stressée. Je n'éprouvais plus aucun goût à faire l'amour. Je repoussais Jacques ; il arrivait qu'il me prenne par surprise et je le laissais faire, mais malgré moi. C'est que, pour moi, une seule chose comptait : le sort de mes enfants.

Enfin, le grand jour est arrivé. J'avais obtenu un congé au travail. Vivianne et madame Bélisle m'ont accompagnée au tribunal.

L'audience a eu lieu au Palais de justice de Montréal, sur la rue Notre-Dame. En arrivant, je l'ai aperçu avec son avocat. Je ne l'ai pas salué. Je ne l'avais pas revu depuis notre séparation. Il semble surpris de constater la présence de madame Bélisle et Viviane. Les avocats se sont retirés pour discuter. Et moi, je suis restée avec mes amies. J'étais à la fois très nerveuse et confiante.

Mon avocate, une Québécoise châtaine et de grande taille, se prénommait Thérèse. Une personne très respectueuse, mais aussi sûre d'elle. Je me sentais en sécurité de l'avoir comme avocate.

L'audience était fixée pour 11 heures. Les témoins sont restés à l'extérieur de la salle d'audience. Tony n'avait pas de témoin. À l'entrée du juge, tout le monde s'est levé. Quelques minutes plus tard, j'ai été appelée à la barre. Je me sentais forte ; je regardais Tony dans les yeux, tout en adressant au juge, lui expliquant la façon dont Tony nous traitait quand il vivait avec nous : la cruauté mentale dont il m'accablait, son indifférence à l'égard des enfants et envers moi, malgré tout ce que je faisais de bien pour lui. Je parlais sans laisser le temps à son avocat de me questionner. Ce qui a surpris tout le monde, y compris le juge. Quand j'ai eu terminé, son avocat a laissé tomber : « Je n'ai pas de questions » et le juge a renvoyé l'audience pour 13 heures.

J'étais épuisée et satisfaite. Mon avocate m'a félicitée pour ma performance et m'a que la chance nous accompagnait. Nous sommes allées dîner au réfectoire du Palais de justice. J'en ai profité pour reparler de mon témoignage. J'ai soutenu que nous devrions rester fermes parce que la bataille n'était pas terminée ! Le dîner a été très agréable.

À 13 heures, je suis retournée dans la salle d'audience. C'était au tour de Tony de témoigner. Son avocat lui a posé une question. Il a insisté sur le fait que je vivais avec un autre homme et qu'il voulait la garde de sa fille. Il répétait presque les mêmes arguments que je venais d'exposer au juge.

Quand mon avocate lui a demandé de décrire quelle sorte de mère j'étais, il ne pouvait pas répondre. Il n'a pas pu donner une réponse précise. Puis, ce fut le tour des témoins. Madame Bélisle a été appelée à la barre. Mon avocate lui a posé une question. Elle, avec sa douceur coutumière, a décrit la façon dont je vivais avec les enfants et a mis en relief toute l'affection que je leur prodiguais. Mais elle a également souligné que Tony était toujours pressé de retourner chez lui quand il venait les voir. Il ne leur manifestait aucun attachement, aucune affection...

Quand l'avocat de Tony a essayé de l'embarrasser par une question insidieuse, elle a répondu : « ces enfants-là sont heureux avec moi et avec leur maman ». Un homme qui abandonne son travail pour ne pas accorder de pension à ses enfants ne mérite pas, selon moi, d'en obtenir la garde.
» Au terme du témoignage de Mme Bélisle, le juge a annoncé : « Je n'ai pas besoin d'autre témoin. J'ai tout ce qu'il me fallait. J'arrête pour 10 minutes. »

Pour moi, c'était gagné. J'ai pleuré, madame Bélisle aussi. Mon avocate était satisfaite. Dix minutes se sont écoulées. On a sonné pour annoncer le retour du juge. Le cœur me battait, le juge a tranché en ces termes : « La demanderesse aura la garde de ses deux enfants Max et Natatsha. La petite fille se fera garder par madame Bélisle et monsieur n'aura pas le droit de la visiter. Quant à Max, il restera avec sa mère. Le père n'aura pas le droit de visite. Il aura cependant le droit de venir le chercher une fin de semaine sur deux. Vu que monsieur a affirmé qu'il ne travaille pas, la pension pour les enfants est fixée vingt-cinq dollars par semaine. La demanderesse a refusé une pension pour elle-même. »

Chapitre 3

Juillet 1975 — La vie à Anjou sur la rue Ronsard
Première Partie

Notre nouvel appartement à la rue Couture (Saint-Léonard) n'était pas très grand, mais bien confortable. Il était situé au rez-de-chaussée d'un immeuble. On y avait accès par une porte qui donnait sur la rue arrière, mais on pouvait aussi y pénétrer par la porte principale de l'immeuble. Les enfants pouvaient jouer dans la cour arrière sans danger. Mon amie Anièce était venue pour m'aider à m'installer. Nous avons pu tout faire en une journée. Comme d'habitude, Jacques et moi avons tout de suite fait l'amour dans notre nouvel appartement. Je disposais de trois jours de congé pour le déménagement. Le troisième, je me suis reposée.

Jacques travaillait toujours à la fonderie Galvan Métal de Saint-Léonard. Comme cet emploi comportait de très sérieux risques, Jacques cherchait à changer de métier. Comme mon ami Dona était employé à Canadian Steel Fonderie de la rue Notre-Dame, je lui ai demandé d'y faire des démarches pour Jacques. Il a suggéré que celui-ci aille y remplir un formulaire de demande d'emploi, tout en indiquant son nom à titre de référence.

Et la vie suivait son cours. Max est revenu habiter avec nous. On se relayait pour le garder. Tout se passait donc très bien de ce côté-là. Durant ses vacances, Max était heureux d'être seul avec moi. Il pouvait jouer dans la cour. Un soir que Jacques était absent, le téléphone a sonné ; alors que j'étais allée répondre dans la chambre, j'ai entendu Max crier : « Mammy, mammy, le poêlon est en feu ! » Je sors de la chambre et à ma grande surprise, je vois le feu jaillir sur le four. J'ai pu heureusement éteindre rapidement le feu avec du soda.

J'avais eu peur ! L'alarme de l'immeuble s'est déclenchée et les pompiers se sont amenés. Ils ont brisé les armoires de cuisine pour vérifier si le feu ne s'était pas propagé. Avant de partir, ils m'ont sermonnée : « Madame, vous avez fait un bon travail, mais, la prochaine fois, appelez-nous ! » Le lendemain, le propriétaire a fait réparer les armoires brisées. Quand le feu s'est déclaré, mon fils m'a regardé avec des yeux remplis de frayeur. C'est ce regard qui a déclenché chez moi le réflexe approprié pour éteindre le feu. Depuis ce jour, Max craint le feu. Quant à moi, j'ai eu ma leçon : je ne laisse jamais le feu allumé pour répondre au téléphone.

Deuxième Partie

Nos premières vacances d'été 1975 avec les enfants.

Le temps des vacances était arrivé. J'avais choisi pour les miennes la fin du mois de juillet. Nous sommes allés chercher Natatsha chez madame Bélisle pour ces 15 jours de congé. Les enfants étaient heureux. Natatsha avait deux ans, elle était grande pour son âge. Elle aimait jouer avec son frère à l'extérieur sous ma surveillance. Nous avons pique-niqué à Cap-de-la-Madeleine, à Côte-Sainte-Catherine, etc. Nous les avons emmenés à La Ronde. Ils se sont bien amusés. Les enfants étaient ma priorité. Jacques et moi faisions alors l'amour moins souvent. Ce qui me convenait tout à fait.

Les vacances terminées, nous avons ramené Natatsha chez la gardienne, Mme Bélisle. Elle était ravie de chez madame Bélisle parce que la maison était plus grande et qu'elle dormait seule dans son berceau. Madame Bélisle l'entourait d'affection. Elle ne travaillait pas ; il y avait moins de tension chez elle. Ce n'est pas que je ne prodiguais pas d'affection à ma fille, au contraire. Mais comme je travaillais beaucoup, je me sentais toujours fatiguée. Travailler, faire l'amour presque à tout bout de champ, prendre soin de la maison et d'un homme, c'en était vraiment trop ! Il valait mieux que ma fille vive avec cette dame qui l'aimait beaucoup.

Nous étions au mois d'août, une semaine après les vacances de la construction, et la compagnie Canadien Steele n'avait pas encore appelé Jacques pour lui offrir un emploi.

À son insu, j'ai décidé d'appeler moi-même à la compagnie pour avoir des nouvelles. J'ai réussi à parler au directeur du personnel à qui j'ai indiqué que mon mari avait fait, depuis un mois, une demande d'emploi, mais qu'il n'avait obtenu aucune réponse. Après m'avoir fait attendre deux minutes au téléphone, il m'a annoncé que mon mari pouvait commencer à travailler dès le lendemain, à 14 heures 30. Je l'ai remercié et lui ai souhaité une bonne journée.

Au retour de Jacques, je lui ai fait part de la bonne nouvelle. Il était fou de joie, mais je ne me rappelle pas qu'il m'ait remerciée.

Troisième Partie

Le droit de Visite, Max à l'école

Le juge avait accordé à Tony le droit de venir chercher Max une fin de semaine sur deux. Il était censé m'appeler pour me faire savoir l'heure et le jour où il viendrait. Un jeudi soir, il me téléphone pour m'annoncer qu'il vient chercher Max samedi matin à 10 heures pour le ramener dimanche. Je l'avertis qu'il doit le ramener à 18 heures. Je lui donne des indications telles qu'il ne pourra pas entrer chez moi.

Le samedi matin, il s'est effectivement présenté. Tout s'est bien passé, mais, au retour de chez son père, Max était triste. J'ai voulu connaître la cause de son chagrin. Il m'a répondu : « Il m'a laissé avec des gens que je ne connaissais pas. » Je l'ai rassuré en lui expliquant que c'était normal, qu'il n'allait pas s'habituer à ces gens-là, etc. La deuxième fin de semaine, il m'a fait à son retour cette confidence : « Il m'avait promis des jouets. Il ne m'a rien donné. Je ne veux plus aller chez lui. » Je lui ai objecté que la prochaine fois, il aurait au moins un jouet. La troisième fin de semaine, il est encore revenu en pleurant, disant : « Je ne veux plus y aller », a-t-il gémi. Je lui ai répliqué : « C'est la loi, il faut que tu ailles quand il vient te chercher ». Je ne sais pas si Dieu a écouté sa petite prière d'enfant ou sa souffrance. La quatrième fin de semaine, il n'est pas venu. Et il n'est plus jamais revenu chercher Max. Il n'a jamais rappelé pour avoir de ses nouvelles et il n'a jamais versé de pension pour l'enfant. Max, lui, ne comprenait pas pourquoi son père ne venait plus, mais il était heureux de ne plus partir avec lui. Il ne s'est jamais informé sur Tony. C'est ainsi que s'est terminée cette histoire de garde d'enfant. Mais il restait la procédure de divorce.

Max à l'école

J'avais inscrit Max dans une l'école située à proximité de chez nous. À cause de l'éloignement du lieu de travail de Jacques, il ne pouvait plus venir me chercher à mon travail l'après-midi. Je devais faire le trajet en autobus. Le matin, Max partait pour l'école avec les autres enfants ; l'après-midi, à son retour il se faisait garder par une dame québécoise qui habitait dans le même immeuble, en attendant mon retour. À mon retour du travail, j'allais le chercher ; je préparais le souper, lui faisais faire ses devoirs, lui donnais son bain et le couchais. Il avait 6 ans et était en première année.

Quatrième partie

Le feu

Nous étions au mois de mai 1976. Un jour, Jacques m'a appelé à mon travail pour me demander de revenir plus tôt, parce que la gardienne de Max était absente ; il allait laisser Max seul durant une demi-heure, le temps que j'arrive à la maison. Il avait recommandé à Max de ne pas sortir et de n'ouvrir la porte à personne. On était au début du printemps, il avait recommencé à neiger et il faisait froid. Je suis revenue aussi rapidement que j'ai pu. À mon arrivée, j'ai constaté que l'immeuble en face avait pris feu. J'avais peur ! On ne voulait pas me laisser entrer dans la rue touchée. J'ai crié aux pompiers : « J'habite ici ! ». Je les ai suppliés, mais sans leur révéler que mon fils de six ans était seul dans un appartement. Finalement, ils m'ont laissé passer.

À mon entrée dans l'appartement, j'ai vu Max qui regardait l'incendie par la fenêtre. Je lui ai mis son manteau, j'ai pris les papiers que je jugeais importants et je suis sortie rejoindre les autres locataires. Comme nous étions à l'extérieur, mon fils m'a déclaré tout en me regardant, les yeux semblables à des boules de feu : « Maman, tu as vu le feu, il est plus grand que le nôtre. J'ai eu peur. » Reprenant son souffle, il a ajouté : « Tu sais mammy, une personne a frappé à la porte plusieurs fois, je n'ai pas ouvert. » J'ai bien fait, n'est-ce pas, mammy ? Tu diras à papa que je l'ai écouté. » Je l'embrasse tout en le complimentant : « Tu as bien fait, tu es un brave petit garçon, je suis fière de toi. » Il était très excité.

Cette histoire d'incendie a profondément marqué Max. Maintenant qu'il est marié et qu'il a des enfants, il lui arrive de préparer lui-même le souper. Jamais il ne laisse le feu allumé sous un chaudron, sans surveillance. Je suis, par ailleurs, consciente du fait que si mon fils avait ouvert la porte, et que les pompiers l'avaient constaté qu'il était tout seuls dans l'appartement, nous aurions eu de sérieux problèmes.

Depuis cet incident, plus jamais je ne laissais Max seul. Si une journée je ne pouvais pas trouver de gardienne, je restais à la maison. Quand j'ai vu l'immeuble en feu, mon cœur a failli cesser de battre, car je croyais que c'est à mon immeuble que s'était attaqué le feu. J'ai compris que le Bon Dieu voulait m'enseigner qu'il faut être prudent dans la vie.

Cinquième partie

L'arrivée de la sœur de Jacques d'Haïti — Son séjour chez nous

Depuis un an, Jacques avait fait une demande de résidence pour sa sœur Claudette qui habitait en Haïti. Sa requête avait été agréée. Quelques mois plus tard, Claudette est arrivée à Montréal et est venue demeurer chez nous.

Claudette ne possédait aucune expérience du marché du travail, sauf du côté de la couture. Mais comme elle ignorait comment faire fonctionner une machine à coudre industrielle, Jacques en a loué une, afin que j'enseigne à sa sœur le maniement de l'appareil. Claudette ne parvenait pas à progresser dans son apprentissage. J'ai donc décidé de lui chercher un « travail général ». J'ai consulté les petites annonces. Une confiserie située à la rue Iberville offrait des emplois. J'ai alors proposé ceci à Claudette. « Allons faire une demande d'emploi à cette confiserie. Je vais me présenter avec ta carte. Je formulerai moi-même la demande en me faisant passer pour toi. Si on m'engage, c'est toi qui iras travailler à ma place. »

Et c'est ce que j'ai fait. L'entrevue terminée, la responsable m'a invitée à venir travailler dès le lendemain matin. Je l'ai remerciée. Le lendemain, la sœur de Jacques s'est présentée à ma place, selon notre plan. Si j'ai agi ainsi, c'était bien sûr pour l'aider. Sinon, elle n'aurait pas pu travailler. Je ne regrette pas du tout d'avoir fait ce geste en sa faveur.

Sixième partie

Ma maladie — Mon hospitalisation à Santa Caprini

Une nuit, je me suis réveillée, avec une intense douleur à l'estomac. J'éprouvais beaucoup de difficulté à respirer. J'ai alors demandé à Jacques de m'emmener à l'urgence d'un hôpital. Me voyant souffrir horriblement, il s'est dépêché de le faire.

Ma belle-sœur étant encore à la maison, nous avons laissé Max avec elle. À notre arrivée à l'urgence, on m'a fait voir un médecin sans tarder. Il a demandé à l'infirmière de me donner un calmant, puis il a ajouté : « Préparez-la pour une opération ; selon moi, elle a des pierres au foie. Ne m'ayant pas fait passer de radiographies, il ne pouvait en réalité savoir si son diagnostic était réel.

J'ai demandé à Jacques de procéder à des vérifications. C'est que je ne voulais pas me faire opérer sans passer des examens. L'infirmière m'a fait une injection. Je lui ai demandé son avis sur la décision du médecin. Elle m'a répondu : « Ce n'est pas moi le médecin. »

À la suite de l'injection, je ressentais moins de douleur. Quelques minutes plus tard, l'infirmière m'a remis une bassine. J'ai évacué une selle liquide mélangée avec des petites graines qui ressemblaient à des pierres. J'en avais d'ailleurs excrété quelques-unes.

Le médecin a décidé de me garder à l'hôpital. J'ai alors demandé à Jacques de retourner voir l'état des choses à la maison, d'appeler mon employeur pour l'informer de la situation, puis d'emmener Max à l'école.

À son retour à l'hôpital, je l'ai vu entrer avec un chapeau sur la tête, une expression d'inquiétude sur le visage. Il est allé voir le médecin, et l'a averti qu'il ne voulait pas que sa femme se fasse opérer sans avoir subi des tests ; sinon, il la changerait d'hôpital. Le médecin lui a répliqué : « OK, Monsieur, je vais lui faire passer des radios ; à la suite les résultats, on verra ce qu'on peut faire. » Jacques est ensuite à faire le compte rendu de son entretien avec le médecin.

Quelques minutes plus tard, on m'a effectivement emmenée faire des examens, qui ont révélé que mon organisme ne contenait presque plus de pierre. J'en avais éliminé quelques-unes dans les selles, mais, par précaution, le médecin m'avait gardée à l'hôpital, en vue d'autres examens plus poussés, lesquels détermineraient si une intervention chirurgicale s'avérait nécessaire. Heureusement que Jacques était entré en scène à temps.

Je suis restée cinq jours à l'hôpital. Une injection de médicaments a permis d'éliminer les pierres qui restaient. Jacques venait me voir régulièrement. Mais il se plaignait que sa sœur ne l'aidait pas à la maison et qu'il devait tout faire lui-même : le ménage, la nourriture, le lavage, l'entretien de Max, en plus de son travail. Il semblait découragé.

Ainsi mon séjour à l'hôpital lui ouvrirait les yeux sur l'ampleur de mes tâches quotidiennes ; c'est ce que j'espérais, en tout cas. J'ai d'ailleurs profité de mon hospitalisation pour me reposer, parce que j'en avais besoin.

Septième partie

L'incident d'un soir

Je me souviens d'un événement malheureux, une fin de semaine d'été, dans cet appartement de la rue Ronsard à Anjou. Un de mes cousins qui habitait aux États-Unis est venu séjourner deux jours chez nous. L'appartement n'était pas grand. Nous ne disposions que d'une chambre à coucher. Le lit de Max se trouvait dans le salon. La nuit venue, nous avons offert notre lit à l'invité et nous nous sommes couchés par terre dans la chambre sur un matelas gonflable, installé devant le lit.

Au courant de la nuit, j'ai senti une main sur un de mes seins. Sur le coup, j'ai pensé que c'était la main de Jacques. Mais j'ai bien vite noté qu'il dormait profondément. Et j'ai immédiatement compris que c'était lui, mon cousin qui me touchait le sien. J'ai alors sursauté et je me suis levée ; je suis ensuite allée aux toilettes pour me remettre de mes émotions. Son geste m'avait à la fois étonnée et choquée. À mon retour dans la chambre, j'ai changé de place avec Jacques.

Le lendemain, notre visiteur pouvait plus me regarder dans les yeux. À l'insu de Jacques, je lui ai demandé la raison de son geste. Il m'a fourni cette explication : « Enice ! Tu sais, depuis que j'étais tout petit, je t'aimais en silence sans le dire à personne. » Et il a ajouté : « Je me souviens quand j'étais jeune, j'étais venu passer des vacances d'été chez ma tante (ta mère) ; elle vivait encore et tu étais jeune ; j'ai essayé de t'en parler et te prouver mon amour pour toi. Je m'étais aperçu que tu ne m'avais pas compris. Je n'avais pas insisté. Des années ont passé, je n'ai jamais pu te le dire. Et après, je ne t'ai jamais revue, jusqu'à ce jour. » Je lui ai répliqué : « Tu sais, avant de faire une telle bêtise, tu aurais dû m'en parler » il m'a objecté : « J'avais peur de ta réponse. » J'ai alors crié : « Tu veux savoir ma réponse ! Je ne veux plus te voir ? C'était dégoûtant, ce que tu avais fait hier soir. » Depuis ce pénible incident, je n'ai jamais revu mon cousin. Je n'en avais touché mot à personne, car le geste était particulièrement honteux et odieux. Il m'a fait découvrir que je devais faire moins confiance aux gens.

Conclusion du chapitre 3

J'ai éprouvé beaucoup de difficulté à écrire ce chapitre de mon autobiographie. Le sujet était complexe ! Quand j'ai construit le plan du livre, je ne l'avais pas intégré, parce que je l'avais complément oublié.

J'avais même oublié le nom de la rue où j'habitais et il m'a fallu près de deux jours pour réussir à me le rappeler. J'avais tenté de gommer l'événement, mais en vain ! Les personnages me suivaient. J'ai été obligée de faire un arrêt complet et de tout reprendre, une journée plus tard. C'était comme si j'étais en train de gravir une côte raide. Enfin, j'en suis venue à bout et je suis ravie. Je vais pouvoir continuer.

L'incident a coïncidé avec mon début de vie commune avec Jacques. Je trouvais le tout compliqué et harassant. L'arrivée de sa sœur et ma maladie, tout cela n'arrangeait pas les choses. Nous avons dû affronter trop d'épreuves en même temps.

Chapitre 4

Projet de trouer un autre appartement
Première partie

Mon fils devait disposer de sa propre chambre. J'en ai discuté avec Jacques. Il était d'accord que nous louions un nouvel appartement. Mon amie Nélia avait déménagé à Pointe-aux-Trembles sur la rue Baillargé. Elle m'a donné les coordonnées du propriétaire. J'ai téléphoné à celui-ci pour vérifier et savoir s'il avait un appartement disponible pour le premier juillet. Il m'a confirmé qu'en effet je pouvais louer un 4 ½ pour la date proposée.

Jacques et moi sommes allés visiter l'appartement un jour que j'étais en congé. Il nous convenait tout à fait. Il se trouvait au rez-de-chaussée, avec un stationnement à l'arrière pour les locataires. La porte de sortie d'urgence et le balcon donnaient sur le stationnement. En plus de la porte d'entrée principale de l'immeuble, il y avait aussi une porte arrière. Le poêle et le réfrigérateur n'étaient pas inclus.

Nous étions très satisfaits, d'autant plus que mon amie Nélia habitait dans un 5 ½ au deuxième étage, avec son mari Simon et ses enfants. Nous nous sommes donc empressés de signer notre bail.

Au fil du temps, ma sœur et moi sommes devenues très proches, j'allais souvent chez elle avec mon fils. Jacques ne nous y accompagnait pas ; ils étaient en froid. Je le comprenais. Ma sœur ne venait pas chez moi non plus. Mon frère Robert me rendait visite occasionnellement. Ma sœur ne me téléphonait pas, pour éviter de parler à Jacques au cas où il répondrait.

J'avais informé à ma sœur que l'appartement ne disposait pas de cuisinière ni de réfrigérateur. Elle m'a appris que son ami Dédé désirait vendre son gros réfrigérateur à deux portes à un prix très abordable. Puis elle a parlé de notre cas à Dédé. Celui-ci nous a vendu son réfrigérateur et il nous a prêté une cuisinière, en attendant que nous achetions la nôtre.

Le propriétaire nous a indiqué que l'appartement serait disponible dès le 15 juin. Nous avons prévu de déménager le 24 juin. Pour un tel déménagement, nous avions besoin d'aide. J'ai demandé à mon frère Robert ainsi qu'à mon amie Anièce et aux deux garçons de Nélia s'ils acceptaient de nous prêter main-forte. Leur réponse a été positive. Jacques avait fait une réservation pour la location d'une remorque. Nous étions prêts pour le déménagement.

Deuxième partie

Déménagement à Pointe-aux-Trembles, sur la rue Baillargé. *Juillet 1976*

Le matin du déménagement, mon frère est venu nous rejoindre avec sa voiture, une AMC Hornet. Grâce à celle-ci, il pourrait aider Jacques à transporter les gros meubles. Avec mon frère, je suis allée chercher mon amie Anièce qui m'avait promis son aide. Comme la propreté du nouvel appartement laissait à désirer, nous nous sommes mises au travail dès mon retour. Les fils de Nélia sont eux aussi venus nous aider. Il fallait se dépêcher, parce que Jacques et Robert arriveraient d'une minute à l'autre avec leur premier voyage. Quand ils se sont amenés avec les meubles, au moins l'essentiel était fait. Ils ont pu les placer. Nous avons travaillé toute la journée. En début de soirée, l'appartement était prêt. Il restait juste des détails. J'avais préparé un bon souper. Dont se sont régalés tous les membres de l'équipe. Mon frère est ensuite retourné chez lui, alors que Jacques allait reconduire mon amie chez elle. Restée seule à la maison, j'ai pensé à mon fils. J'ai songé : « Enfin, Max a sa propre chambre, en attendant que sa sœur vienne durant mes vacances ou mes congés. »

Notre nouveau quartier était très tranquille. Le seul inconvénient : les raffineries de pétrole situées à proximité, à la rue Notre-Dame Est. L'école se trouvait à deux minutes de la maison. Max ne courait donc aucun danger, d'autant plus que mon amie Nélia habitait un étage plus haut. Ses enfants étaient plus âgés que Max. Ils pouvaient le garder en notre absence, ce qui nous arrangeait bien. L'appartement, un 4 ½ comportant deux chambres à coucher, était très spacieux : nous disposions d'un grand salon et d'une cuisine, d'une salle à manger et d'un grand couloir. Au sous-sol, il y avait une salle de lavage.

Au moment du déménagement, l'année scolaire était terminée. J'ai emmené Max passer quelques jours avec sa sœur chez Mme Bélisle. Son absence nous laisserait assez de temps pour refaire la peinture et mettre de l'ordre dans l'appartement. Le soir venu, nous nous sommes assis dans la cuisine pour prendre un thé et déterminer un plan pour la peinture, la disposition des meubles, etc.

Un peu plus tard, il m'a chuchoté : « Maintenant, c'est l'heure d'aller dormir parce que nous avons beaucoup de travail pour demain. N'oublie pas qu'il faut baptiser la chambre ! Hum ! Cela fait tellement longtemps que je ne t'ai pas eue pour moi toute seule. » Après être allé aux toilettes, il s'est mis au lit tout en me susurrant : « Dépêche-toi, je suis déjà prêt. » J'ai décidé de prendre une douche. J'ai pris tout mon temps. J'étais épuisée. S'impatientant, il m'a crié : « Même si je suis fatigué, je suis toujours prêt. N'oublie pas que personne ne viendra à ton secours. » J'ai répliqué : « Profites-en ; d'ici quelques jours, Max revient. » Il est reparti : « Il a sa propre chambre maintenant. » Après m'avoir fait l'amour, il s'est immédiatement endormi ; mais moi, comme d'habitude, je n'arrivais pas à m'endormir tout de suite. J'ai fait ma prière, puis je suis allée regarder la télévision dans le salon pour me détendre un peu. Finalement, je me suis mise au lit.

Le lendemain, c'était la journée de la peinture. Jacques et moi avons effectué le travail avec l'aide des enfants de Nélia. Le soir venu, nous avons placé les meubles, monté les stores et les rideaux. Dimanche, nous sommes allés chercher Max chez Mme Bélisle.

Il était content de voir qu'il avait sa propre chambre. J'y avais mis tous ses jouets. Il était fou de joie, surtout quand nous l'avons emmené chez Nélia. Quand il a vu les enfants de Nélia, il était émerveillé malgré leur différence d'âge. Il a lancé : « Enfin ! J'ai des amis, je vais pouvoir jouer. » C'étaient les vacances, alors c'était merveilleux. Le lundi suivant, j'ai repris mon travail. La vie continuait.

J'avais demandé d'avoir mes vacances le 15 juillet. J'ai donc passé juste deux semaines à travailler. La vie était tranquille. Mais côté vie sexuelle, c'était devenu plus intense qu'avant.

J'avais déjà averti Mme Bélisle que je viendrais chercher Natatsha durant mes vacances, avant son anniversaire. Ce que nous avons fait. Elle a pleuré en laissant Mme Bélisle. Mais en arrivant chez nous, elle s'est consolée en voyant son frère avec lequel elle partagerait la même chambre et en constatant que l'appartement était grand. Le jour anniversaire de Natatsha, soit le 5 juillet, j'ai organisé une petite fête pour elle avec les enfants de Nélia et leurs amis. Ceux-ci étaient plus vieux. Elle a eu trois ans ce jour-là et elle était alors assez grande pour son âge. Pour l'occasion, j'avais préparé un gâteau rose et blanc, des petites bouchées, des pâtés que j'avais faits moi-même, du jus et du lait. Elle avait toujours sa poupée en chiffon sous le bras et sa couverture fétiche. Pour cette journée, elle portait une petite robe jaune brodée, des chaussettes blanches et des souliers noirs. Elle mettait toujours des chaussures ou des bottes orthopédiques à cause d'une déformation de naissance au pied gauche.

La petite fête s'est bien déroulée, les enfants se sont beaucoup amusés. Natatsha était très heureuse de ses cadeaux, mon frère Robert était venu lui apporter le sien et celui de ma sœur Irène. Elle était joyeuse en compagnie de tous ces gens qu'elle connaissait à peine.

Quand elle était avec nous, cela me faisait de l'ouvrage supplémentaire, mais tout allait bien. Jacques travaillait beaucoup et moi de même. Durant nos vacances, nous nous sommes amusés en famille. J'avais eu une chute de cheveux, je les avais coupés très court (à la garçonne) ; en même temps, nous avons également coupé ceux de ma fille, parce que Mme Bélisle éprouvait des difficultés à la coiffer.

Les vacances terminées, nous avons ramené Natasha chez sa gardienne à Sainte-Thérèse-de-Blainville. Elle semblait enchantée de revoir Mme Bélisle. Quand est venu le temps de partir, Max paraissait triste de laisser sa sœur. Je le comprenais. Cette femme les aimait beaucoup, et eux réciproquement. Elle gardait Max depuis qu'il avait deux ans. Natatsha depuis l'âge de deux mois. C'est elle qui a donné les premiers soins à ma fille et c'est aussi elle qui a appris à mon fils l'assurance, l'amour et la douceur. Cette femme était dotée d'une chaleureuse personnalité. Quand j'étais en visite chez elle, je me sentais bien et apaisée. Elle prenait bien soin de mes enfants et leur donnait tout l'amour dont ils avaient besoin.

Moi aussi, je les aimais beaucoup. Mais avec la vie que je menais, je ne pouvais pas leur transmettre, à leur jeune âge, cette chaleur humaine nécessaire à leur développement.

Je me souviens qu'à l'âge d'un an Natatsha avait avalé une de ses petites boucles d'oreilles. Mme Bélisle m'avait appelé au travail pour m'en informer. Elle était inquiète pour l'enfant, et moi également. « Je l'emmène à l'hôpital, m'a-t-elle annoncé, ne te dérange pas pour venir, s'il y a plus grave, tu viendras, ne t'inquiète pas. »

À l'hôpital, à la suite de l'examen de radiographie, le docteur a vu la boucle d'oreille dans l'intestin de ma fille. Il a demandé à Mme Bélisle ce que l'enfant avait mangé depuis l'événement. Elle lui a répondu : « Je lui ai donné ses céréales en biberon. » Il lui a recommandé de la faire manger du solide, comme de la purée de pommes de terre. Ce qu'elle a fait. Durant tout le temps d'attente, la petite ne pleurait pas, alors que de notre côté nous étions extrêmement anxieux.

Elle a passé la nuit sans aller à la selle. Le lendemain matin, elle a pu évacuer la boucle d'oreille. Mme Bélisle nous a appelés aussitôt pour nous annoncer la bonne nouvelle. Nous étions soulagés. Depuis ce jour, Natatsha ne porte plus de boucle d'oreille. Je ne pense pas que j'aurais trouvé une meilleure personne qu'elle. C'est pour cette raison que, chaque jour, j'ai une pensée spéciale pour cette femme.

Troisième partie

Retour au travail

Au travail, j'étais appréciée des autres employés et des malades de l'étage où je travaillais. J'ai noué une très forte amitié avec une employée Édith ; elle était beaucoup plus âgée que moi, nous nous entendions très bien. Nous prenions ensemble nos pause-café. Aux heures d'arrêt, elle fumait (de la cigarette), la plupart des autres filles fumaient également. Elle insistait pour que je fume moi aussi. Elle me soufflait : « Prends-en donc une, tu vas voir, c'est très bon, cela va te faire du bien. » Je répliquais toujours : « Non. » Un jour, elle m'a lancé : « Voyons donc, essaie donc ! » J'ai accepté. Je fumais une ou deux cigarettes chaque jour au travail pour l'accompagner. Je n'en achetais pas parce que je ne fumais pas à la maison. Quand Jacques en grillait une cependant, je tirais une bouffée, pas plus. Je me souviens qu'un jour, à la pause du midi, elle m'en a offert une, j'ai refusé. Elle insistait. Je lui ai alors révélé que j'avais mal à l'estomac quand je fumais. C'était la vérité. C'est que je suis asthmatique. Chaque fois que je fumais, j'arrivais difficilement à respirer. Je n'ai plus jamais fumé depuis. L'essai à durée de trois mois. C'était suffisant.

Le budget

À la maison, tout allait bien. Jacques était très présent. Du côté sexuel, il semblait très satisfait. Il était toujours de bonne humeur. C'était par ailleurs lui qui s'occupait du budget. Je me contentais de signer mon chèque et de le lui remettre. Il m'accompagnait à l'épicerie et me donnait cinq dollars par semaine comme argent de poche. Nous avons eu un compte conjoint, mais je ne pouvais faire de retrait sans sa permission. J'acceptais ce type d'arrangement, pourvu que tout fonctionnât bien dans la maison.

Ma principale tâche consistait à prendre soin de lui, à lui faire l'amour chaque fois qu'il en manifestait le désir, à prendre soin de mon fils, à m'occuper de la maison et à aller travailler. Je ne pensais pas d'abord à moi, j'accordais la priorité à mon devoir conjugal, même si je n'en éprouvais pas l'envie. Je me contentais de le satisfaire, rien de plus.

J'avais commencé à confectionner occasionnellement des gâteaux et des pâtes pour des amies, simplement pour leur rendre service. L'information s'est tranquillement propagée, de sorte que j'ai pu graduellement m'établir une clientèle. Je faisais des gâteaux pour toutes les occasions et, en plus, je coiffais et maquillais des gens à l'occasion de leur mariage. Je travaillais beaucoup (j'avais gardé mon travail à l'hôpital). J'étais toujours fatiguée, et Jacques, lui, voulait toujours plus de séances de lit. Pour moi, la vie suivait son cours normal. Je ne dévoilais rien à personne et je ne me plaignais jamais de la situation à Jacques.

L'anniversaire de Max, novembre 1976

Et des événements à la maison Baillargé

Nous étions arrivés au 6 novembre, au septième anniversaire de Max. À cette occasion, je me suis organisé une longue fin de semaine. Nous sommes allés chercher la petite Natatsha.

J'ai préparé une petite fête pour Max. En plus du gâteau et d'autres friandises, j'avais apprêté des petits pâtés feuilletés à la viande. Les mêmes amis participaient à la fête. À l'âge de sept ans, Max était encore très turbulent. Quand nous étions en voiture, malgré mes interdictions répétées, il détachait sa ceinture et celle de sa sœur. Jacques réagissait alors en freinant brusquement la voiture, de façon délibérée. Je me souviens qu'une fois Max a failli se heurter au pare-brise. J'ai lancé à Jacques : « Eh ! Si tu continues à conduire aussi vite, il va finir par arriver un accident ! ». Et j'ai répondu : « Cela lui apprendra à écouter quand on lui parle. »

L'attitude de Jacques me déroutait : quand quelque chose lui déplaisait, il réagissait d'une façon agressive. Par exemple, un après-midi, il est venu me chercher au travail ; j'avais dû retarder ma sortie de deux minutes, parce que les rapports des infirmières avaient pris plus de temps que d'habitude. Je l'ai salué en montant dans la voiture, mais lui n'a pas articulé un mot. Il s'est mis à conduire à toute allure et, comme je lui recommandais de ralentir pour éviter un accident, il m'a lancé : « J'ai le droit d'agir comme bon me semble. » Et il a accéléré davantage, à la manière d'un fou. Il conduisait de façon nettement imprudente, j'ai alors enjoint à Max assis sur le siège arrière de « s'attacher ». Mais lui, enfant qu'il était, s'amusait de la situation. Je me sentais impuissante et mon cœur battait très fort. Jacques n'a arrêté la voiture qu'à notre arrivée à la maison. Ce que j'ai eu peur ! Je pensais mourir…

J'ai préparé le souper et je me suis occupée de Max. Quand nous sommes allés nous coucher, il m'a fait l'amour sans me présenter la moindre excuse. Et moi, je l'ai laissé agir. J'accomplissais mon devoir, c'était tout.

Noël 1976

Entre-temps, il y eut une mise à pied de trois mois à la compagnie où travaillait Jacques. Juste avant les fêtes, il s'inscrit à l'assurance-emploi. Comme de toute façon je travaillais, nous réussissions à bien gérer notre budget.

Natatsha est venue passer les fêtes avec nous. Je bénéficiais d'un congé de cinq jours. Elle passera le Jour de l'An avec Mme Bélisle. C'était notre premier Noël en famille. Nous avons gâté les enfants : ils ont obtenu beaucoup de cadeaux de nous deux, de mon frère et de ma sœur Irène. Comme d'habitude, elle n'est pas venue à la maison, mais elle participait de loin. Je l'appelais, j'allais la voir avec les enfants.

Jacques et mon frère ont bu presque un galon de vin entier. Ils s'étaient installés au salon pour boire. À la fin de la soirée, ils ont tenté de se mettre debout, mais ils ne pouvaient pas se tenir sur leurs jambes et ils se sont affalés sur le plancher du salon. J'ai pris soin de les aider à se relever et de les mettre au lit. Le lendemain, nous avons ri de l'incident. Les enfants étaient satisfaits de leurs cadeaux et heureux. C'était merveilleux !

Un événement inattendu

Un jour, j'ai reçu un chèque de trente-cinq dollars de Tony, le père de Max, prétendument pour la pension de Max. Je n'y comprenais rien, puisque depuis notre confrontation à la cour, j'avais reçu un sou de lui. J'étais confuse et déconcertée. J'ai gardé le chèque, mais je ne l'ai jamais encaissé. Depuis, je n'en ai plus jamais reçu d'autres. Mon avocate avait voulu faire de retenues sur son salaire, mais j'avais refusé. Voilà, c'est tout au sujet de cette histoire. C'est bien Tony, qui avait lui-même décidé d'abandonner son fils, n'est-ce pas ?

Quatrième partie

L'achat de notre première maison

L'idée acheter une maison ne nous avait pas effleurés. Jusqu'au jour où une de nos amies, Paola, m'a téléphoné pour m'annoncer qu'elle avait acheté une maison à Terrebonne. Elle m'a en même temps invité chez elle, tout en me suggérant de profiter de l'occasion pour visiter quelques maisons modèles. « On ne sait jamais, peut-être que ton mari et toi, vous en trouverez une à votre goût », avait-elle ajouté. J'avais accepté son invitation et je l'avais avisée que je la rappellerais pour qu'elle m'indique le trajet.

C'est en 1978, peu après la naissance de ma fille, que j'avais fait la connaissance de Paola à un cours d'anglais. Depuis lors, nous sommes restées amies. Elle habitait à Terrebonne avec son mari et ses trois petites filles.

Un dimanche, je l'appelle pour m'informer de l'itinéraire. Le rendez-vous est fixé pour 16 heures 30. Pour nous rendre à Saint-Louis-de-Terrebonne, nous empruntons l'autoroute 25. Le trajet dure 25 minutes. Nos amis nous font visiter leur maison, puis ils nous décrivent les démarches à entreprendre pour l'achat de la nôtre. Ils nous proposent de nous faire visiter des maisons modèles. Justement, le bureau des ventes est encore ouvert. Nous examinons plusieurs modèles en compagnie du gérant qui nous indique, les différentes options offertes. La maison que nous aimerions acquérir est un cottage doté de trois chambres au premier et d'une salle de bain. Au rez-de-chaussée, le salon, la salle à manger, la cuisine, une salle d'eau. Et le sous-sol. Le versement initial est fixé à 1000 dollars. C'est intéressant, mais nous avisons notre interlocuteur que nous allons y réfléchir et que nous lui donnerons de nos nouvelles.

La maison n'était pas encore construite. Nous avons juste choisi l'emplacement. Il nous suffisait de donner notre approbation et le constructeur commençait les travaux (conditionnellement à l'acceptation du prêt hypothécaire).

De retour à la maison, nous avons discuté de la question. Jacques était d'avis que nous devions d'abord vérifier s'il n'était pas possible de trouver à Montréal même une maison à un meilleur prix. Il a fait allusion à des cottages qu'il avait remarqués à la rue Saint-Zotique, dans l'est de la ville.

Nous sommes effectivement allés vérifier, il s'agissait de maisons du même style que celle que nous convoitions, mais elles coûtaient beaucoup plus cher et le versement initial s'élevait à 5000 dollars.

Notre choix s'est donc arrêté sur la maison située à Saint-Louis-de-Terrebonne. C'était plus clairement avantageux pour notre budget. Mais Jacques m'a fait savoir que, comme il ne travaillait pas, nous ne disposions pas, pour le moment, du montant de 1000 dollars (soit le versement initial). Je me suis empressée de le rassurer en lui certifiant que dans un délai de deux jours je trouverais la somme nécessaire.

Dès le lendemain, en l'absence de Jacques, j'ai téléphoné à ma sœur Irène de qui j'ai sollicité de près de 1000 dollars. Vu son extrême attachement pour moi et pour mes enfants, elle a aussitôt accepté. Puis elle m'a déclaré : « Je fais cela pour toi et les enfants, pas pour Jacques. » Après l'avoir remerciée, j'ai téléphoné à l'employeur de Jacques de qui j'ai sollicité une lettre d'attestation de travail, tout en reconnaissant que mon mari était au chômage depuis plus d'un mois. Il a d'abord consulté le dossier de Jacques, puis il m'a annoncé : « L'arrêt de travail est en effet pour deux mois ; dites à Jacques de passer demain pour prendre la lettre. » Je l'ai remercié de tout cœur, tout en priant intérieurement Dieu de le bénir.

Forte de ces deux réponses positives. J'informe Jacques que je vais appeler le constructeur pour régler les détails de l'achat de la maison. « Comment vas-tu t'y prendre, me fait-il, sans argent et sans une lettre de recommandation ? » Le fixant gravement, je lui réponds : « Demain, tu iras chercher la lettre de recommandation auprès de ton superviseur — je l'avais contacté à ce sujet — et ma sœur a accepté de me prêter les mille dollars, » monsieur reste bouche bée. Mais pas un mot de remerciement de sa part !

C'est ainsi, grâce à ma persévérance, et à ma ténacité, j'ai acquis ma première maison. Comme j'occupais un emploi stable, nous n'avons pas connu de problème avec la banque. La maison fut construite ; deux mois plus tard, nous sommes passés chez le notaire. Au mois de février 1977, en plein hiver, nous avons déménagé. Cela, après avoir résilié notre bail, le propriétaire nous ayant demandé de payer un mois de pénalité.

Nous avions occupé pendant six mois cet appartement de la rue Baillargé. En ressassant mes souvenirs, j'ai réalisé que bien des choses s'y étaient passées. Bon nombre de ces événements, ou des anecdotes qui s'y rattachent resteront cependant inconnus du lecteur, question de laisser fleurir mon jardin secret !

Chapitre 5

Déménagement à Saint-Louis-de-Terrebonne (1976-1985)
Première partie

Tout était prêt pour le déménagement, les amis pour nous aider, la nourriture nécessaire pour le dîner et le souper, les véhicules pour le transport, y compris la remorque, etc.

Jacques avait attaché la remorque à l'arrière de la voiture de mon frère, qu'il conduisait lui-même, alors que, de mon côté, je conduisais la sienne, une Renault. C'était l'hiver, il faisait très froid, il neigeait et la chaussée était glacée.

Lors du premier voyage, mon amie et moi sommes restées dans la maison de Saint-Louis-de-Terrebonne pour y faire un peu d'époussetage. Nous avons également placé la vaisselle et la lingerie dans les armoires, puis nous avons préparé le repas.

Jacques et ses compagnons avaient tout d'abord apporté la cuisinière et le réfrigérateur, pour que nous puissions apprêter la nourriture. Ils sont repartis avec l'un des aînés de mon amie Nélia. J'ai recommandé à Jacques de faire preuve de vigilance et de conduire avec prudence.

Nous avons eu le temps de tout placer et de préparer le dîner et le souper, et nos gars n'étaient pas encore de retour. Heureusement, je leur avais fait manger une petite collation avant de partir. Pour le souper, j'avais cuisiné du porc frit avec un riz agrémenté de fèves rouges et une bonne salade. Comme boisson, il y avait du jus, pas de bière, mais juste un peu de rhum Barbancourt (d'Haïti) pour nous réchauffer du froid. Ils sont finalement revenus vers 16 heures. Ils nous ont expliqué : « Nous nous sommes butés a beaucoup de problèmes sur l'autoroute avec la remorque. La voiture patinait sur la glace. » Ils étaient fourbus. Comme ils avaient apporté tous les gros meubles, je leur ai déclaré : « Pour le peu qu'il reste, Jacques et moi nous pourrons continuer demain. » Nous disposions encore de quelques jours avant de remettre la clé de l'appartement, et durant ces quelques jours je comptais faire un dernier ménage dans celui-ci.

Je les ai d'abord fait manger, puis ils se sont réchauffés à l'aide d'un petit verre de rhum. Après quoi, ils ont déchargé les meubles et les ont transportés dans la maison. Avant leur départ, presque tout était placé. Jacques et moi sommes alors rentrés à Montréal pour y ramener tout ce monde. J'en ai profité pour faire le nettoyage de l'appartement et récupérer des outils de mécanique et de bricolage appartenant à Jacques.

Nous sommes allés rencontrer les amies qui habitaient à l'étage supérieur pour les remercier et leur dire au revoir. Et nous sommes partis vivre notre nouvelle vie de propriétaires.

Deuxième partie

Description de la maison Saint-Louis-de-Terrebonne et du quartier

La maison se trouvait au coin de la rue Terrasse des princes et de Boulvard des Seigneur, Il y avait un petit parc du nom Terrasse des princes au centre de la rue, entouré par des maisons semblables, à la nôtre, d'où vient le nom Terrasse des princes. Elles étaient toutes des maisons nouvellement construites, dont presque tous les propriétaires avaient emménagé en même temps. Ma maison constituait une unité familiale, un cottage. La cour arrière donnait sur un terrain vacant : pas de clôture, pas de garage. On n'avait encore rien aménagé. Le terrain était recouvert de neige. Il y avait trois chambres à coucher et des toilettes à l'étage du haut et une salle d'eau au rez-de-chaussée. Le salon était très grand, avec un foyer. L'entrée faisait face à l'escalier du haut. À droite du couloir on trouvait le salon, à gauche, la salle d'eau et de lavage. Immédiatement après, il y avait la cuisine et la salle à manger. Par la porte patio et par la fenêtre de la cuisine, on pouvait voir les cours arrière des autres maisons, la rue Terrasse des Princes et la rue Boulevard des seigneurs. De la fenêtre de la cuisine, je pouvais, tout en préparant le repas, avoir l'œil sur les enfants jouant à l'extérieur et observer le va-et-vient des passants dans les deux rues. Le sous-sol en béton et à moitié isolé n'était pas terminé. Il nous restait pas mal de travail à faire. L'essentiel toutefois était que nous habitions dans notre propre maison.

Jacques, lui, imaginait déjà ce qu'il allait faire du sous-sol et du terrain. Et moi, je le voyais venir !

Saint-Louis-de-Terrebonne était situé à vingt-cinq minutes de Montréal en voiture et à deux heures trente en autobus, si l'on tenait compte des arrêts et de l'horaire. Comme il s'agissait d'un nouveau quartier domiciliaire, nous devions aller prendre notre courrier à un autre petit village, situé à trente-cinq minutes de Saint-Louis-de-Terrebonne. L'école était en pleine construction, de sorte que nous avions dû inscrire Max, temporairement à l'école du village voisin. Les dimanches, nous fréquentions l'église du Vieux-Terrebonne.

Tous ces inconvénients ont donc rendu nos débuts plutôt difficiles.

Mais graduellement, les choses ont fini par se placer. La construction de l'école étant terminée, mon fils pouvait s'y rendre à pied. Et chaque dimanche, on y célébrait la messe.

Puis Poste Canada ont installé des boites aux lettres au coin de chaque rue. Un CLSC a été érigé près de chez nous et une clinique a vu le jour sur la rue Boulevard des seigneurs à Terrebonne. Nous magasinions tout d'abord à un centre commercial de Terrebonne ; par la suite, un petit centre commercial a été bâti, à Saint-Louis-de-Terrebonne. Au coin du Boulevard des Seigneurs et (quelques autres rues) se trouvait une boulangerie dont le propriétaire était un de nos voisins. Je pouvais me rendre à pied au petit centre commercial, surtout pour acheter du bon pain chaud.

Troisième partie

Notre début à Saint-Louis-de-Terrebonne

Le soir de notre première nuit dans la maison, je suis allée me coucher avant Jacques. Il était en train de placer ses outils et d'autres objets au sous-sol. Quand il est monté se coucher, il m'a réveillée en me soufflant : « Tu ne devrais pas dormir déjà, il faut que nous baptisions la maison. Dépêche-toi ! Réveille-toi ! Il faut que je fasse une bonne baise ce soir. Je suis fatigué, mais cela va me faire du bien. Nous sommes seuls dans cette grande maison, tu peux crier comme tu peux. Il n'y a personne pour t'entendre. Je vais te prendre comme il faut et aussi comme je veux. » Dans ce moment-là, il serre habituellement ses dents en glapissant : « Tiens-toi bien, Enice ! »

J'ai essayé de lui faire comprendre que je me sentais fatiguée et qu'on allait s'y prendre tranquillement. « Pas question, a-t-il crié, viens ici ! »

C'était la première fois que je le voyais aussi agressif. Il me faisait vraiment peur. J'ai tenté de me rassurer en me disant que son attitude était passagère, qu'il était tout simplement fatigué. En fait, je me sentais extrêmement troublée. Je me suis laissé faire. Comme d'habitude, il s'est endormi tout de suite après s'être soulagé, et moi, je suis allée me faire des ablutions d'eau chaude aux toilettes pour avoir moins mal, puisque mon vagin était devenu très sensible. Je n'ai presque pas dormi. Je n'avais pas aimé ce qu'il m'avait fait. Le lendemain, je ne lui ai rien dit, sinon il m'aurait fait plus mal encore.

J'ai fait un rêve durant le peu de temps où j'ai pu dormir. C'était la première fois que je voyais l'amoureux inconnu dans mes rêves (un personnage de mon premier livre, *une femme parmi tant d'autres*). Dans mon rêve, je me trouvais dans ma maison à Saint-Louis-de-Terrebonne ; j'ai entendu sonner à la porte, je suis allée ouvrir ; à ma grande surprise, c'était lui. Sans prononcer un mot, il m'a souri et est entré dans le vestibule. Il s'est regardé dans le miroir que j'avais placé sur le mur de l'entrée. Il l'a touché pour le fixer. Il a examiné les pièces du rez-de-chaussée des deux côtes et a gravi l'escalier pour se rendre à l'étage ; il a regardé les chambres. Après avoir fait une pause, il m'a murmuré, les yeux remplis d'amour : « Je serai toujours là pour toi » et il m'a caressé le visage très doucement, puis il est parti.

Je me suis sentie empreinte d'une paix et d'un sentiment de plénitude que j'ai déjà éprouvé seulement quand nous étions amants à New York. Le lendemain, à mon réveil, j'avais grâce au rêve refait mon plein d'énergie. Je n'ai révélé mon rêve à personne. C'était mon petit secret qui allait m'aider à supporter les problèmes auxquels j'aurais à faire face, sans en avoir le pressentiment.

C'était dimanche. Nous sommes allés chercher Max chez sa gardienne, Mme Bélisle. Nous n'y sommes pas restés longtemps parce qu'il fallait continuer à arranger la maison. Vu que j'étais encore en congé le lendemain lundi, je suis partie inscrire Max à sa nouvelle école et j'en ai profité pour m'informer sur les moyens de transport scolaire.

Jacques n'avait pas encore repris son travail. Le matin, il me conduisait au mien vers sept heures. Au retour, il emmenait Max à l'école.

L'après-midi, il passait prendre Max à son école, puis il venait me chercher à mon travail. Je devais alors l'attendre durant une heure. Il s'agissait, il est vrai, d'une situation temporaire, puisque nous discutons de l'opportunité d'acheter une seconde voiture.

Entre-temps, Jacques avait entrepris le réaménagement du sous-sol. Il comptait y installer un plancher en bois, en faire l'isolation puis la plomberie en vue de la construction d'une cuisine. Je l'ai aidé à poser le carton-plâtre au plafond. Jacques avait la vilaine habitude d'augmenter de façon exagérée le volume de la musique, à un tel point qu'on ne s'entendait presque pas. Il travaillait tous les jours et même en fin de semaine. Une fois que Jacques faisait cuire des œufs à la coque, il les a oubliés, Max, constatant que ceux-ci étaient en train d'éclater, immédiatement a appelé son père qui est venu aussitôt éteindre le feu. J'ai alors jugé qu'il valait mieux qu'il ne prépare plus de repas, parce que cela devenait dangereux.

Finalement, nous avons décidé de confier une clef à Max, au cas où il n'y aurait personne à la maison à son retour de l'école. La clef avait été placée dans un cordon et mise à son cou ; nous lui avions nettement signifié de ne jamais donner la clef à personne de n'ouvrir la porte à personne. Max était d'un naturel turbulent, mais en vieillissant, quand il s'agissait d'une question de sécurité, il devenait très réceptif. Nous lui avions également conseillé de se rendre chez notre voisine en cas d'urgence. Nous avions, bien sûr, pris la peine d'en prévenir celle-ci.

Un jour que j'étais au travail et Max à l'école, Jacques qui continuait le réaménagement de la maison a décidé de préparer le souper, du riz aux fèves. Puis il a oublié d'éteindre le feu, laissant la casserole dessus. Il était censé passer prendre mon frère Robert, puis venir me chercher au travail. Ce soir-là, une forte tempête de neige nous avait retardés sur l'autoroute. À notre arrivée, Jacques avait dû procéder pendant un long moment au déblayage de notre entrée, à cause de l'imposante accumulation de neige. De mon côté, n'apercevant mon fils nulle part, je commençais à m'alarmer. Et tout à coup, le voilà qui s'amène de chez la voisine. Et de m'expliquer fièrement : « Je suis revenu avec mon ami Jean (le fils de la voisine). Je suis allé chez lui quand j'ai constaté que la maison était vide, et que je ne pouvais pas y entrer. »

À notre entrée dans la maison, l'une des plaques de la cuisinière était restée allumer, une casserole recouverte dessus, prête à exploser. J'ai aussitôt réagi en enjoignant à mon frère d'ouvrir le patio ; j'ai saisi la casserole sans en enlever le couvercle et je l'ai lancée dans la neige. Elle a explosé comme une petite bombe. J'ai alors éteint le feu, puis j'ai crié : « Merci à Jésus et à mère Marie Rose. » Quand nous avions pris possession de la maison, j'avais installé une image de mère Marie Rose sur le mur de la cuisine, à côté du ventilateur. Je l'avais priée en lui demandant de protéger ma maison contre les incendies. Je voulais lui témoigner ma reconnaissance.

Mère Marie Rose est la fondatrice de la congrégation des Sœurs de Saint Nom de Jésus et de Marie à Montréal, à la rue Mont-Royal.

Quatrième partie

Les inconvénients — Les difficultés financières

Nous avons continué tranquillement à vivre notre vie. Les nombreux déplacements aller-retour, le froid et la neige qui n'en finissaient plus. Notre prise de possession de la maison ne nous avait pas coûté très cher, mais comme Jacques n'avait pas encore repris son travail et que nos dépenses avaient augmenté, l'argent commençait à se faire rare. À l'époque, nous ne disposions pas, de cartes de crédit. Nos achats se faisaient avec de l'argent liquide. À un moment donné, j'avais attrapé une bronchite et le médecin m'avait prescrit des antibiotiques. Eh bien, je n'avais pas pu les acheter parce qu'il me manquait de l'argent. J'attendais ma paie. J'ai dû alors faire appel à ma sœur qui habitait à Montréal. J'ai ensuite recommandé à Jacques d'appeler son employeur pour vérifier s'il pouvait retourner travailler. Comme il ne se décidait pas à le faire, j'ai décidé d'appeler moi-même monsieur Bertrand (le directeur). À la suggestion de celui-ci, j'ai demandé à Jacques de contacter son superviseur, après l'heure du dîner. Ce qu'il a fait.

Le superviseur a alors offert à Jacques de rentrer travailler de nuit, le même jour (de minuit à sept heures). Nous étions très contents. Mais par la suite, la situation s'est un peu compliquée : je devais la nuit conduire Jacques au travail, puis je rentrais à la maison pour dormir un peu ; il me fallait ensuite retourner le chercher à 7 heures, afin qu'il me dépose à mon travail à 7 heures 30. Après quoi, il se dépêchait d'emmener Max à son école pour 8 heures 30. Celui-ci continuait de dormir à poings fermés dans l'auto jusqu'à son arrivée à l'école. À minuit, quand j'allais chercher Jacques, j'emmenais Max avec moi. Nous avons dû nous contenter de cet incommodant arrangement pendant un bon bout de temps.

Je devais me lever à 4 heures 30 et préparer les lunchs, le déjeuner, etc., pour ensuite partir travailler à 6 heures 30. Et les rapports sexuels dans tout cela, c'était pénible ! Il n'était jamais satisfait. Il lui en fallait continuellement ; avant d'aller travailler la nuit, au retour juste avant de dormir, durant les congés… C'était : « Enice, tiens-toi en position », sans aucune caresse.

La vie continue, le printemps fait son apparition, la neige commence à fondre tranquillement. La température devient plus douce. Mme Bélisle, la gardienne de Natatsha, nous annonce qu'elle ne pourra plus garder Natatsha parce que sa santé décline. Nous devrons penser à prendre Natatsha avec nous. Elle nous accorde un délai pour trouver une gardienne. Comme il existe une garderie tout près de mon lieu de travail à la rue Vincent D'Indy, je vais y inscrire Natatsha. Je m'estime chanceuse, il reste encore de la place.

L'horaire de la garderie était de 7 heures à 17 heures. Cela m'arrangeait bien, j'aurais le temps nécessaire pour me rendre au travail à 7 heures 30. Jacques avait postulé un poste le jour ou le soir. Il a pu obtenir le poste du soir. C'était quand même une amélioration, car il pouvait me déposer à mon travail le matin. L'après-midi, après le travail, je passais chercher Natatsha à la garderie et nous retournions en autobus à Saint-Louis-de-Terrebonne.

Max nous attendait tranquillement chez la voisine. Mais pour moi, c'était l'enfer. J'arrivais après 20 heures chez nous. Je devais préparer le souper, aider Max à faire ses devoirs. Donner aux enfants leur bain, les coucher et préparer le lunch du lendemain. Le temps de terminer tout cela, il était déjà minuit passé. Et juste au moment où j'allais me coucher, Jacques s'amenait, après avoir pris son repas ; il venait faire l'amour. Le lendemain, je devais de nouveau me lever à 4 heures pour préparer le déjeuner et terminer les lunchs, et aussi préparer les enfants. Nous devions partir tôt à cause de la circulation.

C'était devenu intolérable. J'ai averti Jacques que, si nous n'achetions pas une autre voiture, je ne ferais certainement pas long feu. Il a accepté et m'a proposé d'acheter une voiture d'occasion. Une semaine plus tard, je me procurais une petite voiture Austin, à partir des petites annonces. Elle était de couleur blanche.

Il s'agissait de ma première expérience avec une voiture à transmission manuelle ; j'ai appris à la conduire en une semaine. Au début de mon apprentissage, Jacques l'utilisait pour se rendre au travail et moi je conduisais sa Toyota. C'était mieux pour tout le monde. La famille passait plus de temps ensemble et c'était moins épuisant pour mes enfants.

Cinquième partie

Les voisins — l'aménagement extérieur

Les nouveaux propriétaires commençaient à aménager dans le quartier. Nous avons eu pour voisins une famille haïtienne et une autre de l'autre côté de la rue au coin de la rue Terrasse des princes. Encore un peu plus loin, deux autres familles haïtiennes. Et plusieurs autres familles d'origine ethnique diverse. Presque toutes avec des enfants.

Notre plus proche voisine, Marianne, avait un fils de cinq ans, à peu près du même âge que Natatsha. La mère de Marianne gardait les deux petits garçons de celle-là à la maison. Quand nous avions commencé à la fréquenter, elle nous avait fait une offre. Elle nous avait proposé que sa mère puisse garder nos enfants, surtout Natatsha. Cette dernière éviterait ainsi de voyager tous les jours. Nous lui avions répondu que nous allions y réfléchir. À la suite d'une longue réflexion liée à des sentiments de crainte et de doute, surtout de ma part, nous avons fini par accepter. Mais mon inquiétude persistait.

Un jour, au travail, une de mes patientes, sœur Margherita m'a fait cette remarque : « Ma fille, depuis quelques jours, je te trouve pensive ; tu es dans la lune, bien que tu essaies de le cacher. Comme je te connais, je veux que tu me dises ce qui se passe ». Je lui ai fait part du fait que j'avais confié la garde de mes enfants à des étrangers et que cela me tourmentait. Elle m'a calmée : « Tu ne dois pas t'inquiéter. Il y a des anges qui veillent sur eux. Tu es tellement bonne et douce pour nous, je ne pense pas que quelque chose arrivera à tes enfants. Prie Dieu, demande-lui de les protéger, et moi aussi je vais prier pour eux. » Et comme par enchantement, j'ai arrêté de trop m'en faire. Après le travail, je me hâtais d'arriver tôt à la maison. La dame gardait les enfants seulement l'après-midi au départ de Jacques de 14 heures à 16 heures 30, juste le temps que je revienne.

Le problème de garde étant réglé, l'atmosphère est devenue moins tendue à la maison. Jusqu'alors, je n'avais jamais eu le temps de penser à mon propre bien-être. Je concentrais mon attention sur Jacques, les enfants, et sur mes occupations à la maison. Le simple fait de repenser à tout cela me rend triste. Je prenais soin de tout ce monde, en cas de maladie. Mais, moi, personne ne prenait soin de moi. Les enfants ne le pouvaient pas, ils étaient trop jeunes pour le faire ; quant à Jacques, j'évitais de lui révéler que j'étais malade, parce qu'alors il se mettait à maugréer : « j'ai passé ma vie à entendre ma mère dire : je suis malade ! Je suis malade ? Je n'aimerais pas avoir une femme qui se plaint à longueur de journée qu'elle est malade. » Je ne disais mot, je n'ai pas révélé à quiconque mon état de santé, je prenais mes médicaments pour me soigner.

Nous avions commencé à faire connaissance avec quelques voisins et les enfants s'étaient fait des amis, surtout Max, parce que Natatsha était trop jeune. C'était le temps de la fonte des neiges ; on assisterait bientôt à la fin du printemps et au début de l'été.

Nos voisins commençaient à préparer leurs terrains pour la pose du gazon et pour l'aménagement extérieur, par exemple un petit jardin, un cabanon et une clôture. Presque tout le monde a engagé un entrepreneur pour effectuer les travaux. Jacques, pour sa part, a décidé de tout faire lui-même. Je lui ai conseillé de faire construire au moins la clôture par quelqu'un d'autre, mais il a catégoriquement refusé. « Ce n'est pas trop difficile, m'a-t-il objecté, je peux le faire moi-même. » En plus de la clôture à édifier, il fallait labourer la terre pour semer le gazon. Quand Jacques a commencé à creuser des trous pour planter les poteaux de la clôture, l'opération s'est révélée très ardue, parce que de nombreuses grosses pierres se trouvaient enfouies dans le sol. Mon frère Robert, mon neveu Riva et des amis sont venus nous aider. Mon neveu Riva habitait chez ma sœur Irène, il était venu d'Haïti pour faire ses études en génie électronique.

Grâce à leur extrême ténacité, ils ont réussi à ériger la clôture, à aplanir le terrain, et à y mettre de l'engrais et de la semence. Jacques parvenait à faire pousser le gazon sur tout le terrain, alors que de mon côté je plantais à l'avant des fleurs et des arbres, parmi lesquels un érable que je voulais placer à tout prix au milieu du terrain et deux sapins de chaque côté de la grande fenêtre.

Maintenant, quand je passe devant cette maison, je la trouve superbe avec ses beaux arbres et ses fleurs. Nous avions installé une grosse pierre au milieu du terrain de devant. Chaque personne qui nous rendait visite, se faisait photographier assise sur la grosse pierre. J'avais fait un potager dans la cour. J'ai pu récolter du maïs, de la laitue, des carottes et des tomates.

Jacques avait construit durant une fin de semaine un cabanon et une terrasse dans la cour, juste à côté de la maison, près de la clôture. Deux jours plus tard, il a reçu de la Ville une lettre stipulant qu'il n'avait pas le droit de construire le cabanon à cet endroit, qu'il devait par conséquent le démolir et le reconstruire à l'arrière de la maison. Jacques n'était pas très content, il paraissait même découragé. Il disposait de dix jours pour obtempérer. « Le terrain est à moi, s'indignait-il, je peux en faire ce que je veux. » Je lui ai rappelé qu'il devait respecter la loi. Il a défait le cabanon et l'a le reconstruit à l'arrière selon les dimensions permises.

La terrasse, quant à elle, a été refaite au moins quatre ou cinq fois durant les années que nous avons passées dans cette maison.

Une réflexion

En revenant sur le passé, je me demande parfois, si ce n'est pas en défaisant ce cabanon et en le reconstruisant que Jacques avait acquis le goût de tout défaire dans chaque maison que nous achetions par la suite. Cela devenait une obsession : il défaisait l'intérieur de chaque nouvelle maison pour le refaire. Nous vivions toujours comme dans un chantier de la construction, parce qu'il prenait des mois ou des années pour mener à terme les rénovations. En fait, c'était presque toujours au moment de la vente des maisons qu'il décidait de terminer les rénovations.

Comme on était alors en été et que je me sentais bien, je faisais tout mon possible pour ne pas le contrarier. Je veillais à tout dans la maison. Jacques, lui, il s'occupait de l'entretien mécanique des voitures et de la rénovation de la maison. À l'occasion, je lui donnais un coup de main. J'étais exténuée ; les enfants bien sûr, ne pouvaient pas m'aider, ils étaient trop jeunes. Graduellement, je leur montrais comment faire leur lit et mettre un peu d'ordre dans leur chambre.

Sixième partie

Les voisins et l'environnement

Certains de nos voisins se sont liés d'amitié avec nous. Nos plus proches voisins, Marianne et son mari Richard avaient deux enfants, l'un de deux ans et l'autre de quatre ans. L'aîné était très turbulent. Le mari prenait un plaisir à battre sa femme. Constatant que j'éprouvais de la pitié pour elle, Marianne m'a avoué : « Tu n'as rien vu, c'est son habitude. Lorsque nous nous habitions à Montréal, il m'a une fois blessé à la tête. La police est venue. Ne t'inquiète pas pour moi ! »

C'est un fait que les femmes battues en gardent de très douloureuses blessures, souvent nettement visibles ! Mais je pense que la blessure psychologique est encore plus terrible ; elle tue à petit feu et entraîne parfois à la folie ou à la mort.

Aux dernières nouvelles, ce couple (encore ensemble) est parti vivre à Miami (en Floride). Je m'étais également liée d'amitié avec les voisins d'en face, surtout avec la femme, Fanny. Elle avait elle aussi deux garçons, l'un de cinq ans et l'un de deux ans. Elle faisait de la couture pour les particuliers et les manufactures. Elle travaillait beaucoup. Ses enfants étaient devenus amis des miens. Cette famille-là, également, était finalement partie. Nous fréquentions une autre famille : Gustave, le mari, faisait du taxi, alors que la femme travaillait dans une manufacture. Leur fille, Darla, était presque du même âge que la mienne et aussi un garçon. Darla était l'amie préférée de ma fille.

Elles se tenaient toujours ensemble en compagnie d'un petit Italien prénommé : Gino. Les trois étaient inséparables. Gino avait un grand frère. Leurs parents n'étaient pas nos amis, mais je conversais occasionnellement avec la mère. Bon nombre d'autres familles demeuraient dans le village. Presque tous ces gens ont quitté Saint-Louis-de-Terrebonne.

Mon quartier comptait beaucoup d'enfants. Édouard, le petit ami de Max dont la maison se trouvait derrière la nôtre, venait sonner chez nous dès 6 heures pour demander à voir Max. « C'est le temps des vacances, lui expliquais-je, Max ne se réveille pas tôt. » Je le regardais par la fenêtre : s'assoyait sur les marches de notre entrée pour attendre Max. »

Quand j'ai demandé à Max pourquoi Édouard n'allait pas l'attendre chez lui, Max m'a appris que, chaque matin, sa mère le sortait de la maison et le prévenait : « Reviens pour le dîner. » Et après le dîner, elle le mettait de nouveau dehors. S'il voulait boire de l'eau, on lui tendait un gobelet à travers la porte. Cela faisait pitié. Comme le sous-sol était presque terminé, nous y avions installé une télévision et les jouets des enfants. Depuis ce jour-là, chaque fois qu'il sonnait, je le faisais descendre au sous-sol en attendant que Max soit réveillé. Il en était satisfait, il ne dérangeait personne. Je trouvais tout à fait inacceptable qu'une mère adopte un pareil comportement envers son enfant. Elle le traitait comme un petit chien. Fort heureusement, elle n'avait qu'un seul enfant.

Quand ma voisine Marianne et sa famille ont déménagé, un couple plus âgé que le nôtre a acheté leur maison. Ce couple avait quatre grands enfants : deux étaient adolescents et les deux autres, un peu plus jeunes. L'un des plus jeunes, le garçon Sony, avait l'âge de Max ; il s'est lié d'amitié avec mon fils. Ses parents avaient fait installer une piscine creusée dans leur cour. C'était une famille québécoise très bien. Je n'irais pas jusqu'à dire que nous étions vraiment amis, mais nous nous parlions occasionnellement de choses et d'autres.

Et notre amie infirmière qui m'avait conseillé d'acheter la maison avait, pour sa part, trois filles. Les deux jumelles étaient du même âge que la mienne. Elle habitait à trois minutes de marche de chez moi. À la suite d'un malheureux incident, elle est allée habiter à Montréal avec ses filles.

Sur les conseils de Jacques, son collègue et ami Lucien avait décidé avec sa femme Caroline d'acheter une maison à Saint-Louis-de-Terrebonne. Le couple avait cinq enfants. Ils habitaient à presque dix minutes de chez nous. Ils étaient les derniers arrivés. Jusqu'à aujourd'hui, ils demeurent encore à Saint-Louis-de-Terrebonne.

Aux anniversaires de nos enfants, c'était toujours grandiose… Avec seulement les amis du quartier, nous réunissions plus de vingt enfants. L'anniversaire de Natatsha tombait en juillet ; durant l'été, on pouvait fêter à l'extérieur et donc s'amuser davantage. Les enfants aimaient mes pizzas maison, mes petits pâtés maison et surtout le gâteau. Ils s'amusaient beaucoup, surtout après que nous avons installé une piscine hors terre dans la cour. Ils s'amenaient toujours quand j'étais en congé, parce que Jacques ne voulait pas les surveiller. Pour moi, au contraire, il s'agissait de moments merveilleux.

J'aime beaucoup les enfants, pas seulement les miens, tous les enfants. Selon moi, un enfant devrait être toujours heureux. C'est à ce moment de leur existence, avant l'âge adulte, qu'ils doivent savourer pleinement leur vie. Un enfant sans amour est un enfant malheureux. Il revient à nous les adultes, de les assister tout en leur procurant une bonne éducation et l'encadrement nécessaire, toujours dans un climat d'amour. Car ils constituent le prolongement de nos vies et de nos espoirs.

Septième partie

L'aménagement du sous-sol — L'école

Les vacances d'été terminées, les enfants sont allés à la nouvelle école de Saint-Louis-de-Terrebonne, située en haut de la côte. Ils faisaient le trajet à pied.

Max était en troisième année et Natatsha en prématernelle. À la soirée de la rencontre professeurs-parents, nous avons appris que Max avait un mauvais bulletin. Comme la date de son anniversaire, le 6 novembre, approchait, Jacques a décidé de le punir. De la façon suivante : « À ta fête, tu n'auras de cadeaux de personne. D'ailleurs, je vais appeler tous nos amis pour leur faire savoir que je ne veux pas de cadeaux pour Max, parce qu'il n'a pas eu un bon bulletin. » J'ai tenté de calmer Jacques : « Avec tous ces changements, il éprouvait de la difficulté à s'habituer. On lui donnera un plus petit cadeau. » Il m'a répliqué : « Non, sinon à Noël, il aura encore un mauvais bulletin. »

Évidemment à son anniversaire, Max n'a pas été fêté et il n'a obtenu aucun cadeau. C'était cruel pour un enfant de sept ans. Jacques a juste construit un petit camion en bois comme en fabrique en Haïti. J'ai confectionné un gâteau qu'on a coupé en famille, et c'était tout. On aurait vu que je ressentais beaucoup plus de peine que lui. De toute façon, il n'était pas facile de savoir ce qui se passait dans ce petit cœur d'enfant.

À Noël, Max a obtenu un bon bulletin. Je lui ai acheté plusieurs beaux cadeaux. Ma sœur l'a elle aussi généreusement récompensée.

Jacques a terminé le sous-sol au cours de l'hiver. Je l'ai secondé autant que je l'ai pu. Il a construit une chambre fermée, une petite cuisine ouverte, un bar et une salle de jeux.

Nous avons descendu la salle à manger au sous-sol et un peu plus tard nous en avons acheté une autre avec vaisselier pour le rez-de-chaussée. Jacques a peint le plancher du sous-sol, après quoi nous avons installé un poêle à bois dans la salle de jeux et un ventilateur de recirculation qui propageait la chaleur jusqu'au dernier étage. Le soir, toute la famille s'installait au sous-sol, les enfants pour faire leurs devoirs, Jacques pour bricoler tout en regardant la télévision. Le sous-sol terminé, j'avais moins de nettoyage à faire.

Par la suite, nous nous sommes décidés de changer la couleur de la peinture — elle était peinte en blanc — et de la tapisser au complet, à l'exception de la cuisine et des chambres des enfants, à cause des risques d'allergie. J'ai choisi la couleur coquille d'œuf pour le salon, le couloir et la cuisine, la couleur pêche pour ma chambre, du rose pour Natatsha et pour Max du bleu. Pour le mur du fond de la salle à manger, une tapisserie qui représentait une forêt d'automne. Des céramiques beiges avec des petits motifs pour le mur de la cuisine et des céramiques brun pâle avec des motifs beiges pour l'entrée.

Nous avons réalisé tout le travail, nous-mêmes. J'ai choisi la tapisserie ainsi que le mobilier de la salle à manger. À la suite de toutes ces rénovations, la maison était rayonnante, impeccable et très invitante. Je ressentais un bien-être chaque fois que je rentrais chez moi.

Les enfants étaient devenus plus calmes. Jacques, lui, cherchait toujours quelque chose à faire. C'était comme une maladie. Le fait qu'il continuait à contrôler le budget familial ne me dérangeait pas vraiment, car je n'avais pas encore pris le temps d'examiner le bien-fondé d'un tel arrangement. Je m'occupais de trop de choses à la fois : l'éducation des enfants, de même que leurs activités parascolaires. Jacques n'était pas du tout intéressé à les y accompagner. Je me sentais de plus en plus épuisée, alors que de son côté il se montrait de plus en plus exigeant. En fait, il ne pensait d'abord qu'à lui d'ailleurs, ses propos le confirmaient, sans la moindre équivoque.

L'arrivée de Tante Dieula à Montréal

Durant les vacances d'été, tante Dieula qui vivait en Haïti est venue passer trois mois à Montréal chez ma sœur et moi. Elle est arrivée au mois d'août à un moment où la température commençait à se refroidir, ce qui ne lui a pas plu. « Comment fait-on, se lamentait-elle, pour vivre dans un pays comme celui-ci ? Il n'y a presque personne dans les rues, personne ne vient pour prendre un café. Et toi, tu travailles toujours et tu t'occupes des enfants quand tu es à la maison. Ce n'est pas une vie. Je suis bien mieux chez moi. »

J'ai pris la peine de lui expliquer que la vie est toujours ainsi dans un pays étranger. Elle avait toujours froid, et pourtant on était encore en été. Je me rappelle encore l'anecdote qui suit au sujet de tante Dieula. Un jour, avant de partir au travail, nous lui avons fait cette recommandation : « Tante Dieula, si tu vas à l'extérieur, habille-toi chaudement ; ne te lave jamais à l'eau froide. » Elle a répliqué. « Moi, Dieula, François, je me suis toujours lavée à l'eau froide ; personne ne me fera changer mes habitudes. » Je lui ai conseillé d'être quand même très prudente. Malheureuse, elle a fait fi de nos mises en garde : elle s'est lavée à l'eau froide. Elle nous a plus tard avoué qu'elle avait pensé mourir, tellement elle avait eu froid. Elle s'était mise au lit et s'était enfouie sous plusieurs couvertures pour se réchauffer. Un peu plus tard, ayant noté qu'il faisait soleil du côté de la terrasse située à l'arrière de la maison, elle a décidé de sortir pour pouvoir se réchauffer. Sans gilets, malgré les avertissements des enfants. Au bout de dix minutes, elle est rentrée, car elle avait encore froid. Je lui ai fait boire du rhum chaud. Comme, elle avait mal partout, nous avons installé dans son lit un appareil de massage chauffant, elle a détesté sa mésaventure et elle voulait retourner tout de suite en Haïti, mais il lui restait encore un mois à passer à Montréal. Elle nous a causé bien des soucis. Finalement, elle est partie très heureuse de son séjour. De retour en Haïti, elle racontait à qui voulait l'entendre : « je suis allée au pays des Blancs, je suis une grande dame maintenant. »

Huitième partie

Mon divorce de Tony en 1979

Comme j'habitais avec Jacques, le bureau d'aide juridique m'avait fait savoir que je devais me trouver un autre avocat pour poursuivre les procédures de divorce. À deux, nous faisions assez d'argent pour nous assurer les services d'un avocat. À partir d'une liste, j'en ai choisi un, à qui j'ai fait savoir que je voulais divorcer le plus vite possible. Après avoir étudié mon dossier, il m'a promis qu'il ferait tout son possible pour me donner satisfaction. Quelques mois plus tard, il m'a annoncé que l'audience aurait lieu au Palais de justice de Saint-Jérôme et que Tony serait présent.

Le jour de l'audience, après m'avoir questionné sur la cause de ma requête en divorce, le juge s'est étonné de l'absence de Tony. Mon avocat, de son côté, en ignorait la raison. Le juge a révisé le dossier et il a prononcé le divorce. Cette page de ma vie était tournée définitivement et rangée une fois pour toutes.

J'avais à plusieurs reprises signalé à Jacques que, s'il ne me demandait pas en mariage, il ne devait pas s'attendre à ce que je le fasse à sa place. Il répétait sans cesse que le mariage n'est pas une nécessité ; que, s'il se mariait, ce fût juste pour avoir un papier, c'est tout. En fait, il y avait d'autres raisons : nous voulions que Natatsha, sa fille, porte son nom ; il désirait de plus procéder à l'adoption des deux enfants. Nous n'avions donc plus le choix.

Un beau jour, Jacques a décidé de me parler du mariage. Il l'a fait en ces termes : « Enice, tu devrais choisir une date durant l'été prochain pour le mariage ; nous irons ensuite acheter les bagues, mon complet et ta robe de mariage en même temps. » « C'est ainsi, ai-je lancé, que tu fais ta demande ? » Il a répliqué : « Si tu ne veux pas, juste dis-le-moi. » Je lui ai fait savoir que je choisirais une date.

Tout cela, sans rien de romantique, c'est ainsi que les choses se passaient entre nous. Et moi, j'ai fini par me comporter comme lui. Avec Jacques, tout se passait dans le lit. Je commençais à perdre les derniers sentiments affectueux que j'éprouvais pour lui.

Neuvième partie

Les pénitences

Je suis tombée enceinte ; au bout de deux mois, j'ai perdu l'enfant parce que j'étais trop fatiguée ; mon taux d'hémoglobine avait considérablement baissé.

La vie suivait son cours… les enfants grandissaient à vue d'œil. Je procédais deux fois par mois au grand ménage de toute la maison. Je me faisais aider des enfants. Ils aimaient cela surtout Natatsha, qui était mince et paraissait bien grande pour son âge. Je l'appelais « ma petite puce ». Quand elle est devenue plus vieille, elle m'a dit un jour : « Mammy, je n'aime pas quand tu m'appelles "ma petite puce". » Je lui ai expliqué que c'était, parce que je l'aimais. Elle a répliqué : « Non, je n'aime pas ça. » J'ai respecté sa décision. Je l'appelais désormais par son seul prénom Natatsha ; elle en était heureuse. Max, porte un surnom, Bitou. C'est mon frère Robert qui le lui avait donné quand il était bébé. J'avais noté que, chaque fois que je l'appelais ainsi alors que ses amis se trouvaient chez nous, il ne réagissait pas négativement et esquissait un subtil sourire.

Un jour, sa sœur m'a lancé : « Mammy, Max n'aime pas qu'on l'appelle Bitou. Tu devrais dire aux gens de ne plus l'appeler ainsi. » J'ai juste fait : « Ah, bon. » Elle a renchéri : « Oui, c'est comme ça. » Depuis, j'ai cessé de le nommer ainsi. J'utilise son prénom Max.

À huit ans, Max commençait déjà à couper le gazon. C'était pour lui comme un jeu. Il sortait aussi la poubelle. Une fois qu'il avait oublié de le faire, Jacques était allé vider le sac d'ordures ménagères dans sa chambre. Je l'avais supplié de ne pas le faire. « Comme ça, avait-il soutenu, Max n'oubliera plus jamais de le faire. » C'est à la suite de cette scène, je pense que Natatsha et moi avons préparé un horaire à Max et nous l'avons collé sur un mur de sa chambre, pour lui permettre de se rappeler les journées de cueillettes.

Jacques donnait d'étranges punitions aux enfants. Une autre fois, Max avait laissé sa chambre un peu en désordre. Ayant entendu un bruit à l'étage supérieur, je suis montée, suivie de Natatsha. À notre arrivée, nous sommes restées figées, bouche bée. Jacques avait tout saccagé dans la chambre. Le matelas était par terre, les tiroirs renversés sur le sommier, les vêtements de Max sur le plancher, etc. C'était un désastre, et Jacques, lui, trouvait le tout comique, il en riait.

Je ressentais de la peine pour Max. Ma fille a soupiré : « Mon pauvre frère. » Après avoir mis à l'envers la chambre de mon fils, Jacques a laissé tomber : « Il aura de l'ouvrage à faire à son retour du basketball, cela lui servira de leçon. » En écrivant cette partie de ma vie, j'ai des larmes qui me montent aux yeux.

Je n'étais pas du tout content. Je me suis adressée à Jacques d'une voix calme en lui disant : « Tu sais, tu ne devrais pas faire cela à Max. » Ma remarque l'a irrité davantage : « C'est toi qui gâtes les enfants ! a-t-il crié. Max est le petit garçon de maman. Tout ce que j'ai fait, c'est le corriger. Aussi, je ne veux plus rien entendre ni te voir consoler les enfants quand je les punis. » Je n'ai rien ajouté. J'ai pleuré. Quand mon fils est arrivé, il a subi tout un choc. Il n'a pas pleuré, mais ses yeux étaient embués de larmes. Je lui ai donné une petite caresse, puis Natatsha et moi l'avons aidé à remettre sa chambre en ordre. Jacques, lui, est resté au sous-sol. Quand je suis descendue, il m'a lancé des bêtises en tonnant : « Tu gâtes les enfants, tu es toujours en train de les embrasser, de les cajoler. »

J'ai gardé le silence. J'ai terminé mes travaux ménagers. Lui, il est monté se coucher, tout en m'annonçant qu'il m'attendait dans la chambre. J'ai pris tout mon temps, j'avais honte pour lui.

Il est vrai que Max était un peu turbulent ; comme la plupart des enfants de son âge, il aimait s'amuser. Max était peut-être chargé aussi de trop de responsabilités. Par exemple, en plus d'aller à l'école et de participer à des activités parascolaires, il devait aider Jacques à rénover la maison, sortir la poubelle, couper le gazon, pelleter la neige, etc. Par moments, il se défoulait sur ses jouets. Il n'a jamais fait de mal à aucun de ses amis, il n'a jamais répondu par la négative à nos demandes. Il était un garçon très intelligent, ce que confirmaient tous ses professeurs, mais, souvent, il se comportait de façon à attirer l'attention.

Devenu adolescent, il aimait enduire ses cheveux de gel et il était vivement intéressé aux soins et aux produits de beauté. Une fois que nous étions allés à une rencontre parents-professeurs, Max était alors en 2e secondaire, ses professeurs de français et d'histoire nous ont signalé que Max abstiendrait de meilleurs résultats scolaires s'il se rendait moins souvent aux toilettes pour s'arranger les cheveux. Ils nous ont conseillé de lui en parler. Durant le trajet de retour à la maison, Jacques est resté silencieux. Quand il se comportait ainsi, c'était très mauvais signe, j'ai alors risqué une question : « Jacques, à quoi penses-tu ? » Il m'a répondu qu'il avait une petite idée ! À notre arrivée dans le stationnement de la maison, je voyais Max qui nous regardait de la fenêtre. Il avait l'expression d'un petit enfant ravagé par la peur.

J'ai proposé à Jacques que nous nous contentions de lui parler sévèrement. Il a répliqué : « J'ai une nouvelle pour toi. » J'ai fait : « Quoi ? » Les dents serrées, il m'a annoncé : « Je vais raser ses cheveux complètement. » J'ai gémi : « Oh, non ! Pas ça ! ». Il a répliqué : « Oh, oui ! » tout en ricanant. C'était vraiment infernal. Je ne savais pas quoi faire pour l'empêcher de mettre sa menace à exécution. Je l'ai supplié, mais son idée était déjà faite. Je craignais tellement pour mon fils. Max savait que les nouvelles n'étaient pas bonnes, mais il n'aurait jamais pensé que son père aurait accompli un geste aussi cruel.

Il était docilement assis dans un au coin du sofa. Jacques a pris un rasoir et une chaise, et il a lancé à Max : « Viens t'asseoir ici, mon petit bonhomme ; je vais te raser les cheveux jusqu'à la peau. » Sa sœur avait les mains à la mâchoire, la bouche ouverte et les yeux baignés de larmes. De mon côté, je sentais que mon cœur allait cesser de se battre.

Max avait l'air hébété et les yeux larmoyants. Son travail terminé, Jacques a ordonné à Max de nettoyer le plancher et il m'a interdit de l'aider. Mais je ne l'ai pas écouté et j'ai aidé mon fils. Espérant le réconforter, je lui ai murmuré : « Tu sais, Max, tu travailleras mieux la prochaine fois, OK ! S'il te plaît, fais-le pour toi et pour maman ». Après le nettoyage, je suis montée avec les enfants pour les faire coucher. Max et sa sœur sont restés dans une des chambres pour discuter ; j'ignore de quoi ils ont parlé. Je suis ensuite descendue pour discuter avec Jacques. Avant de me coucher, je suis allée voir Max ; il dormait profondément, mais son corps bougeait. On aurait dit qu'il faisait un cauchemar. Je lui ai donné un petit bisou, il s'est apaisé.

Ce soir-là, je ne voulais pas que Jacques me touche. J'étais trop fâchée. « Tu veux venger ton fils chéri ? a-t-il maugréé. Ici, dans cette maison, je suis le boss ! » Puis, il s'est collé à moi ; je ne me suis pas retournée. Il m'a ensuite secoué et m'a fait tomber sur le plancher. J'ai tout simplement pris un drap pour me coucher à même le plancher. Me pressant avec rage sur le plancher, il m'a finalement violé. Je n'ai pas réagi, j'avais le dégoût.

Il infligeait de très longues punitions à Max. Il pouvait l'enfermer dans sa chambre durant une semaine. Max descendait seulement pour manger et aller aux toilettes. Mon fils craignait tellement Jacques, qu'il purgeait ces punitions abusives sans protester. Une journée d'été qu'il faisait beau et que Jacques avait mis Max en punition avant de partir à son travail, j'ai invité celui-ci à venir nous joindre, Natatsha et moi, devant la télévision. Il a refusé. J'ai insisté en lui promettant que, s'il arrivait quoi que ce soit avec Jacques, je le défendrais. Mais il n'a pas voulu bouger de sa chambre.

Je crois que Max est resté marqué par ces événements. Aujourd'hui, il protège ses propres enfants en déclarant qu'il ne veut pas qu'ils souffrent comme il a souffert dans son enfance. Il ne n'élève pas la voix avec eux, il les respecte et leur manifeste une très vive affection. Lorsque j'observe la façon dont il agit avec ses enfants, je me mets à songer : « Mon Dieu, quel bon père, il est » ! Un jour, il a confié à sa sœur : « Je ne souhaite pas que mes enfants vivent ce que j'ai vécu avec mes deux pères. Je ferai toujours tout mon possible pour les protéger. » En revenant sur le passé, je réalise combien ce garçon a souffert. Cette maison de Saint-Louis-de-Terrebonne a été le théâtre de tant d'incidents douloureux ! Max a subi beaucoup plus de punitions que sa sœur Natatsha, la fille de Jacques. Comme elle possédait un tempérament bien différent de celui de Max, son père parvenait difficilement à la punir : dès sa tendre enfance, elle avait pris sa place et avait réussi à créer ses propres moyens de défense. En observant la façon dont Jacques agissait avec son frère, elle s'arrangeait pour avoir le dessus.

Je me souviens encore de la première fois où Jacques a imposé une punition à Natatsha. Elle avait six ans. Un matin, elle ne voulait pas aller à l'école. Elle était déjà tout habillée, mais elle se plaignait d'avoir mal au ventre. Son frère l'attendait à l'extérieur, avec des amis. Elle se disait fatiguée. Je lui ai alors demandé si elle était malade, elle a répondu par la négative. J'étais en congé cette journée-là. C'était devenu habituel pour elle : chaque fois que j'étais en congé, Natatsha s'arrangeait pour rester avec moi à la maison. « Tu peux rester à la maison aujourd'hui, ai-je concédé, mais il faut que tu y ailles demain. » M'ayant entendu, Jacques a dévalé les escaliers en criant : « Tu dois aller à l'école. » Natatsha a répondu qu'elle n'irait pas, tout en pleurant à chaudes larmes. Entre-temps, les autres enfants étaient partis. J'ai suggéré à Jacques de la laisser faire « pour aujourd'hui », mais il l'a prise par le col arrière de son manteau pour la soulever. Il l'a en même temps regardée dans les yeux et a hurlé tout en la lançant dans la chambre : « si c'est comme ça, va dans ta chambre et restes-y pour la journée. » Sa fille lui est repartie sur le même ton que lui : « Ok. » Et agissant à la manière d'une adulte, elle a fermé la porte de sa chambre. Son petit chat, Minou, miaulait à sa porte et elle l'a laissé entrer. Elle se sentait bien avec son chat qui était son ami et son confident.

Jacques a paru extrêmement décontenancé de la réaction de sa fille. Un peu plus tard, durant la journée, il a laissé tomber : « Cette petite fille a un mauvais caractère ! Eh bien, je vais la dompter. On dirait que les punitions ne la dérangent pas. »

Un jour, je me suis aperçue que Natatsha avait une brûlure sur l'un de ses doigts. Je lui en ai demandé la cause. Elle m'a simplement répondu : « C'est papa qui m'a brûlée avec des allumettes. » Il s'agit manifestement d'un geste criminel que, je le reconnais, j'aurais dû dénoncer à la police. Quand j'ai demandé à Jacques de m'expliquer la raison de son ignoble geste, il m'a servi cette justification : « C'est comme ça qu'il faut la dompter, il faut qu'elle sente le mal pour comprendre. Je l'ai fait, comme ça elle ne recommencera plus, parce qu'elle va s'en souvenir toute sa vie. »

Elle ne s'est pas fait punir souvent par son père. Elle était espiègle, mais logique dans son comportement. Elle gardait tout dans son cœur. Elle traînait toujours avec elle une couverture, sa poupée nounou et son chat. Ils étaient ses trésors. Quand elle faisait ses devoirs, elle gardait toujours son chat assis ou couché sur son bureau.

Une fois, j'ignore ce qui s'était passé dans sa petite tête, elle a donné une punition à son chat. J'ai passé une journée entière à le chercher. J'ai même demandé à Jacques s'il l'avait vu, il m'a répondu que non. Un peu plus tard, alors que j'étais occupée du lavage dans la salle de lavage, j'ai entendu un bruit dans la boîte à linge sale. Je l'ai ouverte, Minou y trouvait bien tranquillement. Elle ne miaulait même pas. Elle attendait que sa maîtresse vienne le chercher. J'ai demandé à Natatsha si elle savait pourquoi et comment Minou avait abouti dans la boîte à linge de la salle de lavage. Elle m'a expliqué qu'elle voulait le punir, parce qu'il avait fait quelque chose qui ne lui plaisait pas. Je lui ai indiqué qu'elle avait mal agi, puisque Minou était un animal. Cela ne valait pas la peine de le punir ; elle aurait pu le tuer et le regretter par après. J'ai ajouté qu'on ne punit pas pour n'importe quoi. Elle m'a comprise.

Maintenant qu'elle a ses enfants, je m'aperçois qu'elle communique beaucoup avec eux. Elle ne les punit pas, mais les réprimande, surtout Josh, qui pleure souvent. Habituellement, après les avoir blâmés, elle leur précise ses motifs : « Maman vous aime beaucoup, mais il faut qu'elle vous sermonne quand vous faites quelque chose de défendu. Le bon Dieu a envoyé maman et papa pour vous protéger. » Ensuite, elle leur donne de gros bisous et des câlins.

Ce qu'on récolte, c'est ce qu'on avait semé. Jacques projetait de semer la vengeance dans le cœur de mes enfants, mais il n'a pas atteint son but. Lorsqu'il essayait de semer la vengeance, j'étais toujours présente pour semer l'amour. Aujourd'hui, mes enfants et mes petits-enfants sont remplis d'amour. J'en remercie Dieu.

Dixième partie

Les fêtes de Noël et du jour de l'An ; les amusements

J'aimais recevoir les amis à ma maison de Saint-Louis-de-Terrebonne pour les occasions spéciales. Une fois, j'ai organisé une fête pour la veille du jour de l'An. Malgré la distance, les invités sont venus en grand nombre. Pour moi, de Noël c'est sacré. D'ordinaire, je le fête en famille : avec mes enfants, Jacques, et parfois ma sœur et mon frère.

Comme je l'ai déjà souligné, chez nous Noël était féérique. Je m'arrangeais pour que tout soit impeccable et joyeux. Les décorations, les cadeaux, la nourriture, l'ordre dans la maison, sans oublier l'arbre de Noël et la messe de minuit, je m'occupais de tout. Je voulais que ma famille soit heureuse. Quand les gens autour de moi sont heureux, je le suis moi aussi.

Je prévenais à Jacques : « il faut que tout se passe bien, s'il te plaît ». Il me répondait : « Tu sais ce que tu dois faire pour que les choses aillent bien. » Les enfants trouvaient leur père gentil ; mais, ce qu'ils ignoraient, c'est que je devais lui obéir à la lettre en vue d'obtenir ce résultat. Les enfants recevaient beaucoup de cadeaux de nous, ainsi que de ma sœur et de mon frère.

Au début de notre vie commune, Jacques m'offrait une carte et un cadeau à Noël et à mon anniversaire. Graduellement, il a cessé de m'en donner. Je n'ai jamais su pourquoi. Peut-être que c'était juste pour tester mes intentions et mes sentiments. Je pleurais en cachette pour éviter que les enfants découvrent le drame que je vivais. Je n'en disais mot à personne parce que j'en éprouvais de la honte. Mais par-dessus tout, je ne voulais pas que ce problème gâche les célébrations de Noël.

Presque à chaque année, ma sœur nous invitait au jour de l'An, à passer l'après-midi et la soirée chez elle en compagnie de mon frère. Elle préparait de la bonne nourriture. En cette circonstance, nous parlions de tout et de rien. Les enfants s'amusaient avec les jouets que ma sœur leur avait offerts.

Cette année-là, Jacques ne s'exprimait pas beaucoup. Lorsqu'il s'est aperçu que nous étions heureux d'être ensemble, sans même que nous ayons eu le temps de souper, il a décidé que nous devions partir. Il a fourni alors un futile prétexte. Malgré nos supplications, sa décision était irrévocable. Avec les enfants, je l'ai donc suivi. Il ne m'a pas adressé la parole dans l'auto. De retour à la maison, les enfants et moi sommes allés nous coucher avec le cœur gros. Lui, il était fier de son coup.

Dans le lit, il m'a prise de force en décrétant qu'il ne passerait pas la première journée de l'année sans son cadeau ! Quand il a eu terminé, j'ai pleuré dans le noir, et je me suis endormie.

Une deuxième fois, ma sœur m'a invitée de nouveau pour le jour de l'An. Elle m'a posé cette question : « penses-tu que Jacques te laissera venir ? » J'ai répondu par l'affirmative.

Cette fois-ci, tout allait bien. Mais, à un moment donné durant la soirée, il s'est levé brusquement comme d'habitude et, à la manière d'un commandant de régiment, il a lancé : « Il est temps qu'on y aille. » Ma sœur était très fâchée cette fois. J'ai déclaré à Jacques que je restais. « Reste, a-t-il fait, mais moi je m'en vais et je ne reviendrai pas vous chercher ; alors, débrouille-toi pour retourner à la maison. » Il est parti sans saluer personne. Ma sœur a tenté de me rassurer : « Enice, ne pense pas à ça, amuse-toi avec nous et les enfants. Je trouverai quelqu'un pour vous ramener à la maison. » À l'époque, les enfants étaient très jeunes. Durant toute la soirée, je pensais à ce qui allait m'arriver à mon retour à la maison. Je ne parlais plus et ma sœur a remarqué que j'étais pensive et préoccupée. Elle s'est inquiétée : « As-tu peur qu'il te batte ? » Elle a appelé un de ses amis et lui a demandé de nous conduire chez nous la même nuit, parce que je craignais de dormir chez elle.

À notre retour, il était déjà au lit. J'ai couché les enfants et après avoir fait ma toilette, je me suis couchée à mon tour. Il m'a dit qu'il pensait que je dormirais chez ma sœur. Je l'ai informé qu'un ami de ma sœur était venu nous conduire. Il a marmonné : « Une chance que tu es venue ce soir, sinon tu aurais mangé toute une. » Je lui ai répliqué qu'il ne pouvait pas me battre. Il n'a pas répondu. Dès que je me suis mise au lit, il est monté sur moi pour me presser à un point tel que je ne pouvais plus bouger ni respirer, et il m'a violé avec un extrême d'agressivité.

Le lendemain, le 2 janvier, il m'a réveillé pour faire l'amour. J'ai refusé. Il a alors commencé à me menacer. Il voulait me battre. Je me suis débattue et me suis enfuie de la chambre. J'ai dévalé les escaliers comme une folle, en chemise de nuit ; rendue à la cuisine, j'ai ouvert la porte d'une des armoires. Il avait acheté un jeu de couteaux. J'ai choisi le plus long couteau et je suis remontée dans la chambre. Pendant tout ce temps, il m'appelait en hurlant avec agressivité : « Enice, viens ici tout de suite. » Il tenait une ceinture dans ses mains et, moi, j'avais un couteau dans les miennes.

« Tu vois ce couteau, ai-je crié, si un jour tu me battais, ce jour-là, je te tuerais ! Et je n'hésiterais pas à le faire. Alors, ne me provoque pas. Je viens d'une race à laquelle le sang ne fait pas peur. »

J'avais du feu dans les yeux et de la rage dans la voix. Il a voulu m'enlever le couteau des mains, mais il n'y a pas réussi. Il a pris peur et m'a laissée tranquille. Les enfants étaient déjà réveillés. Ils regardaient leurs émissions préférées au sous-sol. J'ignore s'ils ont entendu les échanges.

Depuis ce jour, il ne m'a plus menacée. Il ne pouvait pas me frapper, mais il a trouvé un autre moyen de me faire du mal. C'était par des viols répétés, des rapports sexuels dégradants. Et il me faisait souffrir mentalement. C'était dégoûtant et répugnant. Je ne trouve pas de mots assez forts pour décrire cette situation d'esclavage sexuel dans lequel j'étais plongée.

Une fois, il a enfoncé son poing dans mes parties intimes en faisant semblant de me caresser. Il l'a tourné et le retourne, cherchant manifestement à me faire mal. « La prochaine fois, marmonnait-il, tu m'écouteras. » Puis, il a mis ses mains sur ma bouche. J'ai failli perdre connaissance. Il ricanait et prenait visiblement plaisir à me pénétrer avec beaucoup de force et de brutalité, en disant : « C'est bon, c'est bon », et il a déversé son sperme avec mépris et suffisance.

Quand il a eu fini, il s'est endormi tout bonnement, comme un bébé, pendant que je pleurais. Je ne pouvais pas marcher. J'ai dû me traîner pour me rendre aux toilettes. J'ai entendu frapper à la porte. C'était l'un des enfants qui me demandait si j'allais bien. Je lui ai répondu que oui et l'ai ordonné de retourner de ce coucher. Dans les toilettes, abondamment sanglotées, tout en me demandant pourquoi j'endurais toutes ces humiliations. J'ai pris conscience qu'un danger imminent me guettait, mais que faire ?

À une autre occasion, il m'a sodomisée, par surprise. Il avait bien préparé son coup. Quand je m'en suis rendu compte, je lui ai demandé s'il était fou. Je me souviens que je ne pouvais même pas bouger. Il m'a jetée sur le plancher tout en me serrant très fort contre lui, et pendant qu'il perpétrait cet acte de brutalité sexuelle, il pressait violemment sa main contre ma couche, alors que moi je pleurais. En plus de l'indignation éprouvée, j'ai senti dans mon corps toute l'abjection du geste qu'il venait de commettre.

Quand il a eu terminé, il a lâché que j'étais sa femme, qu'il pouvait faire ce qu'il voulait avec moi il me faisait du chantage en ajoutant que si je le quittais, les gens me traiteraient de « petite putain qui a laissé son mari pour prendre un autre homme » : On conclurait donc que c'était Tony qui avait raison. Je ne sais pas pourquoi je me sentais comme un zombi. Ce fut à mon avis, l'acte le plus atroce qui m'a laissée souillée à jamais. Seul un être barbare pouvait infliger un tel traitement à sa femme.

Malgré tout le martyre que je vivais, bien des gens disaient me trouver belle et attrayante. Mais ils ne se doutaient pas que, dans mon être et dans ma chair, j'étais malheureuse et que je souffrais atrocement. Je continuais de travailler quand même, je prenais soin de la maison et je m'occupais de tout, sans dire un mot. Je me sentais obligée de maintenir le même train de vie, à cause des enfants.

Réflexion

Ces souvenirs réveillaient en moi des pans de souffrances qui ont ravagé ma vie de couple. J'ai mal dans mes parties intimes, je suis tout à coup prise d'une frénésie qui provoque une vague de chaleur jusque dans mon sexe. Je me tire les cheveux, je me frappe la tête contre le mur, je remue mes jambes comme un petit enfant qui souffre. Et je pleure, je hurle ! Fort heureusement, je suis seule dans l'appartement. Je rugis : « Enice, comment et pourquoi as-tu enduré tout cela ? Pourquoi ? »

Et la vie continue...

Jacques, lui aussi, continuait de travailler et affichait une très bonne humeur. Pour lui, tout allait bien, puisqu'il savait qu'il pouvait me violer à sa guise. Il était devenu un être sadique, un personnage imprévisible et dangereux.

Une fois, nous avons donné une fête à la maison, la veille du jour de l'An. Je portais une belle robe noire munie de bretelles ainsi qu'un châle blanc. Durant la soirée, je l'enlevais par moment, à cause de la chaleur.

Pendant toute la soirée, Jacques ne m'a pas adressé la parole. Il me lançait de temps en temps des regards menaçants et méprisants, pour que je me sente coupable de je ne sais trop de quoi. Je me demandais si c'était mon imagination qui me jouait des tours ou si j'étais victime d'une illusion d'optique.

Je continuais à servir mes invités et à essayer d'être de bonne humeur. Nos amis partis, il s'est opposé à ce que je fasse le ménage le même soir. Les enfants étaient déjà couchés. Il m'appelle de la chambre de l'étage supérieur, je monte tout de suite.

L'ayant rejoint dans la chambre, je m'apprête à lui faire remarquer que c'était une bien belle soirée ! Mais, au même instant, il m'attire à lui. Il me serre à la taille m'annonçant avec sévérité : « Je vais mettre en charpie cette robe que tu portais ce soir, comme ça tu ne sortiras plus en public habiller comme une pute. Regarde bien ! » Et il se met à déchirer la robe en arrachant les bretelles. M'ayant relâchée, il s'empare d'une de ciseaux et continue de tailler la robe en menus morceaux. Je le supplie d'arrêter, mais, comme d'habitude, en vain !

Son entreprise de destruction achevée, il m'a sauvagement violée. Je crois que les enfants ont tout entendu. Le lendemain, ils m'ont demandé si je me sentais bien avec de la peine dans leurs yeux. J'ai tenté de les rassurer en leur murmurant, de ne pas s'inquiéter pour moi, que tout allait bien…

Un bal de l'association des Miragoânais de Montréal (24 juin)

Nous ne participions jamais aux grands bals que donnaient les Haïtiens de Montréal parce qu'il n'estimait pas ce type d'événements. Mais nous assistions aux fêtes familiales et les aux soirées de danse organisées par l'association des Miragoânais. Je prenais toujours soin de ne pas danser avec un autre homme par peur de sa réaction à notre retour à la maison.

C'était dans l'un de ces bals de l'Association miragoânaise que j'avais revu mon ami. Je me sentais très émue de sa présence, mais je n'en laissais rien paraître. Je l'observais de loin. Je déambulais sur la piste de danse et le voilà qui se trouvait là, devant moi. Il m'a demandé si j'allais bien. Je lui ai répondu par l'affirmative. Il a enchaîné en me confiant qu'il pensait toujours à moi, je lui ai signalé qu'il en était de même de mon côté. Sans arrière-pensées.

Le reste de la soirée s'est déroulé sans incident. Jacques ne m'a fait aucune remarque, puisqu'il avait bien noté que l'autre n'était point revenu me parler.

Réflexion

Subir tant d'affronts et de traitements dégradants pour procurer à ceux que j'aime l'assurance d'un milieu familial stable révèle d'un abandon total de soi. C'est le sacrifice que j'ai inconsciemment accepté pour entourer d'autant d'amour que je le pouvais mes deux enfants, qui au fond souffraient autant que moi.

En ravalant mes peines et mes larmes, je me suis appliquée à leur représenter une image positive de la vie de couple qui, je le souhaite, leur ouvrira le chemin conduisant au vrai amour avec leurs conjoints et leurs enfants.

Moment présent

Québec, 16 octobre 2006

Je suis à Québec pour continuer le trajet de mon passé

Il est 19 heures. Je suis à Québec dans la chambre d'une maison de retraite de la fédération des monastères des Augustines. Je m'installe pour écrire. Je veux expliquer la préparation de mon départ pour Québec, mon arrivée et l'atmosphère des lieux. Et aussi la raison pour laquelle j'ai cessé temporairement d'écrire.

Au jour de l'An 2006, je suis allée à l'église, j'ai prié et médité. J'ai pris la résolution, d'aller écrire dans un endroit neutre et tranquille.

À mon retour de New York, j'ai arrêté d'écrire depuis le 18 octobre 2004, par suite d'un blocage psychologique. J'ai tout essayé pour pouvoir continu ; je suis même allée consulter un psychologue, mais en vain. J'y pensais tout le temps et accroissais ma nervosité. La crainte d'un blocage définitif m'obsédait : « Mon Dieu implorait-je, quand est-ce que je vais pouvoir avoir la force de continuer la suite de mon histoire ? »

La réponse était évidente, mais je ne voulais pas la voir. Je craignais de continuer ; je me sentais très ébranlée, et peut-être un manque de confiance en moi me retenait.

Pour me sentir mieux, en pleine possession de mes moyens et pour retrouver une certaine paix spirituelle, j'ai décidé d'apporter du changement dans ma façon de vivre. Pour commencer, je me suis inscrite au centre sportif situé en face de chez moi. Faisais des marches et des étirements chaque jour. J'ai suivi des cours de tai-chi et de yoga. J'ai aussi modifié ma façon de manger et ma façon de penser. J'ai finalement décidé de prendre ma vie en main et de foncer sans crainte.

Ma fille m'observait à mon insu. Un jour, elle m'a révélé qu'elle me trouvait différente. Elle ne pouvait pas définir exactement le changement, mais elle trouvait que j'étais devenue mentalement une autre personne. Je n'ai rien confirmé à ce sujet. Je lui ai seulement annoncé que je serais absente durant deux semaines, pour une période d'écriture dans une maison de repos à Québec, au monastère des Augustines ; j'avais réservé du 16 au 29 octobre. Elle approuvait totalement ma décision ; elle ne m'a plus posé une seule question. Elle m'a juste promis qu'elle m'aiderait pour les frais de séjour. Je l'ai remerciée.

Mon arrivée à Québec et l'atmosphère des lieux.

Je suis arrivée au terminus de Québec le 16 octobre 2006 à 15 heures 45. J'ai pris un taxi pour me rendre à la maison de retraite de la fédération des monastères des Augustines. Dès que le chauffeur m'a déposée, devant la maison, j'ai pensé : « C'est un endroit comme celui-ci que je voulais pour terminer la rédaction de mon manuscrit. Dieu me l'a donné. Je l'en remercie et je dois aussi remercier ma sœur Irène, parce que c'est elle qui m'a recommandé cet endroit. Elle y était venue durant l'été avec une de ses amies pour un court séjour et elle l'avait bien apprécié. »

Après m'être enregistrée, j'ai reçu de la secrétaire un papier sur lequel était indiqué mon numéro de chambre, 334, et quelques instructions. J'ai pris l'ascenseur et je suis montée avec mes bagages.

En arrivant à l'étage, tout en longeant le couloir, j'ai pu noter où se trouvaient les toilettes et les douches. Ce que j'ai vu après être entrée dans la chambre était de toute beauté. À travers la fenêtre, j'apercevais le fleuve. J'ai pu également admirer le grand terrain de verdure, les arbres avec leurs feuilles couleur d'or de l'automne, des espaces asphaltés pour les piétons, etc. J'étais éblouie de cette harmonie qui m'entourait.

Je me suis tout de suite approchée au bord de la fenêtre pour admirer cette merveille que Dieu m'offrait. Ce n'est qu'après que j'ai pu observer le confort et la modestie de la chambre. C'était une petite chambre avec un lit face à la fenêtre, un petit bureau, une chaise, une chaise berçante, une petite bibliothèque, un petit lavabo, une pharmacie, une grande armoire munie d'étagères et une penderie. Cette chambre était propre et en ordre. Un endroit propice à une retraite fermée.

Il y avait dans la penderie des couvertures de laine, des oreillers supplémentaires ainsi qu'une armoire dans le couloir. J'ai pris d'autres oreillers dans la penderie pour pouvoir être plus à l'aise pour dormir.

Après avoir placé mes affaires dans l'armoire et les tiroirs du bureau, j'ai décidé de visiter les lieux. Vers 16 heures 55, je suis descendue à la chapelle avant d'aller souper à 17 heures 10. J'y suis restée 15 minutes. En constatant l'ambiance qui y régnait, j'étais encore plus émerveillée. Je ressentais une paix inexplicable et une joie profonde. J'étais émue, conquise. Je me suis mise à genoux et j'ai murmuré :

« Mon Dieu, comme je suis bien ! Merci pour tout. » Je ne pouvais rien dire d'autre, je me suis laissé bercer par cette douce impression qui m'envahissait. J'ai fermé mes yeux pour faire le vide, j'étais bien. Si je n'avais pas à souper, je serais restée plus longtemps.

Je me suis promis, après le souper, d'aller visiter le reste du monastère et de faire une promenade à l'extérieur.

En arrivant à la cafétéria, j'ai constaté que les religieuses étaient en train de manger. Hésitant à m'avancer, je me suis arrêtée à la porte d'entrée. L'une des religieuses est alors venue me chercher. Elle m'a demandé si j'effectuais mon premier séjour ici, ce que je lui ai confirmé. :

« Entre, a-t-elle glissé, tu es la bienvenue. » Ensuite, elle m'a doucement suggéré de prendre un plateau et me servir.

Le souper était composé du plat principal et de trois desserts au choix. Le plat principal comportait : de la dinde en sauce et des pommes de terre en purée. On offrait du brocoli, des choux de fleurs farcis avec une sauce blanche. De la soupe et des crudités. Parmi les trois sortes de dessert, j'ai choisi un cocktail de fruit. Comme boisson, j'ai pris une tisane de verveine et d'orange. Après avoir bien mangé, je suis retournée prendre un manteau dans ma chambre, en vue d'aller faire une petite marche à l'extérieur (car il faisait encore assez froid).

J'ai marché pendant une demi-heure. À mon retour, j'ai appelé ma fille, mais je n'ai pas réussi à la joindre. Je comptais lui confirmer que j'étais arrivée au monastère et que tout allait bien. J'ai alors appelé ma sœur et nous avons conversé cinq minutes.

Il est présentement 20 heures 30 ; j'arrête d'écrire. Vers 21 heures, j'irai prendre une petite collation. Je pense que je me servirai une tisane avec un biscuit.

Québec, 17 octobre 2006

Je reprends mon projet d'écriture

J'ai passé une bonne nuit. Je me suis endormie sans même avoir eu le temps d'éteindre la lumière. J'avais tellement hâte au lendemain.

Ce matin, avant de commencer à rédiger, j'ai relu ce que j'avais déjà écrit durant mes séjours à New York.

Alors, mes petits-enfants, je poursuis ce trajet, de retour sur mon passé. J'espère que vous continuez de m'accorder votre attention. Je vous aime.

Onzième partie

Mon mariage avec Jacques, en juillet 1979

Pour la date du mariage, j'ai choisi le vendredi 13 juillet 1979. Il s'agissait, selon moi, de la date idéale. Elle coïncidait avec les vacances de la construction ; Jacques serait donc lui aussi en vacances et je prendrais congé en même temps que lui. Le mariage aurait lieu au Palais de justice de Saint-Jérôme à 15 heures 30. Le choix de cette journée vendredi nous obligeait à organiser deux réceptions, la première pour des membres de la famille, l'après-midi du mariage, et la dernière, le lendemain samedi 14 juillet à 18 heures pour tous les invités.

Jacques et moi sommes allés acheter nos vêtements, les alliances, ainsi que les vêtements des enfants. Il tenait à tout contrôler comme d'habitude ! Pour la circonstance, je lui avais proposé de faire venir d'Haïti son petit frère Frantz, ce qu'il avait accepté. Celui-ci est arrivé au Canada une semaine avant le mariage.

Deux semaines plus tôt, j'avais décidé de confectionner moi-même les petits pâtés feuilletés à la viande et le gâteau de mariage. Je profitais de mes pauses au travail pour dresser une liste d'achats des ingrédients appropriés.

Quatre jours avant le mariage, j'ai commencé à préparer les pâtes pour les pâtés et le gâteau, pour que tout soit prêt pour le vendredi 13, jour du mariage. J'activais presque seule tous ces préparatifs après mon travail, les enfants me secondant comme ils pouvaient. Vu leur très jeune âge, il était hors de question que je les sollicite davantage. J'avais réussi à faire un gros et beau gâteau de mariage.

Des membres de nos deux familles étaient venus de New York et de Philadelphie pour l'événement. Le jour de mariage, de surprenants incidents sont survenus. Les enfants étaient partis jouer au parc avec leurs cousins et cousines venus de New York. Dans la maison, tout le monde était occupé à quelque chose. Pour ma part, absorbée dans les préparatifs de la réception et du mariage, je ne pouvais tout vérifier en même temps.

Jacques, quant à lui, était de fort mauvaise humeur. J'ignorais pourquoi. Tante Nadia avait préparé avec un peu de retard un déjeuner pour tous les hommes, mais ils avaient été finalement bien servis et ils avaient bien mangé. Malgré tout, selon son habitude, Jacques n'était pas satisfait et ne parlait à personne.

La cérémonie était prévue au Palais de justice de Saint-Jérôme pour 14 heures 30. Quand ce fut le temps d'habiller les enfants, l'un d'entre eux était introuvable. Il s'agissait justement de la nièce de Jacques. Nous l'avons cherchée durant près de deux heures. La police a même été prévenue. On l'a en fin de compte retrouvée dans un champ près du parc : elle dormait sous un arbre. J'ai trouvé cela étrange et j'ai pensé au vendredi 13 !

Nous étions un peu en retard et Jacques lui était très irrité. Après s'être habillé, il est tout simplement allé s'asseoir dans la voiture qui nous attendait pour nous conduire à la cérémonie.

Mais, en fin de compte, presque tout le monde était présent au Palais de justice de Saint-Jérôme, compris sœur Berthe, ma mère adoptive et ma sœur Irène.

Sœur Berthe, remarquant que j'étais triste, a tenté de me consoler : « Ne sois pas triste, car Dieu veille sur toi, demande-lui de la joie. » Durant la cérémonie, j'avais la pensée ailleurs. Je tentais de trouver une explication à la mauvaise humeur de Jacques. Oui, nous étions en retard, mais il s'agissait de circonstances indépendantes de notre volonté. Je me questionnais aussi sur la pertinence de ce mariage. Bref, j'étais en proie à une extrême confusion.

Après la cérémonie, nous sommes à nous faire photographier à Terrebonne. De retour à la maison, il y a eu une petite réception avec du champagne et des pâtés. Les invités semblaient bien se divertir. Pour notre part, Jacques et moi sommes partis faire notre lune de miel à l'hôtel de Mirabel.

Durant le trajet, Jacques ne m'a presque pas adressé la parole. À notre arrivée dans la chambre de l'hôtel, il avait tout à coup retrouvé la voix. Il s'est mis à me reprocher que, pendant toute la journée, je me fusse occupée des autres personnes au lieu de prendre soin de lui. Il en était si offusqué qu'il ne m'a pas fait l'amour, cette nuit-là.

La température trop élevée de la chambre m'a empêchée de dormir. Par énervement, j'ai tourné du mauvais côté le bouton du climatiseur.

Le lendemain matin, nous sommes retournés à la maison. Là, il s'est senti mieux parce qu'en son for intérieur il estimait m'avoir fait mal en se gardant de me faire l'amour. La chose m'aurait, il est vrai, affectée si je n'avais pas vécu la même histoire, une première fois. À mon premier mariage en effet, le même incident s'était produit. Je ne sais vraiment pas, pourquoi le fait s'est répété à mes lunes de miel ? Il s'agit d'un parfait mystère et il faut croire que je ne suis pas assez superstitieuse pour ne pas y déceler un signe quelconque !

À la maison, ma famille et moi avons commencé à préparer la deuxième réception. Il y a eu beaucoup de monde. Les gens se sont bien amusés et ont beaucoup dansé. Vers 23 heures, je suis descendue au sous-sol, pour m'apercevoir que tous les invités dansaient, serrés comme des sardines contre des partenaires inconnus, alors que moi, la mariée, je ne dansai pas. Je me suis dit que mon mariage leur apportait beaucoup de bonheur. J'enviais leur bien-être. De toute façon, j'aime voir les gens joyeux, autour de moi.

Le lendemain, ma famille devait retourner à New York. Il avait été prévu que nous irions passer deux semaines aux États-Unis avec les enfants. Nous sommes partis tous ensemble pour un agréable voyage. Jacques était de meilleure humeur durant notre voyage ; de mon côté, je faisais mon possible pour qu'il ne soit pas déplaisant. Il était de bon poil, parce que selon lui il avait le contrôle de la situation.

Douzième partie

La vie après le mariage

Après le mariage, tout allait bien. Les enfants ont recommencé l'école. Le frère de Jacques est venu habiter avec nous. Pour lui permettre de se faire un peu d'argent, j'ai demandé à l'une de mes voisines, qui faisait de la couture à domicile, comment s'y prendre pour louer une machine. Elle m'a promis de me fournir toute l'assistance nécessaire pour y parvenir.

J'en ai discuté avec Jacques à qui j'ai annoncé que j'enseignerais à son frère des rudiments de couture et le maniement de l'appareil. Il était d'accord avec mon idée.

Alors, Frantz a commencé à travailler. Il était très intelligent. Quand j'étais absente et qu'il avait besoin d'informations, il allait chez mon amie Farah, qui le conseillait. Tout se passait bien. Toutefois, Frantz possédait un tempérament très irritable. Pour les enfants, je n'étais pas inquiète parce que je savais que quand Jacques et moi n'étions pas à la maison, il y avait Frantz pour les accueillir à leur retour de l'école. Sur ce point, je lui faisais confiance.

Je travaillais énormément et Jacques cherchait à accaparer toute mon attention. Il voulait montrer à son frère qu'il était « le boss ». Il continuait à me faire souffrir et m'imposait des traitements inadmissibles. Et comme j'étais toujours fatiguée, je pleurais pour un rien, je ne me sentais pas bien dans ma peau.

Un jour, madame Bélisle est venue me voir. Après m'avoir observée, elle m'a confié : « Ça ne va pas bien ! » Puis, elle m'a suggéré de ne pas continuer à travailler dans l'état où j'étais. Elle m'a conseillé de chercher à obtenir un congé de maladie.

J'ai réussi à réunir les informations pertinentes sur le sujet. J'ai parlé de mon état d'épuisement à mon médecin et à mes employeurs. Et j'ai annoncé à Jacques que mon médecin m'avait prescrit une cessation de travail pour quelque temps. Pour le convaincre d'accepter, j'ai dû lui promettre que je travaillerais à la maison afin de compenser le montant qui serait soustrait de mon salaire.

Eh bien, cet arrêt de travail a compliqué davantage mon existence, à la fois sur les plans personnels et sociaux. Jacques m'incitait à accepter beaucoup plus d'ouvrage pour son frère, mais celui-ci n'était pas doté d'une grande célérité à la machine à coudre et, de plus, il manquait d'expérience pour la confection des vêtements.

Je travaillais donc sans arrêt, cela n'en finissait plus. Il m'arrivait de passer toute une nuit à coudre, pendant que tout le monde dormait, parce que l'ouvrage devait être remis le lendemain. Je ne sortais plus. Je devais prendre soin de la maison, des enfants, de Jacques et de son frère.

Ces deux-là se tenaient toujours compagnie lorsque Frank faisait une pause dans son travail. Passionnés de mécanique, ils passaient leur temps libre à la réparation de leurs voitures. Jacques m'ignorait alors complètement, même si je lui adressais la parole. Ma sœur, qui était venue une fois passer la journée chez moi, avait été profondément choquée de la quantité de travail que j'avais à accomplir. Elle m'avait aidée autant qu'elle avait pu.

Elle m'avait aussi conseillé de suivre un cours de perfectionnement féminin. Elle m'avait offert ce cours comme cadeau d'anniversaire, tout en exprime ce commentaire : « Cela va te faire du bien de penser un peu à toi. »

J'ai assisté au cours. J'ai même participé à un défilé de mode devant un public de 500 personnes. À la fin du cours, les participants ont tous reçu un certificat de participation. Ce fut une très fructueuse expérience dont je garderai longtemps le souvenir.

Plus les jours passaient, plus le frère de Jacques devenait arrogant et mesquin. Notre voisin Francesca, qu'il avait tenté de courtiser, l'avait rapidement remis à sa place. Après avoir été, moi aussi, la cible de ses avances, je l'ai dénoncé à son frère qui a finalement décidé qu'il était temps de le mettre à la porte.

Entre-temps, mon congé de maladie était terminé, j'étais retournée à mon travail ordinaire. Nous avons remis la machine à coudre louée et nous avons gardé celle que nous avions achetée. J'ai continué à faire un peu de couture, vu que j'avais décidé pour un certain temps de travailler juste deux jours par semaine auprès des malades, en attendant que les choses se replacent. J'acceptais des commandes moins éreintantes ; je confectionnais des robes complètes et je préparais, également sur commande, des gâteaux et des petits pâtés à la viande sur commandes.

Max avait appris à coudre un peu, malgré son jeune âge, 10 ans, et il m'assistait à l'occasion. Il faisait du bon travail. En fait, tout le monde mettait la main à la pâte. C'était la loi de Jacques, selon lequel on doit gagner son pain à la sueur de son front. À 6 ans, Natatsha m'aidait déjà à faire de la pâtisserie. Max travaillait beaucoup plus que sa sœur. En plus de me seconder, il aidait Jacques dans ses travaux de mécanique et construction ; il tondait le gazon en été et déneigeait le stationnement en hiver. C'était beaucoup pour un marmot. Il le faisait pour que son père reste de bonne humeur. Nous devions d'ailleurs tous faire l'impossible pour le garder satisfait, ce qui créait une très lourde pression dans notre maison.

Treizième partie

Bref, séjour au Québec de la mère de Jacques.

À son arrivée au Québec, la mère de Jacques est allée demeurer chez sa fille Claudette. Elle ne venait pas souvent chez nous parce que Claudette s'y opposait. Une très forte animosité s'était établie entre elle et Jacques. Je ne m'en mêlais pas, car ce n'était pas de mes affaires.

Peu de temps après, la mère de Jacques est retournée en Haïti. Dans l'intervalle, nous avions décidé, lui et moi, de faire un voyage en Haïti, en famille. Je n'y étais pas retournée depuis dix ans et je tenais à ce que les enfants connaissent leur pays d'origine. Max avait onze ans et

Natatsha, six ans. Je désirais, de plus, jouir d'un peu de répit. J'étais trop épuisée.

Quatorzième partie

Notre séjour en Haïti, en juillet 1980

Comme Jacques et moi avions droit à un mois de vacances pour l'année, nous avons décidé de passer trois semaines en Haïti. Après avoir acheté les billets, j'ai fait savoir à ma sœur Claire qui vivait, en Haïti que je rentrais au pays avec mon mari et mes enfants.

Pour nous rendre en Haïti, nous avons jugé que c'était préférable de prendre l'avion à New York, à l'aéroport Kennedy, avec Américain Airlines. Nous avions pris la précaution de louer une voiture pour circuler en Haïti. Nous nous sommes rendus en voiture à New York. Nous avons passé la nuit chez tante Dadia qui nous a conduits, le lendemain, à l'aéroport. C'est durant ce voyage que j'ai de nouveau rencontré mon ami inconnu. (Un personnage de mon premier livre *une femme parmi tant d'autres*).

À notre arrivée à l'aéroport de Port-au-Prince, plusieurs des membres de ma famille nous attendaient. Les enfants ne se sentaient pas à l'aise, car ils n'étaient pas habitués à cette permanente bousculade qui caractérise le principal aéroport du pays.

Nous ne sommes pas restés longtemps à Port-au-Prince. Dès que nous avons récupéré nos bagages, nous sommes partis en voiture à Miragoâne. Dans ce temps-là, les routes du pays n'étaient pas dans cet état pitoyable, que nous connaissons aujourd'hui.

Une fois à Miragoâne, les enfants commençaient déjà à se sentir mieux. Quand ils ont rencontré leurs cousines Ketty et Jeanne et la petite Claudine (une protégée de ma sœur Claire), ils ont paru très contents. Je les ai emmenés voir ma marraine Ruth l'amie de ma mère, qui habitait à trois maisons de chez ma sœur. Dire que cette femme, malgré son âge avancé, était encore très lucide et très solide ! Elle possédait un petit magasin (l'équivalent d'un dépanneur) où mes enfants ont pris l'habitude d'aller boire du cola haïtien, tous les jours. Cela lui faisait plaisir ; elle les a beaucoup gâtés.

Chaque jour, ma sœur Claire déposait un panier de fruits tropicaux sur la table. Les enfants appréciaient le geste. Max préférait les mangues, alors que Natatsha savourait davantage le cola haïtien et d'autres fruits. Elle éprouvait de la difficulté avec la nourriture, les fruits et le cola semblaient mieux lui convenir. Ma sœur craignait qu'elle ne tombe malade.

Nous avons passé de très bons moments en Haïti. Nous avons visité Aquin, la ville des Cayes, Cavaillon, Camp-Perrin. Mon beau-frère George était collecteur de contribution à Aquin, il possédait une grande maison de deux étages. Nous sommes restés un peu plus longtemps dans cette ville, à cause des belles plages qui s'y trouvaient.

Parfois, nous laissions les enfants à Aquin pour nous rendre aux Cayes ou à Port-au-Prince. Les parents de Jacques habitaient aux Cayes. À cette époque, ils étaient encore vivants. Aux Cayes, nous allions à la plage de Gelé, ainsi qu'aux différentes fêtes champêtres.

Jacques et moi sommes allés danser une fois à Cavaillon, avec ses neveux et mes frères. Nous avions laissé les enfants chez la mère de Jacques aux Cayes. Nous étions huit personnes dans une petite Honda ; la route étant très cahoteuse, nous avons été obligés de faire une partie du trajet à pied.

Nous sommes arrivés à la fête à trois heures du matin, et c'était encore plein de monde. En Haïti, les soirées de danse se terminent à six heures de matin.

Nous sommes ensuite allés à l'église pour prier après quoi, nous avons pris le chemin du retour, en empruntant cette fois un autre trajet moins dangereux.

Durant notre séjour au pays, Jacques était plein d'entrain. Il était entouré de sa famille, de ses amis ; faire l'amour avec lui s'avérait plaisant. Les enfants étaient enchantés de le voir de bonne humeur.

À notre retour à Aquin, la voiture était bondée de gens. Les garçons s'étaient assis à l'arrière, leurs pieds pendant à l'extérieur. Je trouvais qu'ils prenaient de sérieux risques, mais ils s'en gaussaient. Jacques m'a lâché : « Enice, tu sais où on est. En Haïti, un pays libre ! On fait ce qu'on veut ici. »

Puis ce fut le moment du retour pour New York et Montréal. Je me sentais triste, et les enfants aussi. Mais nos devoirs et notre terre adoptive nous attendaient ! Juste avant notre départ, Max est tombé malade. Comme il faisait une forte fièvre, nous lui avons donné de l'Aspirine, mais il continuait à faire de la température. Son état de santé inquiétait au plus haut point ma sœur. Dans l'avion, je l'observais. Dès notre arrivée à New York, nous l'avons emmené à l'hôpital. On lui a fait passer des tests qui n'ont rien révélé. En fait, il s'agissait d'une infection intestinale. Le médecin lui a donc prescrit une diète liquide, et le lendemain, il se sentait déjà mieux. Nous sommes alors rentrés à Montréal.

À notre retour, il nous restait encore une semaine de congé. Nous en avons profité pour nous reposer et passer un peu de temps avec les enfants. Nous avions la nostalgie du pays. Pour moi, celle-ci a duré une semaine. Jacques, quant à lui, est resté longtemps habité par l'idée du retour, au point qu'il a commencé à vendre, une partie du mobilier de la maison. Il voulait à tout prix retourner en Haïti. Il n'avait plus le goût de travailler. Il était mélancolique, critiquait tout. Ça commençait à aller très mal.

Quatre mois après notre retour d'Haïti, nous avons appris que sa mère était décédée. Il en a subi un violent choc. Quand il a su les circonstances du décès, il était devenu encore plus révolté. Et c'est sur nous qu'il passait son chagrin et son ressentiment. Nous lui servions de souffre-douleur. C'était devenu invivable dans la maison. Mais la vie continuait. Il le fallait. Nous avions nos responsabilités respectives.

Dans la vie, il faut savoir quand s'arrêter et quand tourner la page.

Des ratés dans ma démarche d'écriture

Le 18 octobre 2006 à Québec

Hier soir, j'ai éprouvé de la difficulté à m'endormir. Je me suis retournée plusieurs fois dans mon lit sans pouvoir fermer les yeux. J'étais nerveuse. Je n'avais pas l'esprit en paix, ma tête était trop remplie d'idées qui se bousculaient. Je voulais écrire, mais je me sentais incapable de poser un mot sur la page. Les idées étaient trop emmêlées, trop en désordre dans mon cerveau. J'ai alors pris le parti de faire un peu de lecture en vus de me détendre. J'ai lu le chapitre II de mon livre préféré : va ou ton cœur te porte. Les pages lues m'ont calmée et je me suis endormie vers une heure du matin.

Ce matin-là, je suis parvenu de peine et misère à me lever : j'avais très mal aux jambes. J'ai dû me dépêcher pour arriver à temps pour au déjeuner, les portes du réfectoire fermant à 9 heures 15.

Le déjeuner pris, je suis allée faire ma prière du matin à la chapelle. Je suis ensuite remontée à ma chambre dans laquelle j'ai mis un peu d'ordre. Je m'installe maintenant à mon bureau en vue de poursuivre à votre intention, mes chers enfants et petits-enfants, la narration de mon tumultueux passé.

Quinzième partie

L'adoption des enfants

Entre-temps, la vie poursuit son cours. Les vacances étant terminées, je reprends mon travail. Les enfants ont recommencé l'école en septembre. Jacques, lui, est retourné sans enthousiasme à son travail. La seule chose qui semble le satisfaire, c'est le sexe. Je lui en donne pour le consoler. Nous parlons de l'adoption des enfants pour pouvoir changer leurs noms. Nous en discutons avec eux et ils sont très ravis de cette nouvelle. Je prends un rendez-vous avec mon avocat à ce sujet.

Jacques m'accompagne à ce rendez-vous. L'avocat nous indique comment il procédera et nous fait part de ses honoraires. Nous devons lui remettre le certificat de mariage, mon acte de divorce, les actes de naissance de toute la famille. Comme d'habitude, j'ai tout apporté. Il exige la moitié du montant pour entamer les procédures et le reste devant lui être payé la journée de l'audience. Il aura beaucoup de démarches à faire. Pour commencer, une travailleuse sociale doit venir visiter les enfants afin de vérifier s'ils sont bien traités. Le père biologique des enfants sera contacté. Bien que Tony ne soit pas le père biologique de Natatsha, on devra le contacter pour elle aussi. Quand j'ai eu ma fille, je n'étais pas divorcée de Tony, ce qui explique pourquoi elle porte le même nom que son frère, donc celui de Tony.

En quittant le bureau de l'avocat, j'exprime ma surprise d'apprendre que Tony devra être informé de nos démarches. Il est vrai qu'en ce qui concerne Max dont il est le père biologique, cette mesure s'avère bien normale.

Je ne craignais pas la visite de la travailleuse sociale, parce que je savais que mes enfants voulaient à tout prix changer de nom. D'ailleurs, ils me l'avaient demandé à plusieurs reprises. Je désirais qu'ils aient mon nom, mais, comme j'étais mariée avec Jacques, je portais le nom de celui-ci. J'avais cependant conservé également mon nom de jeune fille.

Un beau jour, une travailleuse sociale m'a appelé pour m'avertir qu'elle comptait rencontrer les enfants seuls, sans ma présence. Elle a fixé un rendez-vous pour un après-midi, à leur retour de l'école.

J'en ai parlé à Max et à Natatsha. Je leur ai expliqué qu'une dame viendrait les rencontrer pour vérifier s'ils se sentaient bien à la maison et si Jacques les traitait correctement. Je leur ai souligné que cette rencontre était liée au sujet de changement de leurs noms. Ils ont accueilli la nouvelle avec joie.

La journée du rendez-vous, les enfants paraissaient très excités, particulièrement Max. Natatsha ne saisissait pas encore tout ; elle était calme, comme d'habitude. Quand la travailleuse sociale est arrivée, je l'ai reçue au salon, puis je l'ai laissée avec les enfants. Je suis alors descendue au sous-sol, pour vaquer à mes affaires. Pas autrement inquiète, à cause de mon extrême confiance en Dieu. Je me suis juste dit : « Que sa volonté soit faite ! »

La travailleuse sociale est restée 45 minutes avec les enfants. Après son départ, Max m'a raconté le contenu intégral de leur conversation.

Ce que mon fils m'a confié au sujet de son père biologique m'a fortement étonnée. Comment pouvait-il se souvenir de tous ces détails ? Il avait toujours craint Tony, m'a-t-il révélé. Il se rappelait comment celui-ci le tapait, comment il ne respectait pas ses engagements, nota moment au sujet de cette bicyclette qu'il lui avait promise, mais que Max n'a jamais obtenue. Max m'a assuré qu'il était très bien avec nous.

L'avocat de Tony lui avait demandé d'apporter les preuves qu'il avait toujours versé une pension alimentaire pour les enfants et qu'il exerçait ses droits de visite. Depuis quand n'avait-il pas vu son fils ? Et depuis quand ne m'avait-il pas payé la pension alimentaire de Max ? Comme il ne pouvait rien prouver, son avocat lui a fait comprendre que ses chances de gagner étaient extrêmement minces.

Au jour de l'audience qui s'est tenue au tribunal de la Jeunesse, je me sentais très nerveuse. Je ne voulais pas rencontrer Tony. Le juge et nous l'avons attendu pendant près de 45 minutes, en vain. Finalement, le magistrat a fait connaître sa décision : « Vu que le père ne s'est pas présenté en cour, je déclare que le nom des enfants Max et Natatsha est désormais changé pour le nom de Jacques et de leur mère Enice ». Et c'est ainsi que les enfants ont réussi à changer de nom.

Toute la famille était satisfaite du résultat. Quand je me réfère au passé, je me demande encore si tout cela en valait la peine, d'autant plus que, maintenant, j'utilise exclusivement mon nom de jeune fille.

Une réflexion

Certains gestes que nous accomplissons à un moment donné de notre vie qui ne nous met pas à l'abri de retombée malheureuse qui nous laissent songeurs ?

Une petite pause

12 heures 10

Je m'en vais dîner et reprendrai ma narration un peu plus tard. Nous sommes encore à Saint Louis de Terrebonne. J'ai hâte d'en finir.

Je reviens à 12 heures 50. Je marche pendant 15 minutes dans le monastère parce qu'il pleut à l'extérieur. Pour me changer les idées, je lis deux chapitres de (La Dame aux camélias). C'est le premier roman que j'ai lu dans ma jeunesse.

Je suis maintenant prête. Continuations.

Seizième partie

Les activités estivales

Malgré tout ce qui se passait dans ma vie de couple, je ne laissais rien paraître. Tous nos proches croyaient que nous formions un couple bien assorti. Des amis me confiaient, qu'ils aimaient voir un mariage réussi comme le nôtre. Que mon mari fût toujours de bonne humeur et qu'il était très gentil, que nous voyagions souvent à New York, etc. À ces moments-là, j'acquiesçais timidement à leurs commentaires.

En fait, c'est moi qui, la plupart du temps, organisais ces voyages, parce que j'aime voyager et que ces déplacements me permettaient de me changer les idées et de faire une pause. C'est d'ailleurs pourquoi j'acceptais de céder à tous ses caprices et de satisfaire ses fantasmes. Sinon, rien ne marchait.

L'été était ma saison préférée. Comme je travaillais une fin de semaine sur deux, je pouvais organiser des sorties en famille, comme aller à la plage, participer à des piqueniques, etc. Parfois, les sœurs de Jacques et leurs enfants venaient de Philadelphie et de New York pour les vacances d'été. Nous les emmenions aux attractions touristiques. Ces vacances semblaient leur plaire au plus haut point. Quant à moi, j'en profitais pour m'évader et pour refaire mon plein d'énergie en vue de continuer ma vie avec Jacques.

Durant ces vacances d'été, nous allions aussi à New York et à Philadelphie. Les enfants adoraient ces voyages. Mon fils possédait même un t-shirt arborant le motif du drapeau américain. Il le portait toujours en voyage, afin de se faire remarquer.

Il y a des femmes qui ne montrent jamais leur désespoir, au point que ceux qui les observent ne remarquent point leur état d'accablement. Elles se montrent joyeuses, voyagent en couple et font des sorties en famille, on dirait qu'elles nagent en plein bonheur ! Je dis tout cela en connaissance de cause, parce que j'ai été l'une de ces femmes.

Une tentative d'objectivation

Il ne faut tout de même pas oublier qu'un phénomène particulier explique ce comportement : c'est le secret familial. On est pris dans un engrenage sans issues ; on prend du poids, on ressent des douleurs à l'estomac et l'on est en proie à toutes sortes de malaises. On tente sans cesse l'impossible pour garder son mari heureux à tout prix. Et les sacrifices consentis incluent l'acceptation de ses agissements, y compris la satisfaction continuelle de ses fantasmes sexuels. Les médecins ne réussissent pas à détecter notre maladie, qui est pourtant bien réelle. La plaie intérieure est très vive ; rien ne va, mais on couvre tout sous un épais manteau d'indifférence à soi.

Et un jour, on se réveille. On se dit qu'il n'est certainement pas trop tard pour prendre notre vie en main et chercher à s'en sortir vivante, sans avoir rien gagné matériellement, mais en ayant reconquis notre dignité et notre intégrité personnelles. Des, moins chanceuses que moi n'y sont pas parvenues. L'une de mes bonnes amies y a laissé sa vie. Je reconnais que le fait de vivre des relations conjugales pénibles et malheureuses n'est pas exclusif aux femmes. Des hommes en sont également victimes, mais je demeure convaincue que ce que j'ai souffert en tant que femme ne pourrait jamais être imposé à un homme par sa femme.

Dix-septième partie

Le creux de la vague : Jacques perd confiance en lui

Jacques était un travailleur acharné, à l'époque où nous habitions à Saint-Louis-de-Terrebonne. À chaque fin d'année, sa compagnie effectuait des mises à pied pour deux ou trois semaines. Il en profitait alors pour exécuter des travaux de rénovation domiciliaire. Agissant comme un forcené, il se tenait occupé en permanence et devenait extrêmement agressif lorsque je lui conseillais de souffler un peu et de modérer sa cadence de travail. Il réussissait toujours à se trouver une occupation à la maison ou ailleurs.

C'est lui qui contrôlait encore le budget. Grâce à mes petites économies personnelles et aux dix dollars qu'il m'allouait par semaine, j'ai pu inscrire ma fille à un cours de perfectionnement féminin et de patinage artistique et à mon fils à des activités de baseball et d'athlétisme. Jacques, lui, était totalement insensible à tout cela. Il prétendait que ce type d'activités convenait aux blancs, pas à ses enfants. Je me souviens que l'Association d'athlétisme avait recruté Max pour l'intégrer dans une des équipes de professionnels, étant donné qu'il excellait en saut en longueur et en course, Jacques avait refusé que Max y donne suite ; selon lui, tout cela était une perte de temps.

Quand je lui faisais remarquer que le montant qu'il m'accordait hebdomadairement n'était pas suffisant, il me répondait bêtement : « Si ce n'est pas assez pour toi, je ne peux rien y faire. » En d'autres mots, je devrais m'arranger avec le peu d'argent qu'il me remettait. Il mettait toujours une fin à la discussion par cette expression : « Point à la ligne ». Je savais pourtant qu'il gagnait pas mal d'argent et qu'il pouvait m'en consentir davantage, mais je n'osais insister.

Il m'a ordonné d'annuler nos contrats d'assurances vie, les assurances études des enfants et les polices d'assurance maladie sur nos prêts personnels et sur le prêt hypothécaire pour la maison. Il affirmait que c'était de l'argent donné en pure perte, de l'argent grâce auquel les banques amassaient de substantiels profits. Ses propos me consternaient : par son attitude, il mettait en péril l'avenir des enfants.

C'est qu'en même temps nos cartes de crédit étaient presque « pleines. » Personnellement, je ne m'engageais pas dans des dépenses coûteuses on ostentatoires. Pourtant ce n'est pas l'envie qui me manquait. Mais j'étais extrêmement prudente dans mes achats. Jacques, au contraire, jugeait essentiel d'aller magasiner chaque fin de semaine et de « remplir » nos cartes de crédit. Il s'achetait invariablement des vêtements personnels pour lui et des outils. Quand il avait fini d'essayer ses vêtements et ses souliers tout en sollicitant mon avis, nous étions déjà rendus à la fin de l'après-midi. C'est alors qu'il s'étonnait du fait que je n'avais rien acheté pour moi-même. Il me proposait de choisir quelque chose. Je n'en avais plus la force, sa conduite échevelée m'ayant complètement étourdie, puis épuisée. Alors, je rentrais chez moi, les mains vides.

Nos cartes de crédits, je le rappelle, étaient rendues à leur limite. J'ai un jour indiqué à Jacques que nous devrions cesser de les utiliser. Je trouvais un moyen pour les rembourser et les éliminer, à la condition qu'il respecte cette résolution, ce à quoi il a acquiescé. J'ai donc demandé à ma sœur de nous dépanner pour le remboursement. Celle-ci voulait savoir pourquoi j'avais fait un usage aussi inconsidéré et immodéré de ces cartes. J'ai dû lui taire la vérité pour obtenir sa coopération. Je lui ai fait croire que ces dépenses avaient été effectuées pour les enfants et la maison. C'est ainsi que j'ai réussi à rembourser toutes nos cartes de crédit.

Non guéri de son état dépressif, Jacques continuait à engager d'excessives dépenses dans la rénovation de la maison. Mais je n'arrivais pas à découvrir d'où provenait l'argent. J'espérais, en tout cas, qu'il n'avait pas recommencé à utiliser nos cartes de crédit.

Il a refait la terrasse au moins cinq ou six fois. Il apporte des modifications au sous-sol et a repris à plusieurs reprises des travaux dans l'aire de stationnement. J'en restais déconcertée et désemparée.

Mais la vie continuait. Et nos dépenses, également, poursuivaient leur spirale d'infernale croissance. Un décisif coup de barre s'avérait nécessaire.

J'essayais de convaincre Jacques de déménager à Montréal. « On peut vendre la maison, lui proposais-je, et l'on achètera une autre à Montréal. Comme les enfants vont à l'école là-bas, ce sera moins fatigant à la fois pour eux et pour nous. De plus, nous diminuerons nos dépenses. »

Même s'il devenait de plus en plus nerveux en constatant nos dépassements de budget, il refusait de considérer ma suggestion. Je ne savais plus par quel bout le prendre.

Ma santé, du reste, n'était pas très bonne : j'avais une hémorragie à chaque menstruation. Lors d'une visite chez mon médecin, j'ai appris que j'avais un fibrome. Il m'a envoyé, pour confirmation, à un gynécologue.

En ce qui concerne Jacques, j'ai décrit son état au mari de mon amie Nélia ; ces deux-là possédaient une plus longue expérience que nous de la vie de couple. Le conjoint de Nélia m'a proposé de faire venir Jacques chez lui. Quelques jours après leur rencontre, Jacques m'a annoncé que notre maison allait être mise en vente. « J'exigerai un bon prix, m'a-t-il précisé, parce que j'ai beaucoup travaillé pour rénover la rénovation. »

J'ai donc appelé un agent immobilier et nous avons pris les dispositions nécessaires. En même temps, nous avons entrepris un examen des maisons en vente à Montréal. Nous étions en mars, et le déménagement avait été prévu pour le mois de juillet. Notre agent nous avait remis une liste de maisons disponibles, selon les quartiers sur lesquels nous avions arrêté nos choix. Cette exploration presque quotidienne de maisons s'est avérée, on s'en doute bien, extrêmement éreintante et accaparante. Plusieurs facteurs devaient être pris en compte, entre autres, le montant net de la vente de notre maison. C'était comme si nous participions à un jeu de poker.

Nous avons reçu une offre de notre troisième visiteur. Il était d'avis que la maison était très propre et en excellent état. L'offre a donné lieu à une contre-offre. Et l'agent immobilier a tenté par tous les moyens de nous la faire accepter. Nous visions une somme plus élevée. Nous sommes finalement parvenus à un accord avec l'acheteur. Je dois pourtant reconnaître que le montant obtenu était nettement inférieur à celui que nous souhaitions : il ne couvrait même pas les dépenses liées aux rénovations effectuées dans la maison.

Pour la suite des choses, nous flottions dans l'indécision : valait-il mieux acheter une nouvelle maison ou louer un appartement ? Avec tout le stock que nous trimbalions, un appartement ne conviendrait pas. Par ailleurs, nous ne disposions pas d'un très gros budget. Nous disposions juste assez d'argent pour effectuer le versement initial sur l'achat d'un duplex et entreprendre quelques rénovations.

Nos choix à Montréal étaient très limités. Nous avons finalement déniché un modeste duplex sur la rue Hénault. Il s'agissait d'un 4½ avec sous-sol. Max pouvait ainsi disposer de sa propre chambre au sous-sol. Celui-ci était très grand et comprenait une chambre, des toilettes et une salle de jeu. La maison avait une grande cuisine, une grande salle à manger, un grand salon, deux grandes chambres, une petite chambre qui avait besoin d'être rénovée et des petites toilettes.

La rue Hénault est proche du boulevard Gouin et de la rivière des prairies, à Montréal-Nord. Le quartier compte également un parc. Il s'agissait vraiment d'un joli coin, que j'ai beaucoup aimé.

18 octobre 2007

La fin de mon séjour à Saint-Louis-de-Terre-bonne

Ce soir, je me sens un peu épuisée, mais en même temps contente, parce que je termine la narration de mes dix ans de vie à Saint-Louis-de-Terre-bonne. C'est dans cette ville que j'ai vécu le plus longtemps avec ma famille. Je ne le regrette pas complètement, mais pour rien au monde je ne souhaiterais y revivre les mêmes péripéties ; celles-ci ont été trop pénibles. Je dois remercier Dieu de m'avoir aidée à m'en sortir saine et sauve.

Ce fut au terme de cet étourdissant événement que j'ai quitté définitivement en arrière de moi, cette partie de ma vie passée à Saint-Louis-de-Terrebonne.

Un intermède

19 octobre 2006 —10 heures

Mes chers petits-enfants, avant de continuer mon histoire, j'aimerais vous parler un peu du présent.

Ce matin, j'ai éprouvé de la difficulté à me concentrer. À mon retour du déjeuner, j'ai ouvert la fenêtre pour aérer un peu la chambre. J'avais moi-même besoin de respirer un peu mieux. Il ne fait pas beau à l'extérieur. Un épais brouillard, qui m'empêche d'apercevoir l'autre côté de la rive, recouvre la rivière.

La nature, dans son ensemble, paraît quand même merveilleuse avec des arbres à moitié couverts de feuilles dorées. L'automne, à sa façon, est une très belle saison, mais ce n'est pas ma préférée. Et pourtant, en relisant les notes que j'ai écrites durant mon séjour à New York, je m'aperçois que c'est à l'automne que l'inspiration me vient aisément ; j'ignore vraiment pourquoi. Peut-être que cette saison m'aide à m'évader ou à m'abandonner comme les arbres laissent tomber leurs feuilles.

Je vais poursuivre ma rédaction, mes petits. Je sais que vous avez hâte de lire l'aventure de cette maison de la rue Hénault à Montréal, mais je n'arrive pas à me concentrer pour écrire. L'opération s'avère laborieuse et toutes les pensées veulent sortir en même temps ; j'en ai la tête pleine et j'en souffre. Je vais faire un peu de méditation et déambuler pendant quelques minutes dans les couloirs du monastère. À plus tard.

Chapitre 6

Notre emménagement à la rue Hénault
Première partie

Durant les dix années passées à Saint-Louis-de-Terre-bonne, nous avions accumulé beaucoup de possessions qu'il nous a été difficile d'emballer et transporter. Il fallait par exemple compter deux salles à manger, deux salons, quatre chambres, le petit abri à l'extérieur, les outils de Jacques, les matériaux de rénovation, les carreaux (puisque Jacques, les avait arrachés, du stationnement de la maison de Saint-Louis-de-Terre-bonne), etc. Bref, il s'agissait d'un imposant inventaire.

Jacques avait refusé ma proposition de recourir aux services d'une compagnie de déménagement. La remorque et les deux véhicules dont nous disposions devaient, à son avis, suffire amplement.

Comme lors de nos déménagements précédents, sont venus nous prêter main-forte, mes deux enfants, un ami de Max, deux fils de la cousine de Jacques, mon ami Anièce, ainsi que Viviane et l'aînée de ses deux filles. Le parcours du trajet jusqu'à la nouvelle maison durait 30 minutes. Jacques ayant très bien planifié et organisé les choses, le déménagement a été effectué assez rapide.

Comme j'avais déjà fait le ménage dans la nouvelle maison, il ne nous restait qu'à y replacer nos meubles et nos autres effets. Quant à notre maison de Terrebonne, puisque nous l'avions toujours gardée très propre, les nouveaux propriétaires s'y sont installés le même jour. La conjointe du nouvel acquéreur m'a d'ailleurs remerciée de lui avoir laissé un logis dans un état impeccable.

Grâce au concours de nos amis, nous avons aussi réussi à tout emménager en une seule journée. Une journée longue, épuisante, harassante ! Au souper, la cousine de Jacques nous a surpris en nous servant de la bonne nourriture haïtienne : du porc frit, du riz cuit avec des fèves rouges, de la salade au macaroni et de la salade verte.

Nos amis partis, une nouvelle vie familiale s'amorçait pour nous. Nous avions de nouveaux voisins. Nous disposions d'une cabane dans notre petite cour. Cependant, nous n'avions pas de stationnements. Jacques décida donc qu'il allait en construire un. Un espace pour voiture à l'arrière de la maison nous permettait entre-temps de décharger l'auto.

La maison requérait d'importantes rénovations, surtout à l'extérieur.

Il s'agissait d'un ancien duplex individuel comprenant deux appartements. Un escalier extérieur avait été aménagé pour le locataire du haut. Notre appartement occupait le premier étage. Il possédait à l'avant un balcon, et à l'arrière une véranda que nous avons par la suite transformée en une deuxième salle à manger. Les chambres étaient très petites, surtout celles du haut. La cuisine et le salon étaient cependant assez spacieux, et le sous-sol fini comprenait une grande chambre, des toilettes et une salle de jeux.

Une pressante pause

12 heures. J'arrête d'écrire pour tenter de clarifier mes idées. Dans cette rue Hénault, nous avons passé 11 mois et il s'y est déroulé tellement d'événements que je n'arrive pas à les mettre en ordre.

Je tente de les rassembler, ils se bousculent pour savoir lequel sortira le premier. J'ai la sensation d'avoir dans la tête un ordinateur qui est attaqué par des virus et ne peut se défendre. Je me sens dépassée et le tunnel dans lequel je me trouve se rétrécit de plus en plus. Je vais donc dîner et faire une pause ; je continuerai plus tard.

13 heures : *Je suis revenue du dîner. À cause de la tenue d'une conférence, il y avait beaucoup de monde à la cafeteria aujourd'hui. Ce qui a rompu pour un temps la monotonie de l'endroit, tellement silencieux ordinairement. En ce qui me concerne, j'ai mangé du foie de veau, un mets que j'aime bien.*

Deuxième partie

Début des travaux à la rue Hénault

C'est l'été et il faut commencer les rénovations à l'extérieur au plus vite parce que cette saison ne dure pas très longtemps. Entre-temps, une de mes amies, Isabelle de New York, m'a appelé pour m'annoncer qu'elle viendra me visiter pour un court séjour avec sa fille Milène. Cela fait longtemps que

Je ne l'ai pas vue. Je lui fais savoir qu'elle et sa fille seront bienvenues chez moi.

Tout va bien pour notre famille. Jacques est très occupé avec les rénovations, je lui soumets quelques idées à l'occasion. Sur le plan des relations sexuelles, il n'est cependant jamais fatigué au point de s'en passer, le soir venu.

Pour moi, au contraire, ces rapports physiques étaient devenus extrêmement douloureux, et parfois j'en pleurais. Il me lançait : « comme cela, tu ne peux pas rester en paix pour recevoir mon pénis ; reste là, ma chère, et tiens-toi bien ! Je lui répondais que j'avais mal à mes parties intimes. Il répliquait : « Moi, je n'ai pas mal, tiens-toi bien et prends-le comme il faut ! Je ne veux plus t'entendre te plaindre. » Mon Dieu, que j'ai souffert ! Je suis allée voir un médecin auquel j'ai fait part de mes douleurs dans le bas-ventre, ainsi que d'une crise d'hémorragie précédente. Ce praticien m'a dirigée vers un gynécologue de l'hôpital Notre-Dame.

J'ai pris un rendez-vous pour le mois suivant, car j'avais anticipé que Jacques aurait besoin de mon assistance pour l'entretien de la maison. À ce sujet, un plan avait été établi. Nous avions décidé de recouvrir la véranda en bois traité, puis de peindre les briques à l'avant et aux côtés de la maison en une couleur rouge tout en découpant leurs contours avec une couleur complémentaire, soit le gris, couleur de ciment. Il s'agissait d'un travail très minutieux.

Un vendredi du mois de juillet, mon amie Isabelle et sa fille sont arrivés de New York. On était contents de les recevoir. Isabelle rencontrait pour la première fois mon mari et mes enfants. Ils se sont présentés et ont échangé un peu.

Je lui ai expliqué que nous venions de déménager, et que nous projetions d'effectuer des rénovations. Jacques et les enfants devaient justement, dans ce but, aller acheter du bois le lendemain samedi. Isabelle et sa fille ont décidé de nous accompagner lors de l'achat des matériaux ; nous en avons profité pour leur faire visiter la ville. Nous les avons emmenées à l'Oratoire Saint Joseph, puis à un magasin pour l'achat des clous. Nous nous sommes bien amusés.

Ma sœur nous attendait pour souper. Nous sommes allés chez elle sans Jacques, car je ne voulais pas déranger celui-ci ; je lui ai plutôt apporté son souper. Le lendemain soir, dimanche, mon amie et sa fille sont reparties heureuses de leur voyage.

Le travail de rénovation débutait le matin de ce même dimanche : Jacques a commencé par démolir le mur en bois de la véranda. Nous nous sommes alors aperçues qu'il nous faudrait du matériau d'isolation. Jacques est allé en acheter. Cela pressait : il ne fallait pas que le mur reste trop longtemps à découvert. Mon conjoint devait, de plus, reprendre son travail lundi à 15 heures. Il nous a donc tous réquisitionné pour lui prêter main-forte. Cette journée-là, il travaillait vraiment vite, à l'instar d'un robot. À la fin de la journée, il avait presque tout terminé, c'est-à-dire enlevé le bois pourri, fait du nettoyage, installé l'isolation commencé à préparer des planches en vue de les poser le lendemain, juste avant de se rendre à son travail. Mon fils l'a particulièrement secondé.

Le lendemain matin, je suis moi-même partie travailler. À mon retour, j'ai été stupéfaite : l'allure de la maison avait totalement changé. Jacques avait réussi à poser les planchers et exécuter un excellent travail. Quand il m'a téléphoné de son travail, je l'ai félicité.

Après m'avoir indiqué qu'il ne lui restait que la peinture à faire, il a ajouté que Max lui avait fourni un précieux coup de main. Max, à son tour, m'a fièrement décrit comment il avait assisté Jacques. Je l'ai remercié en lui faisant un câlin. Le lendemain, Jacques et Max ont fait la peinture et appliqué les dernières touches à la véranda. Le tout devenait encore plus plaisant à regarder si les travaux progressaient allègrement.

Entre-temps, Max et moi avions demandé à Jacques de faire un dessin sur l'un des murs de sa chambre au sous-sol ; ce que mon conjoint a accepté à condition, précisa-t-il, que Max travaille bien à l'école et qu'il aide son père dans les travaux de rénovation de la maison !

Les vacances dites de la construction étaient arrivées. Mon petit neveu Marco, le fils de mon frère Alain, est venu de New York pour passer un mois à Montréal. Son séjour se partagerait chez ma sœur et moi. Le plus souvent, c'était Max qui sortait avec lui pour l'amuser ; Natatsha n'aimait pas sortir, préférait la plupart du temps me tenir compagnie à la maison.

Jacques avait commencé à peindre les murs en brique situés à l'avant et sur côtes de la maison. Il fallait aussi peindre les joints autour des briques. Ce travail délicat exigeait des habiletés de peintre. Il y avait tant à faire, que j'ai décidé de prendre un mois de congé pour pouvoir assister. Les enfants étant en vacances, eux, leur cousin Marco et moi nous avons peint les joints avec des petits pinceaux. Jacques a construit un stationnement à l'avant de la maison, il a ainsi pu y poser ses pavés unis. Au bout de deux semaines, toutes les rénovations à l'extérieur de la maison étaient achevées. Il nous restait maintenant à refaire les toilettes.

Troisième partie

Des agents qui rôdent...

Les briques étaient comme neuves, à un point tel que l'évaluateur pensait que nous avions remplacé les anciennes.

À son arrivée, il m'a en effet demandé : « Vous venez de changer les briques ? » J'ai répondu par l'affirmative. Il a déclaré que c'était un bon travail. Dès la fin des rénovations, des agents immobiliers s'empressaient de nous proposer de vendre notre maison. Mais nous n'étions nullement intéressés à vendre.

Quelques mois avant le déménagement, Jacques avait acheté une camionnette Nissan, ce qui nous a permis de transporter nos effets, ainsi que les matériaux. J'avais vendu ma petite mini et Jacques m'avait cédé sa voiture Toyota. C'était la première fois qu'il achetait une voiture toute neuve. Auparavant, il ne cessait de répéter qu'un tel achat c'était de l'argent gaspillé. Pour cette fois, j'avais réussi à le convaincre du contraire.

Je lui ai demandé d'attendre un peu avant d'entamer la rénovation de la salle de bain, mais il a refusé. J'ai tenté de lui expliquer qu'il nous fallait prendre une pause et un temps d'arrêt : que les enfants avaient besoin de temps libre pour aller s'amuser avec leur cousin et leurs amis ! Il m'a rétorqué : « Ils peuvent prendre un peu de repos, et moi, je vais continuer seul. » On avait quand même réussi à organiser des petites sorties avec eux, par exemple aller à la plage le dimanche.

Entre-temps, mon petit neveu se plaignait qu'il avait mal au talon, surtout quand il pleuvait. Nous en avons parlé à ses parents et leur avons conseillé de le faire voir un médecin, dès son retour à New York.

Un jour, alors que Jacques était en train de rénover la salle de bain, un agent immobilier a sonné. Il désirait qu'on lui fasse visiter la maison pour une éventuelle vente. Jacques l'a prévenu : « Je vais te faire visiter, mais je ne vends pas ! Je suis bien ici. De plus, je n'ai pas terminé les rénovations. » Lorsque l'agent est parti, il m'a confié : « Quand j'aurai terminé les rénovations, si un vendeur accepte de vendre la maison pour le prix que je veux, je la vendrai et j'achèterai une autre. » Il espérait récupérer du même coup l'argent que nous avions perdu dans la transaction de la maison de Terrebonne. Je lui ai recommandé de faire attention. Il m'a promis que, cette fois, il serait vigilant.

Il avait presque terminé les toilettes, il lui restait seulement à remplacer le système de chauffage à l'huile par le chauffage électrique. Entre-temps, les enfants étaient ravis de demeurer à Montréal. Chacun était bien installé dans sa chambre, Natatsha toujours avec son chat et Max qui dessinait sur son mur. Ils étaient heureux. De mon côté, les crises d'hémorragie reprenaient. J'avais hâte de rencontrer le gynécologue.

Une nouvelle pause

15 heures 10 :

Et voilà, c'est tout ! je prends une pause.18 heures 30 :

En revenant du souper, je fais un tour à la chapelle pour remercier Dieu de m'avoir permis de retrouver mon inspiration et d'éprouver moins mal au dos et aux jambes.

Quatrième partie

L'été et l'automne (1987 et 1988) dans la rue Hénault.

Nous étions au mois d'août j'avais trois semaines de vacances. Ma cousine Viviane, que ma sœur et moi considérons comme notre propre sœur, parce que notre mère était sa marraine. En 1972, elle a eu une petite fille du nom Marlène à Montréal en 1972. Vu qu'elle vivait seule ; elle l'avait envoyé à sa sœur Fabienne en Haïti pour son éducation. Elle a eu une bonne éducation.

À l'âge de 12 ans, elle a décidé de faire rentrer sa fille à Montréal pour y vivre avec elle. Durant ces 12 années, elle a eu un autre enfant ; une petite fille du nom de Marie, qu'elle aimait beaucoup. Elle était un peu gâtée par sa mère ; ce qui était normal parce qu'elle était la seule enfant dans la maison. Quand Marlène est arrivée à Montréal, sa sœur Marie avait une différence de 6 ans d'âge d'elle. C'était difficile pour Marlène de s'adapter avec sa sœur ; ainsi qu'avec sa mère qu'elle connaissait à peine. La mentalité des gens d'ici était différente des gens d'Haïti.

Elle avait beaucoup de problèmes. D'ailleurs, sa fille Marlène la dépassait de plusieurs pieds de hauteur. Cette petite était très gâtée par sa tante Fabienne en Haïti. Elle faisait ce qu'elle voulait et pouvait avoir tout ce qu'elle demandait. C'était laborieux pour elle ; elle était toute perdue. On ne pouvait pas lui demander de tout comprendre en un clin d'œil. Sa mère nous a raconté qu'une fois elle était obligée de monter sur une chaise pour pouvoir lui parler dans les yeux.

À la deuxième semaine du mois d'août, Viviane la mère de Marlène est venue à la maison pour me solliciter : « Est-ce que ce sera possible pour toi de garder Marlène chez toi durant tes vacances, pour voir si elle pourrait changer de comportement et comprendre la vie à Montréal ? » Elle m'a dit, vu que ma fille Natatsha et Marlène sont à peu près du même âge, Natatsha pourrait sortir avec elle, aussi lui expliquer la manière dont la vie fonctionne au Canada. Avant que Vivienne vienne me faire sa demande, j'avais déjà pensé à cela. Parce que d'habitude, Marlène venait chez nous les fins de semaine. Franchement entre elle et ma fille cela allait très bien. J'ai accepté sa demande. Le lendemain, Marlène est arrivée chez nous tout heureuse.

Natatsha était ravie ; les deux filles dormaient dans la même chambre. Natatsha la considérait comme sa propre sœur. J'étais enchantée qu'elle soit avec nous. Je l'emmenais aux magasins, je lui expliquais quoi faire et quoi ne pas faire, le respect des gens, etc. Je m'adressais à elle comme une amie, pas d'agressivité. Mais je ne la laissais pas faire ce qu'elle voulait. Ma fille aussi l'aidait.

Marlène était une petite fille joviale. Tous les soirs, elle racontait des histoires d'horreurs aux enfants avant de dormir. Dans ce temps-là tout de suite après elle dormait profondément pendant que les autres et ma fille restaient éveillés et ils faisaient des cauchemars.

Je me souviens qu'un jour, je l'ai envoyé acheter un pain au dépanneur. Elle est revenue me disant : « qu'elle ne comprend pas les gens d'ici, après avoir payé il me manquait deux centimes, la madame ne m'a pas donné le pain, elle m'a dit qu'il faut aller chercher les deux centimes qui manquaient. Je lui ai dit quelques sottises. Parce qu'en Haïti quand le montant n'est pas complet, les gens disent : « Tu m'apporteras l'argent la prochaine fois. » J'expliquais à Marlène qu'ici on n'est pas en Haïti ; il y a des lois il faut les respecter. Partout où tu passeras, à l'école, dans la rue, etc. Et même chez toi il y a des lois. Sinon il y aura une anarchie. Ma fille et moi nous avons beaucoup travaillé avec Marlène sur son éducation. Au point que ma fille était jalouse d'elle, Natatsha était malheureuse.

Un jour, qu'elle n'en pouvait plus garder son secret, elle m'a lancé « Mammy tu aimes Milène beaucoup plus que moi. » Je l'ai pris dans mes bras tout en chuchotant : « Tu sais que tu es ma petite fille chérie, présentement Marlène a besoin de moi et de toi aussi. C'est juste pour le temps qu'elle se prendre en main. » Elle a souri et elle est partie satisfaite. Après mes vacances, je l'ai ramené chez sa mère ; Viviane était contente de la voir. Elle habitait Rivière-des-Prairies, durant le séjour chez nous, pas une fois je ne l'ai pas laissée aller chez elle.

Deux semaines après, Viviane est venue m'apporter un beau cadeau des coupes en cristal ; elle voulait me remercier pour ce que j'ai fait pour sa fille. Elle disait que c'était une autre enfant qui est revenue chez elle. Elle a mentionné, « je ne sais pas quoi te dire, il n'y a pas de mot pour te remercier. » Elle m'a donné un gros câlin. Puis elle a remercié Natatsha. J'étais ravie de voir sa joie. Aussi j'étais fier de ma fille et de moi. Elle avait vraiment donné sa place à Marlène.

Pour moi, ce que j'ai fait en aidant ma cousine était tant d'autres que j'ai déjà faits et j'aimerais en faire plus encore. Je pense que tous les humains sur terre devraient avoir leur part de bonheur sur terre. Surtout les enfants.

Au présent

20 octobre 2006

Ce matin, je suis passée à la chapelle pour demander à Dieu de calmer mes douleurs. Hier soir, j'avais eu très mal aux jambes. On aurait dit que quelque chose se promenait à l'intérieur de ma jambe gauche. Pourtant, je fais des marches et des exercices. Aujourd'hui, ça va mieux. J'ai aussi demandé à Dieu s'il pouvait m'aider relativement aux cauchemars épouvantables contre lesquels je me débats la nuit. Je l'ai prié d'envoyer un ange pour me bercer et m'inspirer de plus beaux rêves. Et je l'ai remercié.

Ce soir, je suis déterminée à poursuivre mon activité d'écriture ; j'irai me coucher quand je me sentirai très fatiguée. Il faut que j'en profite, alors que l'inspiration est encore là.

Cinquième partie

Mon opération de fibrome

La vie familiale et domestique continuait de se dérouler sans grand changement. Max avait terminé son dessin sur le mur ; celui-ci était très beau, il représentait un groupe musical (Break Dance). Max rencontrait ses amis bien plus souvent que lorsqu'il habitait à Terrebonne. Au mois d'août, je suis allée voir mon gynécologue à l'hôpital Notre-Dame. Après m'avoir fait passer des tests, il m'a annoncé qu'il devait m'opérer parce que j'avais un fibrome de la grosseur d'un pamplemousse. Il m'a en même temps demandé si je voudrais un autre enfant. J'ai répondu que non, mais il m'a conseillé d'en discuter avec mon mari avant de prendre une décision définitive. C'est que, si je désirais un autre enfant, je devrais l'avoir avant mon opération ; il faudrait rester couché pour la durée de la grossesse. C'était un « pensez-y bien » ! Le gynécologue m'a demandé de lui faire part de notre décision aussitôt que nous l'aurions arrêté.

Durant tout le trajet de retour à la maison, je ne cessais de penser au contenu de mon entretien avec le médecin : fibrome... opération... enfant. Tout cela m'embrouillait l'esprit.

À mon arrivée à la maison, j'ai mis Jacques au courant des instructions du spécialiste. « Pour moi, l'opération c'est oui, ce fut sa réponse. Mais pour l'enfant, c'est non. » Je lui ai alors exprimé le commentaire suivant : « Les enfants ont vieilli et sont à leurs études ; ils ne pourront pas m'aider à la maison. De ton côté, tu es toujours occupé et de plus, il faudrait que je reste au lit pour la durée de la grossesse. Alors, je serais seule à accomplir toutes les tâches domestiques. Je ne prendrai pas cette responsabilité. » Pour moi aussi, la réponse était donc non. En fait, j'étais placée dans l'obligation de décider à sa place, parce qu'il répétait sans cesse qu'il ne voulait pas d'enfants qu'il entendrait pleurer du matin au soir.

Bref, le lendemain, j'ai appelé le médecin pour lui annoncer que j'étais prête. Il m'a promis qu'il me ferait bientôt connaître la date de l'opération. À la fin du mois de septembre, je suis entrée à l'hôpital. J'avais obtenu un congé de maladie. La journée de l'opération, j'ai demandé au médecin de faire son possible pour éviter de m'enlever les ovaires.

L'opération s'est bien déroulée, mais à mon réveil, j'éprouvais une si forte douleur que je hurlais comme une folle. Le spécialiste a dû m'administrer une dose élevée de calmants. Le lendemain, j'étais tellement droguée que je faisais des hallucinations : je voyais partout dans ma chambre des serpents qui descendaient d'un pot de fougères que m'avait apporté ma sœur Irène. M'entendant pousser d'épouvantables cris, une infirmière a appelé le médecin, qui a recommandé de diminuer la dose. Le lendemain, j'avais pris du mieux. Le médecin, venu me voir, m'a informée qu'il avait enlevé un des ovaires parce qu'il contenait un kyste. Mon état d'anémique m'a contrainte à rester deux semaines à l'hôpital. C'était un peu long, mais cela m'a permis de me reposer. À ma sortie de l'hôpital, le disciple d'Hippocrate m'a prescrit trois mois de repos.

Lorsque je suis retournée à la maison, Jacques et les enfants étaient très attentionnés envers moi. Max et Natatsha préparaient le souper du mieux qu'ils le pouvaient. Jacques me mijotait de la bouillie faite avec de la banane plantain, dont les propriétés vitaminiques devaient, selon lui, me permettre de restaurer mes forces. Ma sœur, de son côté, venait fréquemment me voir. Quelques amis m'ont également rendu visite. Quant à moi, mon état d'extrême et de totale dépendance me rendait très stressée. Je n'étais même pas capable de prendre mon bain toute seule.

Trois semaines après l'opération, Jacques désirait déjà me faire l'amour. J'ai refusé. Mais j'ai dû me débattre contre ses assauts répétés, à un point tel que mes points de suture se sont un peu défaits, il a fallu que je retourne voir le médecin à ce sujet.

Mais Jacques revenait toujours à la charge. Je lui ai demandé s'il souhaitait ma mort. Il m'a répondu par la négative, mais a ajouté que le sexe constituait sa « vitamine » que je trouvais tout cela dégoutant. Je ne peux pas décrire ce qui s'est alors passé. J'ai adopté un comportement d'agressif : ces rapports sexuels forcés me répugnaient. Je pleurais pour un rien. Je crois avoir ainsi traversé un assez long état dépressif. Deux pénibles mois se sont écoulés avant que je me sente de nouveau bien dans ma peau.

J'ai repris mes activités domestiques, mais je ne suis pas retournée au travail, le médecin m'ayant prescrit deux mois supplémentaires de congé, ce qui faisait bien mon affaire. Je recevais un montant de l'assurance maladie, mais le budget familial restait très serré.

Max, qui était maintenant en 5e secondaire, devait étudier davantage pour obtenir de bons résultats scolaires. Sa sœur et moi l'encouragions fortement. Il s'était tout de même fait une petite amie et j'avais recommandé à Jacques, mais en vain, de donner quelques conseils sur les relations amoureuses. Finalement, c'est moi qui ai dû lui en parler.

Un beau jour, je suis entrée dans sa chambre et je lui ai expliqué, à ma façon, « les choses de la vie », ce qui concerne les rapports entre les deux sexes. Il m'a remercié en me faisant un câlin. Sur ces sujets, j'ai depuis été très à l'aise avec mes deux enfants et je ne l'ai jamais regretté. Il en est maintenant de même avec mes petits-enfants. Ceux-ci, qui sont encore très jeunes, peuvent de plus bénéficier de l'éducation sexuelle offerte à leur école.

Au mois de novembre, nous avons fêté l'anniversaire de Max, ce qui a créé une ambiance de joie dans toute la famille. Je me portais de mieux en mieux et j'étais d'une humeur de plus en plus allègre et joviale.

Natatsha, quant à elle, restait toujours bien tranquille, le plus souvent en compagnie de son chat. Un soir, celui-ci n'est pas rentré. Le lendemain matin, quand j'ai ouvert la porte, je l'ai vu presque complètement défiguré. N'ayant entendu crier, ma fille s'est approchée. Constatant l'état de son chat, elle s'est précipitée dans sa chambre et refusé durant toute la journée d'ouvrir la porte. Elle n'est donc pas allée à l'école. J'ai appelé la S.P.C.A. pour venir le chercher.

C'était abominable à voir. Voici ce qui s'était passé : le chat, désirait se réchauffer, il s'était réfugié sous une voiture, les ventilateurs lui avaient broyé la face. Ma fille avait l'âme au cœur. Elle ne voulut plus avoir d'autre clavardage comme compagnon. Elle est restée marquée par cet événement.

Jacques travaillait encore beaucoup dans la maison ; il a ainsi pu refaire l'installation électrique au mois d'août. Il avait aussi reconstruit son véhicule semi-remorque qu'il voulait plus solide et plus spacieux. Cela l'avait épuisé ; il était aussi ; de mauvaise humeur parce qu'il n'appréciait pas ma performance au lit. Notre nouvelle maison était assez petite, il ne pouvait plus me faire autant mal, de peur que ma fille nous entende, sa chambre étant adjacente à la nôtre. Je me suis alors aperçue qu'il se dépêchait de compléter des rénovations en vue de vendre la maison. Le même agent immobilier, comme par hasard, avait refait surface. Il désirait examiner de nouveau la maison que, nous assura-t-il, il pourrait vendre à un prix très intéressant.

Sa visite des lieux terminée, il a renouvelé son offre et sa promesse. Jacques lui a alors indiqué que le montant désirait obtenir. Dès lors, notre maison était mise en vente à condition que les visites commencent après que la rénovation des toilettes est achevée. Deux, mois plus tard, la propriété était effectivement vendue, au prix qu'avait déterminé Jacques. Le résultat de la transaction l'avait rendu de bonne humeur. Il nous fallait, bien sûr, nous mettre à la recherche d'une nouvelle maison. Notre tâche s'avérait cette fois plus facile, puisque, nous étions déjà à Montréal.

Entre-temps, j'ai reçu la visite de mon amie d'enfance Doris qui vivait en Haïti. Elle a séjourné alternativement chez moi et chez ma sœur. Elle nous a proposé d'acheter un terrain dont elle était la propriétaire en Haïti. L'offre intéressait Jacques qui nourrissait justement l'idée de se porter acquéreur d'un terrain là-bas. Le terrain se trouvait à Chalon, dans la banlieue de Miragoâne ma ville natale. Doris nous a fait un prix. Après notre déménagement, lui avons-nous promis, nous rentrerions en Haïti durant nos vacances estivales pour conclure l'achat. C'est ainsi que grâce à l'argent de la vente de notre maison, nous avons acheté le terrain, diminué sensiblement nos dettes de cartes de crédit et effectué un substantiel versement sur l'achat de notre nouvelle maison.

Car nous avions assez rapidement déniché une très spacieuse maison située tout près de la rue Hénault, plus précisément à la rue Lamoureux entre boulevard Gouin et Léger. C'était merveilleux. Nous étions comblés.

C'était un bungalow de trois chambres, complété par un quatre et demie au sous-sol qui était déjà loué. L'ensemble de la propriété, en très bon état, comprenait entre autres une aire de stationnement et une cabane. Mais nos dépenses mensuelles s'annonçaient bien plus élevées que pour notre maison précédente, même en tenant compte du loyer du sous-sol. Selon Jacques, nous réussirions financièrement à équilibrer notre budget, ce à qui j'avais acquiescé. Il nous restait à emballer nos effets pour ce nouveau déménagement. Cette fois-ci, j'ai trouvé la tâche assez pénible, d'autant plus que je n'étais pas encore tout à fait remise de mon opération. Je n'ai toutefois pas voulu le faire paraître. Je me sentais vraiment épuisée et écœurée, surtout du sexe. Je le faisais sans intérêt. Juste pour le contenter. Lui, il ne se doutait de rien, du moment que ses besoins étaient satisfaits.

Je voulais avant tout éviter qu'il soit de mauvaise humeur contre nous. C'était mieux ainsi. Parfois, je me demandais si je parviendrais à tenir le coup. À cette question, je n'obtenais aucune réponse, ou du moins je refusais de m'en trouver une.

Encore, une autre pause

Il est 22 heures. Je me prépare pour aller au lit. Auparavant, je suis allée chercher une tisane, nuit de rêve, pour m'aider à m'endormir. Je le prendrai juste avant de me coucher. Bonne nuit, faites de beaux rêves.

21 octobre 2006

Ce matin, je suis allée déjeuner en retard. Le service se termine à 8 heures. Je suis arrivée à 8 heures 10. J'étais toute seule à la cafeteria. « Madame, prenez tout votre temps », m'a glissé le responsable du service. J'ai pris un léger déjeuner : une tranche de pain brun, quelques morceaux de cretons et des grains de raisins frais. Ensuite, trois pruneaux, un café et du jus de pamplemousse. Je me sens bien aujourd'hui, j'ignore pourquoi. Je ne ressens aucune douleur. Il faut dire que j'ai passé une bonne nuit. J'ai rêvé, mais je n'ai pas fait de cauchemars. Je suis allée à la chapelle ce matin afin de remercier Dieu pour cette bonne nuit et je lui ai demandé de m'accorder une autre bonne journée. Il fait beau aujourd'hui ; après le dîner, j'irai faire un tour.

10 heures. Avant de poursuivre ma rédaction, je relis quelques passages que j'ai écrits hier.

Sixième Partie

Les mésaventures de Max

Les enfants continuent de grandir, à la fin des vacances d'été, nous nous rendions toujours à New York pour leur acheter de nouveaux vêtements et chaussures neuves. Ils raffolaient de ces déplacements. Ils étaient de plus très fiers d'étrenner, à leur retour à l'école, leurs beaux et exclusifs habits.

Max avait acheté un beau manteau en cuir blanc, don, la manche en carreaux couleur noir et blanc. C'était un manteau très confortable. Une fois, en se rendant à l'école accompagnée de son ami Nelson, un garçon très costaud, Max s'est fait attaquer par deux garçons qui cherchaient à le soulager de son manteau et de ses chaussures. Il a pris ses jambes à son cou, en vue de les semer. De retour à la maison, il nous a raconté ce qui s'était passé. Jacques a décidé de lui montrer comment se défendre. Ayant déjà pratiqué le karaté, il savait comment s'y prendre. Il a remis aux deux jeunes un câble électrique qu'ils devaient attacher à leur taille ; s'ils se faisaient attaque, ils dénoueraient aussitôt le câble pour en frapper leurs adversaires. Jacques leur a fait exécuter et répéter les mouvements nécessaires.

Quelques jours plus tard, Max et Nelson furent de fait attaqué par une bande de voyous, ils réussirent facilement à mettre ceux-ci en déroutes en les rossant avec leurs câbles. Depuis lors, on ne cherche plus à les harceler.

À mon avis, les parents doivent toujours rester à l'écoute de leurs enfants, afin d'être en mesure de les protéger et d'éviter qu'ils soient négativement influencés par ses étrangers.

Max obtient son diplôme

Max, avant notre déménagement, a subi et réussi ses examens de fin d'études secondaires. Il était heureux de ses résultats scolaires et j'étais fière de lui. Natatsha était, quant à elle, folle de joie. « Maman, m'a-t-il confié, c'est grâce à toi et Natatsha que j'ai réussi, vous m'avez beaucoup aidé à passer à travers. » Il m'a ensuite embrassée pour me remercier.

Il m'a demandé ainsi qu'à ma fille de l'accompagner à son bal de fin d'études, auquel allaient également deux de ses amis qui sont frère et sœur, Jacob et Joséphine. J'ai fait monter tout ce monde dans ma voiture.

En compagnie de leurs camarades et amis, ils se sont follement amusés durant la soirée. Natatsha était la plus jeune du groupe, mais elle paraissait assez grande pour son âge. Elle est restée à table avec moi toute la soirée.

J'avais promis à Max de lui organiser une petite fête pour lui dans notre nouvelle maison et d'y inviter les amis de la famille. Jacques avait approuvé mon projet. J'ai tenu parole : la fête a eu lieu. Et tous les participants se sont montrés extrêmement satisfaits,

Tout compte fait, je reconnais que nous avons passé une heureuse année dans cette maison malgré de petits désagréments occasionnels. Au moins, j'ai profité d'une année un peu plus calme que d'habitude. Maintenant, c'était le temps de changer une nouvelle fois de maison.

Chapitre 7

Notre déménagement à la rue Lamoureux

Première partie

Cette fois-ci, le déménagement s'est révélé plus aisé, mais, dans cette nouvelle maison, nous avions déjà un locataire. Bien que l'ancien propriétaire lui ait offert une somme d'argent pour annuler son bail, il a décidé de rester. Disons, plutôt qu'il est parti, tout en faisait semblant d'occuper encore les lieux. Il ne nous avait pas remis les clefs et il ne répondait pas au téléphone. Pour en avoir le cœur net, Jacques est allé, le jour du déménagement, jeter un coup d'œil par la porte-fenêtre : personne dans la maison. Après avoir brisé la serrure, il y est entré. Des sacs remplis d'ordures jonchaient le sol. Jacques les a sortis et nous avons pris possession des lieux.

Les enfants étant devenus grands, ils ont pu cette fois participer très activement au déménagement, de même que les amis de Max ainsi que, comme par le passé, mon frère Robert.

Ma cousine Viviane, ses deux filles, Marlène et Milly et mon amie Anièce m'ont également donné un coup de main. Cette fois-ci, j'y allais tranquillement parce que j'avais été victime d'un accident de travail au mois de juin. Je devais très attentivement ménager ma colonne vertébrale.

Nous n'avons pas tout remis en place la même journée. Les hommes ont d'abord rangé les meubles. Pour le reste, j'ai proposé aux filles de faire simplement le ménage, Marlène, pour sa part, elle est restée à la maison trois jours, durant lesquels elle et ma fille m'ont fourni une très précieuse aide.

J'ai aimé cette maison dès mon arrivée, je m'y sentais bien. C'était une maison jumelée en brique, avec un sous-sol au plafond très élevé, avec un grand balcon à l'avant et un large escalier surélevé à l'entrée. On remarquait des fleurs, des deux côtés à l'avant de la maison. Un stationnement asphalté depuis le trottoir jusqu'à la cabane située au fond de la cour. La partie arrière de la cour était elle-même partiellement asphaltée. Le reste de la cour était tapissé de gazon avec un érablier au centre. C'était bien tout ce que je voulais, la propriété était à mon goût. D'ailleurs, c'est moi qui l'avais repérée juste par hasard. En faisant une promenade seule, j'avais aperçu la pancarte. Sur un bout de papier, j'avais aussitôt inscrit le nom et le numéro de téléphone du vendeur.

La propriété comprenait trois chambres à coucher, une grande cuisine, une grande salle à manger jumelée avec le salon doté d'un foyer. Les toilettes n'étaient pas très grandes. Mais le plancher du couloir et de la cuisine était en céramique. Nous disposions de nombreux espaces de rangement. Le sous-sol, très grand, contenait une machine à laver et une sécheuse encastrée. Pour compléter le tout, une salle de séjour et un dépôt pour les outils de Jacques. Bref, c'était la maison de nos rêves. Nous ne désirions rien de plus. Les enfants et moi étions comblés. Je crois que Jacques l'était également, mais il n'en disait mot.

Et voilà, je viens de vous faire la description aussi exacte que possible de cette maison dont j'ai gardé de dramatiques et ineffaçables souvenirs.

Une pause

13 heures*. Je reviens du dîner. J'avais prévu d'aller faire une petite promenade. Mais je m'aperçois que le temps a changé. Au lieu de sortir, je monte les escaliers jusqu'au troisième étage. Cela me fait du bien. Je veux faire progresser mon projet d'écriture. Et puisque l'inspiration est là, je fais mieux d'en profiter.*

Ce matin, j'ai dû appeler mon fils à son travail pour obtenir une information sur un événement bien précis, parce que, je ne voulais pas commettre d'horreur. Max a répondu de façon très satisfaisante à mes questions et m'a aidée à dissiper mes inquiétudes.

Ce midi, à la cafeteria, il y avait bien du monde. J'ai mangé à ma faim en effectuant les choix suivants : du filet de sole, des carottes, de la soupe aux légumes, du brocoli. Pour mon dessert, une salade de fruits accompagnée d'une tisane.

Je ne me sens pas remplie et c'est très bien ainsi. Si je décris ce que je mange, c'est parce que chaque fois que je communique avec ma fille et mon beau-fils, le soir, Patrick me demande : « Et puis, qu'est-ce que tu as mangé aujourd'hui ? » Il tient toujours à savoir de ce que j'ai fait et ce que j'ai mangé dans la journée. Je trouve ce souci touchant de sa part.

Revenons donc maintenant à mon histoire.

Deuxième partie

Notre voyage en Haïti pour l'achat d'un terrain

Tout allait bien dans notre nouvelle maison. Comme elle était très spacieuse, les enfants pouvaient y accueillir leurs amis. Ma sœur venait à présent me visiter un peu plus souvent en compagnie de Viviane et de ses deux filles. Notamment Marlène.

Chaque semaine, celle-ci venait m'aider à exécuter mes commandes de gâteaux et de pâtés. En retour, je lui donnais un peu d'argent. Nous nous entendons très bien. Les amis de mes enfants aimaient venir à la maison. Je leur parlais souvent et leur prodiguais de bons conseils.

Jacques et moi devions nous rendre en Haïti pour l'achat du terrain. J'avais fait la réservation pour le mois d'août. Mais auparavant, la sœur de Jacques, Raymonde, qui vivait à Philadelphie, est venue passer quelques jours avec nous.

Il fallait préparer le voyage pour Haïti. J'ai donc j'ai pris des vacances une semaine avant mon départ, soit la dernière semaine du mois de juillet. Nous sommes partis pour deux semaines en laissant les enfants chez ma sœur. Ils revenaient toutefois à la maison de temps en temps.

Contrairement à notre premier voyage, nous avons quitté le Canada en toute quiétude. Mon amie Doris, qui nous vendait le terrain, nous attendait à l'aéroport de Port-au-Prince.

J'avais de toute façon pris la précaution d'écrire à ma sœur Claire pour l'avertir de notre arrivée.

Doris nous a emmenés à Dikini dans sa grosse maison de quatre étages, un vrai palais. En roulant sur la Route nationale, on aperçoit la maison à flanc de montagne. C'était impressionnant de pouvoir l'observer de si loin. Je n'ai pu m'empêcher de m'exclamer : « Ce n'est pas une maison, c'est un hôtel ! » Elle m'a objecté : « c'est vraiment ma maison et non un hôtel : » Elle a semblé amusée de ma stupéfaction.

À la hauteur du village de carrefour, elle a emprunté une petite rue cahoteuse, parsemée de grosses pierres et de trous. Lorsque nous sommes arrivés devant sa maison, elle a appuyé sur une sonnette et un gardien est venu ouvrier sur la barrière. Un gros berger allemand est aussitôt venu à notre rencontre. Il était content de revoir sa maîtresse, mais il nous regardait méchamment. Doris lui a fait signe de se coucher et a demandé au gardien de l'emmener et de l'attacher. Elle a voulu savoir si nous craignions les chiens. J'ai répondu par l'affirmation, alors que Jacques a affirmé que les chiens ne l'effrayaient pas du tout. Elle a quand même conseillé à celui-ci d'être prudent, car elle possédait quatre chiens dressés pour défendre la résidence et mettre en déroute les intrus, on les lâchait tous les soirs.

La cour était en ciment. Il y avait à l'avant de la maison un parterre de fleurs et des petits cocotiers de cinq pieds chargés de noix de coco. C'était la première fois que je voyais cette espèce. Les voitures étaient stationnées devant la maison, la barrière restant toujours fermée. Toute la propriété était clôturée par un mur de neuf pieds de hauteur. La piscine était visée, malgré la présence de plusieurs citernes.

L'intérieur de la maison était extrêmement luxueux. Tous les étages étaient meublés. Notre amie nous a conduits à la chambre qu'elle mettait à notre disposition. Elle était munie de toilettes et de toutes les commodités désirables.

Et nous sommes descendus à l'une des salles à manger donnant sur le balcon. J'ai failli m'évanouir en m'aventurant sur celui-ci. Je crains les hauteurs, il me faut plusieurs minutes pour m'y adapter. Je dominais l'ensemble de la capitale. C'était merveilleux de contempler tout cela. La mer, le port de Port-au-Prince, des maisons énormes et de minuscules maisons, des huttes, des tentes, etc. Un constat particulièrement déconcertant : d'humbles chaumières voisinant avec cette imposante résidence. On les apercevait bien un peu plus bas, ces enfants déguenillés, presque nus, qui attendaient que les nantis jettent leurs déchets à l'arrière de la clôture pour se hâter de vérifier ce qu'ils pouvaient en récupérer. Ils assuraient ainsi leur survie, quoi.

Le pays en est rendu là. Et les Haïtiens s'emballent s'y habituer :

« On peut jeter n'importe quoi en bas, me répétait-on, quelqu'un va aussitôt à le ramasser ! » j'éprouvais une très vive peine pour ces pauvres gens, mais je ne pouvais rien changer à leur sort.

Le voyage avait été long et nous avions faim. Notre hôte nous a invités à manger, tout en nous promettant de nous faire visiter la maison un peu plus tard. Elle nous a aussi présenté ses deux enfants, Richard et Yvette.

Elle avait fait préparer par la bonne un succulent souper, du poisson, du riz blanc et de sauce aux fèves rouges, des bananes, des patates, des ignames, une salade composée de betteraves, de tomates et de laitue.

Nous nous sommes bien régalés, même si Doris trouvait, elle, que nous n'avions pas assez mangé. Puis nous avons parlé de tout et de rien. Le mari de Doris n'était pas encore revenu de son travail ; capitaine dans l'armée haïtienne, il était attaché au Palais national à titre de garde du corps du président Jean-Claude Duvalier.

Troisième partie

La maison de Doris

Dans la cour arrière s'épanouit un jardin fruitier. On y trouve toutes sortes de plantes : des avocatiers, de cocotiers, des manguiers, des sapotilliers, des bananiers, etc. Aucun étranger ne peut y rentrer sans autorisation, la cabane des chiens était installée juste à côté.

Commençons par le premier étage. Vu que la maison est construite sur une montagne, celui-ci est moins grand que les autres. C'est en fait le sous-sol ; il comprend la cuisine conventionnelle, la salle de lavage et de repassage, les chambres du garçon de cour et des bonnes, des toilettes avec douche.

Au deuxième étage ont été aménagés un dépôt pour l'entreposage de la nourriture en gros, une grande salle avec salon, une grande cuisine très luxueuse avec cuisinière, frigidaire, etc. ; une grande salle à manger tout cela avec vue sur le balcon, ces pièces étant ouvertes. Juste à côté, une autre salle à manger, celle-ci fermée et un grand salon, avec des meubles bien assortis. Sur le balcon, un autre salon. Durant mon séjour là-bas, j'ai montré à Doris comment mieux disposer ses meubles et ses tableaux en vue de mettre l'ensemble encore plus en valeur.

Au troisième étage, c'est la chambre principale, très spacieuse, richement meublée et munie des toilettes, comme d'ailleurs toutes les autres chambres de la maison. Il y a aussi, à chaque des trois étages principaux, un hall d'entrée avec de grandes fenêtres vitrées et une sortie sur le balcon avec vue sur le paysage, ainsi que des plantes dans presque toutes les pièces. À la suite du hall d'entrée se trouve la chambre des enfants ; puis d'autres chambres pour les visiteurs et des toilettes. Le tout est vraiment très beau.

Après la visite des lieux, nous nous sommes dirigés vers notre chambre pour défaire nos bagages.

Notre hôte nous avait prévenus qu'elle viendrait nous chercher dès le retour de son mari. Après avoir défait nos bagages, nous nous sommes changés, tout en disposant d'une vue panoramique de la ville. Juste à observer les gens en bas, j'en avais assez. C'était comme dans un film.

Quelques minutes plus tard, je suis allée m'asseoir dans le petit salon du balcon.

Quand son mari est arrivé, Doris nous a fait venir. Nous avons fait connaissance avec celui-ci pendant qu'il soupait avec ses enfants et sa femme. Pour nous, elle avait fait préparer un bon jus de grenadine. Elle tenait à ce que je mange du bon pain. Je lui ai promis que je mangerais le lendemain. Comme elle insistait, j'ai pris un petit morceau du pain avec du beurre, Jacques également.

Après s'être assuré que nous avions fait un bon voyage, le capitaine nous a indiqué que nous étions les bienvenus chez lui, tout en nous refaisant la mise en garde de sa femme au sujet des chiens. Il a précisé que c'est lui qui leur donnait personnellement à manger, évitant ainsi qu'ils s'habituent à quelqu'un d'autre. Il leur servait de la viande crue pour les rendre plus méchants.

La conversation s'est poursuivie sur le balcon. Doris nous a avertis que nous partions très tôt le lendemain à Miragoâne pour aller voir le terrain.

Ce soir-là, Jacques et moi nous avons fait l'amour : « Tu ne peux pas me dire que tu n'as pas envie, m'a-t-il murmuré ; nous sommes en Haïti, il fait beau dans notre pays. » Je l'ai répondu : « Toi, tu n'as pas besoin d'être en Haïti pour le faire. » Il a alors ajouté : « Nous sommes seuls à l'étage, tu peux crier comme tu veux, personne ne viendra à ton secours. En tout cas, je t'avertis, tu vas avoir besoin de toute ton énergie parce que je me sens en pleine forme. »

J'ai bien dormi. C'est le chant des coqs et le broiement des bourricots qui m'ont réveillé. Nous avons déjeuné avant de prendre la route. Mon amie nous avait conseillé d'être en tenue de sport, de porter un chapeau ou une casquette et de bien nous chausser. Le voyage durait juste une journée, au cours de laquelle nous rencontrerions le notaire et irions saluer ma sœur Claire, son mari Georges ainsi que leur enfant. Nous comptions passer également chez mon frère Raymond et sa femme qui habitaient à la Nouvelle Cité.

Nous sommes montés dans sa jeep décapotable dont elle a confié le volant à Jacques. La jeep, je ne sais trop pourquoi, était dépourvue de toit, malgré le soleil flamboyant et la poussière de la route. Nous nous sommes quand même beaucoup amusés. La musique avait été mise à pleine puissance, ce qui comblait Jacques de plaisir ; il est toujours de bonne humeur quand il visite Haïti, de nombreux piétons s'arrêtaient sur la route pour nous regarder filer.

Le trajet a duré une heure et demie. Les routes étaient alors en assez bon état. Dès notre arrivée, nous sommes allés examiner le terrain, situé à Chalon, donc presque à l'entrée de la ville de Miragoâne. Le gérant a orienté notre visite des lieux : un grand terrain de quatre carreaux, avec des arbres fruitiers et des cocotiers, des plants de petit mil, de pois, de pigeon, de tomates, d'ignames, de bananiers, etc.

L'examen du domaine, qui s'étendait jusqu'aux limités de la route nationale, s'est avéré passablement long. Et cela nous a plu. J'ai quand même tenté de baisser le prix, mais en vain. Elle dit non. Nous avons finalement cédé. Doris a alors averti le gardien que nous étions les nouveaux propriétaires du terrain. Elle avait fait inclure une petite maison à toit de chaume pour le gérant et sa famille.

Selon les modalités établies, le gérant remettait une partie de sa récolte au propriétaire. Comme mon amie lui avait annoncé son arrivée, il lui avait préparé quelques poches de maïs, de petit mil, etc. Nous avons bu de l'eau de coco et en avons croqué le noyau. C'était vraiment paradisiaque.

Nous sommes ensuite passés chez le notaire qui nous a recommandé de revenir dans une semaine pour la signature du contrat d'achat. Nous sommes restés le reste de la journée à Miragoâne : J'en ai profité pour aller visiter ma sœur et mon frère. Puis nous sommes rentrés à Port-au-Prince.

À mon retour dans la capitale, j'ai aussitôt appelé Christèle, une bonne amie de la famille, à qui ma sœur m'avait chargée de faire quelques commissions. Elle m'a promis de venir nous voir le lendemain et de nous amener visiter une ferme appartenant aux sœurs de la sagesse à La Plaine. Christèle enseignait à des sourdes-muettes, et demeurait chez les religieuses à Port-au-Prince.

Nous sommes donc allés à cette ferme. C'en était une vraie ; on y remarquait, en plus d'autres fruitiers, toutes sortes d'animaux dans leur enclos ou leur poulailler : des porcs, des cabris, des bœufs, des poulets, etc. L'exploitation agricole, très biologique, était dotée d'un efficace système d'arrosage. On nous a servi un très sobre repas.

Je suis retournée émerveillée chez mon amie Doris. C'était fantastique de découvrir une ferme aussi moderne en Haïti.

Une brève pause

17 heures 20. C'est l'heure du souper.

18 heures 30. Mon souper terminé, je passe à la chapelle, après avoir appelé ma sœur. Elle m'a informée qu'une neige fondante tombe à Montréal. Mais ici, à Québec, il ne neige pas. Il pleut. C'est humide, je le ressens dans mes os. Je ne ferai pas de marche dans ma chambre ce soir, parce que, je veux avancer dans un projet d'écriture.

La suite de mon séjour à Port-au-Prince

Ma cousine nous a fait visiter quelques quartiers de Port-au-Prince. Entre-temps, son mari, dont la voiture, une Toyota, connaissait des ennuis mécaniques, nous avait confié qu'aucun mécanicien au pays Na ne parvenait à la réparer. Avec l'aide du garçon de cour, Jacques a réussi à le faire fonctionner au bout de deux jours de travail.

Nous avons participé à plusieurs activités intéressantes durant notre séjour là-bas. Je ne me suis donc point ennuyée. Mais un événement en particulier mérite d'être raconté. Nous devions, comme prévu, retourner à Miragoâne pour finaliser l'achat du terrain. Richard, l'un des frères de Doris, nous avait invités à Cholette, une petite localité située à flanc de montagne, à quelques kilomètres de Miragoâne, on y accédait par une route très cahoteuse, étroite, escarpée et bordée de falaises des deux côtés. Le trajet, d'une durée d'au moins trois heures, ne pouvait être effectué qu'en jeep.

Nous avons quitté la capitale très tôt. Arrivés à Miragoâne, après avoir salué ma sœur à la hâte, nous nous sommes rendus chez le notaire pour signer le contrat d'achat du terrain et payer le montant de la transaction. Le frère de Doris nous attendait. Sans perdre de temps, nous avons rejoint la route en direction de Cholette. C'est Richard qui conduisait : il fallait traverser une grande rivière. Richard qui roulait très vite avait mis à fond la musique du groupe martiniquais Cassave. L'ambiance était à la joie, mais moi, j'avais très peur ; le cœur me débattait et je me ferme les yeux pour éviter de regarder les falaises.

Les falaises étaient très profondes des deux côtes de la route et, comme je crains les hauteurs, je retenais difficilement mon souffle et demeurais, coite Jacques, lui, se doutait bien sûr de mon intense sentiment de crainte. Quand nous sommes arrivés à destination, j'ai poussé un soupir de soulagement et j'ai remercié le bon Dieu d'être encore vivant.

Richard nous a fait visiter des porcheries, des plantations de caféiers. Ce qui me fascinait au plus haut point, c'était la majesté des montagnes verdâtres, avec des arbres étouffés par leurs feuilles : le bruit du vent agitant celles-ci dégageait une musique que nul ne peut savourer s'il n'est pas vraiment en symbiose avec la nature.

J'étais en extase. Je me sentais au paradis. Les froissements des feuilles, les cris des oiseaux. Les bruits des ruisseaux se joignaient pour créer cette musique qui m'enchantait. Et le beau ciel bleu avec ses nuages blancs, tellement proche de nous qu'il nous laisse l'impression d'être dans l'espace.

Autour de moi, les gens causaient, s'esclaffaient, ripaillaient. Et moi, j'étais euphorique, je me sentais aux anges. J'ignore si un jour je revivrai cette expérience, en tout cas, je ne l'ai pas regretté.

Pourtant, quand j'étais petite, je venais passer mes vacances d'été ici à Cholette. En ce temps-là, j'allais toujours jouer dans les bois. J'aimais sans doute ces beaux moments, mais je ne pouvais alors décrire ce que je ressentais, vu mon jeune âge.

Nous sommes restés coucher à la montagne. Le lendemain au retour, c'est Jacques qui conduisait la jeep. Constatant qu'il conduisait comme un écervelé, je l'ai réprimandé : « Tu sais, Jacques, mes enfants m'attendent à Montréal, je n'aimerais pas mourir d'un accident stupide. » Il a compris mon message et a aussitôt cessé ses folies.

Trois jours après notre retour à Port-au-Prince, nous sommes rentrés à Montréal, la tête remplie d'émouvants et impérissables souvenirs. Durant notre séjour là-bas, nous avions toujours vécu à la manière des gens riches et célèbres : massage à domicile, nourriture gastronomique, le salon de coiffure, pédicure à domicile, etc. Les enfants de mes hôtes étaient très calmes. La fillette possédait un chat qui était très maigre. « Pourquoi ne le nourris-tu pas ? » reprochais-je souvent à Doris. Elle m'objectait invariablement : « Il faut qu'il chasse pour manger ; si je le nourris, il ne chassera pas. Qu'il aille donc chasser à l'extérieur. » Quelle tremblante réponse ! Ce séjour en Haïti chez Doris restera à jamais gravé dans ma mémoire.

Quatrième partie

Le retour d'Haïti : chronique de la rue Lamoureux

Jacques vivait en plaine nostalgie, depuis notre retour d'Haïti. Il n'était manifestement pas heureux, mais faisait tout son possible pour que tout aille bien dans la famille. Les enfants avaient repris leurs études. Max, inscrit au cégep Dawson, faisait dans sa chambre ses travaux scolaires. Natatsha qui était en deuxième secondaire à Roberval avait commencé à se faire des amies et des amis.

À mon retour au travail, j'été victime d'un autre accident ; il s'agissait en fait d'une rechute. J'ai dû une nouvelle fois arrêter de travailler pour reprendre des traitements de physiothérapie : le spécialiste m'avait diagnostiqué une hernie discale. À la suite des traitements et d'une évaluation de la CNNST, j'ai appris que je devais tout simplement changer de métier. Toutes les démarches jusqu'à la prise de décision de la CNNST ont duré au moins un an. J'ai suivi pendant quelque temps un cours de secrétariat. Au terme de la formation (soit au mois de mai 1989), juste une semaine avant de recommencer à travailler, j'ai été impliquée dans un accident de voiture. Encore une fois, il fallait tout arrêter.

Avant cet accident, les choses se passaient assez bien : comme je ne travaillais pas, je réussissais à m'occuper davantage de ma famille et Jacques en était très heureux. Je devais quand même ménager mon dos à cause de son extrême sensibilité. À ce sujet, le médecin m'avait recommandé de diminuer la fréquence de mes relations sexuelles, ce qui ne faisait pas du tout l'affaire de mon conjoint. Selon lui, il était le seul à être en mesure de déterminer quand et comment faire l'amour à sa femme.

La CNNST m'avait accordé un substantiel dédommagement financier. Étant donné mon état physique, j'avais résolu de me débarrasser de ma petite voiture, non automatique et dépourvue de servodirection. Je me suis procuré une jolie Mercedes 1971 de couleur bleu ciel, très confortable pour mon dos. Lorsque j'ai ensuite proposé à Jacques d'investir dans un immeuble de six logements, il a refusé net, alléguant que ce type d'entreprise générait trop de complications, liées en particulier au comportement

« Délinquant » de certains locataires.

À la rue Saint-Gertrude à Montréal-Nord et non loin de la caisse populaire où j'avais déposé le montant de la CNNST se trouvait une agence de voyages. L'idée m'est venue de faire une surprise à Jacques, celle de nous acheter des billets de voyage pour Miami, en Floride. Choisissant une date concordant avec sa semaine de vacances, j'ai versé un acompte, le reste de la somme devait être acquitté dans un délai de trois jours.

Jacques étant absent de la maison à mon retour, j'ai téléphoné à ma sœur pour lui faire part de la bonne nouvelle. « Pour une fois que tu penses à toi, s'est-elle exclamée, je trouve que tu fais bien. » Et elle a ajouté : « Te souviens-tu que je t'avais promis de te faire un cadeau si tu réussissais à maigrir grâce au régime sévère que tu avais décidé de suivre ? Eh bien, je vais te payer ton billet ! » J'étais ravie.

Dès que Jacques est rentrée, je lui ai révélé ma surprise. Il est devenu fou et furieux. « Que vais-je faire à Miami ? m'a-t-il crié. Pourquoi veux-tu aller là-bas ? Qui t'a mis cette stupide idée dans la tête ? Tu es en train de gaspiller ton argent, vas récupérer l'acompte. Je n'irai pas à Miami. » Je lui ai répliqué qu'il était trop tard, puisque les billets étaient déjà payés. J'ai ensuite précisé que ma sœur payerait mon propre billet. « C'est encore pire ! a-t-il éclaté. C'est donc elle qui t'a mis cette ridicule idée dans ta tête. Non. Il est hors de question que j'aillais à Miami ! » Alors que je reproduis ses propos, j'entends encore sa voix qui me les profère avec arrogance et mépris. J'ai fondu en larmes. Je n'arrivais pas à comprendre son attitude. Je voulais juste faire plaisir à cet homme avec qui je partageais ma vie, et voilà l'accueil que recevait mon geste.

J'étais chavirée. Il m'a même amenée chez ma sœur pour demander à celle-ci de me faire annuler le voyage. « C'en est trop, me suis-je dit, cette fois-ci je ne me laisserai pas faire ! » Je lui ai alors déclaré que moi, Enice Toussaint, j'étais prête à partir toute seule ; j'avais d'ailleurs appelé mon amie Doris en Floride pour lui annoncer ma venue.

Doris, qu'on se le rappelle, est cette propriétaire qui m'avait vendu un terrain à Miragoâne, en Haïti. Elle s'était acheté une maison en Floride, et pour des raisons de sécurité, avait déménagé, à Miami avec ses enfants.

Mon conjoint m'a regardé, étonné des propos que je venais de prononcer. Ma sœur est alors intervenue pour déclarer que si elle avait décidé de se passer d'un mari, c'était justement parce qu'elle n'en remarquait aucun bon exemple dans son entourage. C'est alors que Jacques s'est tout à coup enquis de la date de mon départ. Puis il m'a annoncé qu'il m'accompagnerait, puisque le voyage durerait à peine une semaine. Je me rappelle qu'à notre retour à Montréal il m'a fourni cette explication. « Si je suis allé ; à Miami, c'est à cause des propos de ta sœur relativement à son refus d'avoir un mari. » J'ai gardé le silence : il était évident que son arrogance avait pris tout un coup.

Durant notre absence, les enfants étant devenus plus vieux, séjournaient alternativement à la maison et chez ma sœur Irène. Le jour du départ, il était plus pressé que moi de prendre l'avion. Ce fut un très plaisant voyage. Jacques passait beaucoup de temps dans la piscine de Doris et répétait sans cesse : « Je ne regrette pas d'être venu. » Quant à moi, j'étais extrêmement heureuse de retrouver une très chère amie d'enfance, Josie, dont j'ai parlé dans mon premier livre. Nous partagions, alors que nous logions dans le même pensionnat, nos plus intimes secrets. Nous ne nous étions pas revues depuis 28 ans. Elle était ravie de me présenter ses enfants et son mari ; en fait, je connaissais déjà celui-ci. Alors que j'étais une très jeune fille.

Josie avait organisé un grand souper pour fêter nos retrouvailles, ce qui m'avait vivement émue. J'éprouvais une profonde affection envers cette femme droite, douce et sincère. Elle n'est plus de ce monde et je pense toujours à elle.

Bref, ce séjour à Miami : a été un succès ; il m'a fait beaucoup de bien et c'est en partie grâce au fait que je me suis promis d'utiliser mon propre argent pour le voyage.

Cinquième partie

Des événements et rénovations de la maison Lamoureux

Durant près d'un an, les choses allèrent assez bien. Cela s'explique : j'étais très prudente dans mes actions. Jacques de son côté, en plus de son emploi régulier, exécutait de petits contrats de rénovation. Mais, à cause d'un accident de travail, il a dû arrêter pour au moins trois mois. Comme moi, il recevait 90 % de son salaire. Nous avions plus au moins converti en bureau la grande salle située à côté de la salle à manger et j'y avais placé mon ordinateur ; je pouvais ainsi continuer de m'exercer à la dactylographie et à l'informatique.

Durant son congé de maladie, Jacques a apporté des modifications au sous-sol en vue d'aménager une pour Max. En éliminant une chambre à l'étage, il comptait agrandir notre chambre à coucher et les toilettes. Je trouvais que l'idée était bonne. Mais sans crier gare, il a descendu Max au sous-sol et a commencé à démolir. J'ai voulu connaître les motifs de cette précipitation. « Tu sais, je n'ai pas beaucoup de temps devant moi, il faut faire vite. » A-t-il expliqué. Je l'ai alors accompagné pour l'achat des matériaux : la baignoire à remous, la pharmacie, les articles de plomberie, etc. Nous les avons placés temporairement dans le salon et dans la salle à manger. Jacques a effectué les modifications pour la Chambre et les toilettes, et il a percé une petite porte entre la chambre et les toilettes, mais sans poser une petite porte entre la chambre et les toilettes, sans poser de placoplâtre sur les murs de séparation.

Il a ensuite procédé aux installations de plomberie pour la baignoire et l'alimentation électrique. Remettant à plus tard la réfection du plancher dans les toilettes et dans la chambre, il a placé la baignoire, le lavabo et posé une douche encastrée. Pour le moment, a-t-il indiqué, vous pouvez vous servir des toilettes. Je ferai le reste plus tard. » Il a voulu à me rassurer en insistant sur le fait que l'essentiel eût été réalisé et que le travail soit bientôt effectué.

En consultant un jour mon compte bancaire, j'ai noté qu'il y manquait beaucoup d'argent et que de nombreux retraits y avaient été opérés. Jacques, auprès de qui j'ai tenté de m'informer à ce sujet, m'a simplement déclaré qu'il avait utilisé cet argent pour acheter ce dont qu'il avait besoin.

J'avais bien remarqué qu'il avait depuis peu en sa possession un appareil photo graphique très sophistiqué, une caméra vidéo, des outils neufs, etc. Je lui ai alors rappelé qu'il avait rejeté ma proposition d'investir dans l'immobilier, qu'il avait aussi refusé tout d'abord mon projet de voyage à Miami et qu'enfin je ne m'étais encore rien de personnel avec cet argent que j'avais déposé à la banque. Il n'a pas branché. Je me suis tout à coup souvenue que j'avais perdu l'argent versé pour l'achat d'un mobilier de chambre à coucher, parce que celui-ci n'avait pas plu à monsieur. J'ai donc décidé d'acheter le même mobilier, cette fois-ci sans lui en parler au préalable.

À mon retour du magasin, j'ai laissé tomber calmement : « Tu sais, Jacques, j'ai finalement acheté ce mobilier de chambre que je désirais tant. » Fixant sur moi son regard, il a fait : « où vas-tu le mettre ? » Je l'ai répondu : « Dans ma chambre quand celle-ci sera terminée. En attendant, je vais le laisser tout emballé dans le grand salon, il y a assez d'espace. » Ce qui n'était pas tout à fait exact.

Mes propos l'ont tellement mis en colère qu'il m'a accusé de dilapidation. « Au moins, lui ai-je fait remarquer, je garderai un souvenir de cet argent que j'ai obtenu comme compensation pour mon problème de dos. Il s'est alors tu. Mais savez-vous quoi ? Le fameux mobilier de chambre est resté pendant près d'un an dans le salon.

Une fois posées la baignoire et la douche, Jacques ne se hâtait plus pour terminer la chambre à coucher ni les toilettes ; celles-ci étaient devenues de vrais nids à poussière. Quelques jours avant Noël, alors que nous étions tous à table, chacun mentionnait quel cadeau il souhaitait recevoir. « En ce qui me concerne ai-je laissé tomber, si vous comptez me faire un cadeau, Jacques et Max, terminez au moins ma chambre ? Pour moi, ce serait le meilleur des cadeaux. » Jacques m'a pris au mot et, avec l'aide de Max, il avait réussi à faire la chambre au complet, juste deux jours avant Noël. Quant aux toilettes, elles n'ont été terminées que deux mois avant la vente de la maison. Nous n'avons donc pas eu le temps d'en profiter, au contraire, bien sûr, des nouveaux propriétaires.

Des rapports houleux

Depuis mon accident de voiture en mai 1989, le caractère de Jacques était devenu plus désagréable ; malgré mes incessants efforts pour améliorer nos relations, il se montrait de plus en plus agressif. Pendant plusieurs jours, il ne me parlait presque pas.

Jacques avait expulsé un locataire qui causait des sérieux embêtements et refusait d'acquitter son loyer. Il avait ensuite décidé de ne plus louer à personne, ce qui avait entraîné un déséquilibre dans notre budget. Max s'était installé dans un l'appartement du sous-sol et nous avions aménagé un deuxième salon. Jacques a converti une chambre en dépôt d'outils et a mis un bureau dans la salle de jeux. Ainsi, chacun pouvait disposer de son propre espace.

C'est après tous ces changements que Max, grâce sans doute à l'inspiration qui l'animait lorsqu'il peignait dans sa chambre, avait réalisé trois magnifiques tableaux qu'il avait exposés à son collège. Après l'exposition, il m'en a fait cadeau d'un et donné un autre à ma sœur Irène, tout en gardant pour lui-même le dernier. Natatsha, quant à elle, s'était mise à sortir plus souvent. Elle avait participé au concours Miss Montréal. Et avait été classée dans les dix premiers choix. Dès lors, l'atmosphère dans la maison n'était plus pareille. Jacques était devenu jaloux des enfants. Il grommelait sans cesse que je les gâtais trop, que j'étais toujours en train de les embrasser, et qu'ils étaient mes chouchous.

Une nouvelle pause de mise au point

Un retour sur les motifs de mon projet d'écriture

Samedi 21 octobre 2006

4 heures 30*. Cette nuit, j'ai très peu dormi. Vers une heure, je me suis mis à lire le journal intime que je tiens depuis le 16 mai 1989. J'avais constaté que, depuis quelques jours, je ne pouvais plus faire avancer mon projet d'écriture et j'espérais que la lecture de mon journal m'aidait à retrouver mon inspiration. J'ai lu ce qui avait été consigné de 1989 à*

2000, tout en notant que rien n'avait été écrit pour certaines années. En revivant ces événements passés, j'éprouve un très vif sentiment de dégoût. J'avais mal sans savoir où, mais je n'ai pas pleuré. J'ai prié Dieu de chasser ce démon qui me faisait tant souffrir et j'ai pensé aux propos que l'ami de ma sœur Irène, Jean Martin, le psychologue m'avait tenu.

Je me souviens que, quand je suis revenue de New York, au cours de cette période d'écriture, je me sentais malade sans bien comprendre la nature de mon mal. Je ressentais de forte sensation de nausée et j'étais extrêmement triste du fait que je venais d'écrire une partie très douloureuse de ma vie et que j'étais incapable de continuer. Bref, j'étais bloquée et révoltée. Ma sœur avait invité cet ami à dîner et m'avait offert de me joindre à eux. Je n'avais pas du tout prévu que je ferais des confidences à Jean. À la fin du dîner, Irène nous a laissés seuls dans la cuisine, nous étions assis autour de l'îlot, un coin où nos invités aiment se regrouper pour prendre une bouchée ou discuter. Jean m'a demandé de lui parler de mon séjour à New York. Je lui ai révélé ce qui s'était passé là-bas : les circonstances de mon départ, mon retour hâtif, mes montées d'angoisse, etc.

Me parlant comme à une amie, il m'a alors adressé ces mots d'exhortation qui sont restés gravés dans ma mémoire, bien que je n'aie pas encore eu le courage de les mettre en pratique depuis novembre 2004. J'étais tellement gagnée par la crainte ! Celle-ci m'a hantée durant deux ans, je suis finalement parvenue à la vaincre grâce à ma persévérance et à ces prières faites dans un lieu calme, retiré et à l'écriture.

Mais hier soir, en relisant dans mon journal intime ces douloureux passages, j'ai senti cette peur s'emparer de nouveau de moi, m'empêchant de poursuivre mon projet.

Voici tout de même, retranscrits tels quels, les précieux mots que m'avait émis mon ami psychologue. Qui sait ? Ils toucheront peut-être aussi profondément d'autres cœurs :

Il ne faut pas dire que tu te sens coupable (car c'est un jugement). Pas de jugement ! Et ne pense pas à ce que les autres vont dire, ça va perturber ton activité d'écriture ! Apprécié de ce que tu es maintenant. Et dis-toi que tu peux t'approprier ce vécu et écrire ton histoire. Fais le nettoyage, sors les résidus et les déchets. Tu recommences, tu avances. Dis-toi ; « pouvoir, c'est moi qui l'ai ! Le pouvoir sur moi, sur mon écriture et sur mes émotions. Ce n'est pas la douleur qui est ma maîtresse. C'est moi qui dois contrôler ma douleur mon vécu. » Écrire est un acte de pouvoir de soi sur soi. Exemple, en décrivant ce qui m'arrive, je revois la scène, mais, je ne suis plus en train de la vivre. Par l'écriture, je me libère et m'assume. Tu écris le produit de ton vécu. — Tu as mangé de la merde, cela a donné ce produit. Tu en as fait de 99 % de choses intéressantes. Quand tu écris 99 % de choses qui font mal, cela crée un effet de rappel et de résonance. — C'est toi la maîtresse de la situation. Ne te laisse pas avaler par elle, sinon tu ne peux plus raconter. — Quand tu écris, tu fais une narration. — La narration (absence de jugement), se répéter, c'est un sentiment de rappel. — Se répéter : « C'est moi qui contrôle ma peine, je l'écris, j'ai le pouvoir sur lui. » — Il faut décanter ! Décanter les émotions. Passer de l'état pur à l'émotion. — Réactions ! Tu récupères, c'est le soulagement. C'est un travail de purification. Tu décantes les émotions positives et négatives. Il n'y a plus de résidus, tu as fait le nettoyage, tu as fait le vacuum. Il faut dire : « J'ai le contrôle. » Et Jean m'a recommandé de lire <u>Les mots pour le dire</u>, de Marie Cardinal.

Ma sœur, assise dans le salon, écoutait à mon insu notre conversation et prenait des notes.

Les conseils que notre ami psychologue m'ont infiniment réconfortée et m'aident maintenant à poursuivre sans plan cher mon projet d'écriture.

Je devrai cependant modifier les prochaines pages sous la forme de ma narration : celle-ci empruntera le mode du journal intime.

7 heures 15

Il est 7 heures 15, je fais ma chambre et descends déjeuner.

10 heures 30. Je suis de retour. Ce matin, j'ai assisté à la célébration de la messe ; le samedi, celle-ci se fait à 8 heures. C'est ce qui m'a permis d'y aller avant mon déjeuner. Ici, au couvent, les employés sont partis le weekend. Ce sont les religieuses qui prennent la relève. Elles ne sont pas très jeunes, le service se déroule donc au ralenti. Et l'on mange des repas plus légers. Maintenant, je me sens bien après le vacillement que j'ai connu cette nuit. Je tiens le coup. Je suis prête à continuer mon voyage dans le passé avec vous, mes petits.

Les débuts de mon journal intime

Voici les circonstances qui ont fait naître ma passion pour l'écriture et m'ont incitée à rédiger mon journal intime.

Un matin, je suis descendue voir mon fils Max dans sa chambre. Je ressentais une immense peine et j'avais besoin de réconfort. À mon arrivée, il terminait un travail pour son cours. Constatant qu'il était absorbé dans ses réflexions, je me disposais à rebrousser chemin quand il m'a invitée à entrer en précisant qu'il reprendrait sa recherche plus tard, je me suis mise à lui décrire comment je souffrais du traitement que nous faisait subir Jacques dans la maison. Tout en m'écoutant, il acquiesçait à mes propos. Et comme je pleurais, il a tenté de me consoler en émettant le vœu que Jacques change d'attitude et tout finit par revenir à la normale.

« Mais je sens que je n'ai plus d'énergie pour continuer à supporter tout cela », ai-je murmuré. Me faisant asseoir à côté de lui, il m'a encrouté à lui raconter une partie de mon enfance, les épreuves que j'avais traversées après la mort de ma mère, puis les souffrances subis auprès de Tony, son père biologique. Là, il est intervenu : « Mammy avec tout ce qui s'est passé, tu devrais écrire un livre sur ta vie. Tu ne sais jamais, ton témoignage pourrait aider des gens. » Je lui ai révélé que j'avais toujours eu le désir d'écrire, mais que par suite d'un douloureux incident je n'avais pas pu satisfaire cette aspiration.

Sans le savoir, mon fils venait de réveiller cette pulsion qui sommeillait en ma conscience intérieur. Je l'en ai remercié et lui ai promis que j'entamerais le jour même mon journal intime. Le fait de m'avoir rendue heureuse lui a causé un grand plaisir. Nous sommes embrassés et je l'ai quitté, le cœur content. Je savais que je lui avais pris une partie de son temps, mais que cela ne le dérangeait pas puis qu'il avait compris que je vivais de très graves moments. Le même jour, j'ai effectivement acheté un cahier bleu dans un centre commercial. Je n'oublierai jamais cet instant. J'ai gardé précieusement le cahier. À plusieurs reprises, j'ai cru l'avoir perdu, mais je le retrouvais toujours avec joie.

Voici ce que j'ai écrit dans mon journal du 16 mai 1989. Je retranscris tel quel le propos que j'ai exprimé. Je dois vous prévenir qu'à la vérité une partie de ce contenu se trouve déjà consignée dans la préface de mon premier livre. *Une femme parmi tant d'autres.*

Cher Journal

16 mai 1989

J'ai toujours eu l'idée d'écrire ma vie. J'y ai souvent pensé, mais je n'obtenais aucun encouragement. Maintenant que mes enfants sont grands et que je commence à leur raconter ma vie, ils me soutiennent beaucoup dans ce projet d'écriture, surtout mon fils Max.

Quand j'étais jeune fille, sœur Berthe, ma mère adoptive, m'avait fait cadeau d'un petit journal intime à l'occasion de mon treizième anniversaire. C'est à partir de ce moment-là que j'avais commencé à écrire un peu de tout sur ma vie. Mon deuxième mari, Jacques, après avoir lu mon journal, avait décidé de le brûler parce qu'il l'avait trouvé trop triste.

Son geste m'avait blessée et profondément affectée. C'était comme si une partie de moi s'était éteinte. Mais finalement, son forfait, au lieu de m'abattre, m'a incitée à me réinvestir dans mes projets d'écriture. Ça va être difficile, je tiens quand même à le faire, surtout depuis mon accident d'automobile du 5 octobre 1989 j'ai failli mourir. Maintenant, j'aimerais qu'on me souhaite bonne chance et qu'on me laisse jouir de quelques moments de paix. (Fin du journal)

C'est tout ce que j'ai pu écrire dans mon journal intime. Cette journée-là, je n'ai pas pu rédiger davantage. Les événements se sont succédé au fil des jours, jusqu'à ce que j'en aie eu trop : le vase débordait littéralement. J'ai repris, trois mois plus tard, la rédaction de mon journal intime.

Entre-temps, je continuais de faire tout ce qui était humainement possible pour contenter Jacques et maintenir un climat d'harmonie dans notre petite famille. Il avait installé un système de détection de mouvements dans les portes avant et arrière pour vérifier entrées et sorties de tout le monde. Je rappelais sans cesse aux enfants d'éviter à tout prix de le déranger. Il ne travaillait plus pour le Canadian Steele. Il effectuait de la rénovation à son compte et moi je m'occupais de sa comptabilité. Il s'était même adjoint quelques employés.

De mon côté, je veillais à la gestion des travaux et des opérations bancaires, à la rédaction des contrats, etc. Max avait décroché un emploi dans un restaurant du centre-ville. Il pouvait ainsi acheter des petits cadeaux personnels et épargner une partie de son argent pour acquitter ses droits de scolarité. À plusieurs reprises, Jacques a tenté de l'embaucher, mais Max préférait garder son emploi au restaurant, toutefois, comme il travaillait le soir, il donnait volontiers un coup de main à Jacques, trois fois par semaine, à ses jours de congé. Dans l'intervalle, lui manquait ; ils venaient souvent le rejoindre à la maison.

Lorsqu'il sortait, il était dès 23 heures de retour chez nous : il respectait donc les consignes et évitait de mettre Jacques en colère. Je me souviens que, quand il allait fêter chez des amis, à son retour à la maison il me confiait : « Mammy, je n'ai même pas eu le temps de manger, parce que j'avais peur de manquer l'autobus : je sais que mon père ne serait pas content. » À ses 18 ans, j'avais organisé une grande fête pour son anniversaire ; je le récompensais ainsi de sa bonne conduite ; il en était ravi.

Comme j'avais terminé la formation prescrite par la CNNST, il me fallait commencer à travailler dans ma nouvelle profession, celle de secrétaire-comptable. Mon traitement mensuel était dès lors moindre et le budget familial réduit tout autant. Jacques, lui, il continuait d'exécuter des contrats de rénovation. Le travail ne manquait pas. J'aurais, quant à moi, préféré travailler à l'extérieur, ce qu'il avait catégoriquement refusé. « Avec tout l'ouvrage qu'il y a, avait-il objecté, c'est mieux que tu travailles pour moi. »

La vie suivait donc son cours, mais avec un lot de continuels tiraillements. Un jour, Jacques a décidé de me confier le budget de la maison, en m'expliquant qu'il n'avait plus le temps de s'en occuper. J'avais préparé des feuilles de comptabilité pour faciliter le travail de contrôle. Chaque semaine, il vérifiait les comptes ; s'il manquait un centime, je devais lui en fournir la raison. D'où un climat de permanentes dispute et de constante méfiance. Et pourtant au temps où il avait été le responsable du budget, je lui témoignais une entière confiance ; je ne remettais rien en question, maintenant, je n'avais même plus droit à de l'argent de poche. Quelquefois, ces Max qui me dépannaient quand le budget était déficitaire.

« Où donc était l'amour dans tout cela ? » demanderez-vous sans doute. Eh bien, il était absent, mais le sexe lui ne l'était pas ! Nous étions rendus à un point où nous embrassions plus. Une brève cavalcade dans le lit, et c'était tout. Imaginez le jockey qui enjambe sa pouliche et la pousse au maximum de sa capacité de performance.

J'étais rendue que je ne parlais plus et je ne pensais plus à rien. Je gardais tout en moi et j'avais recommencé à grossir tranquillement. Au mois de juillet, tante Dadia est venue passer quelques jours ici à Montréal1, parce qu'elle était en séparation avec son mari. Nous avons pensé que cela lui ferait du bien.

Le comportement agressif de Jacques avait empiré. Il trouvait que Natatsha sortait trop souvent et qu'elle aimait trop le sport, s'y adonne presque continuellement en compagnie de ses amies pour le basketball et autres. J'ai tout de suite compris qu'il cherchait la petite bête. De mon côté, je ne sortais plus : il exigeait que je sois toujours présente à la maison, au cas il aurait besoin de moi, je souffrais beaucoup de cet état d'impitoyable esclavage ; j'accomplissais des actions qui me répugnaient.

Durant les « vacances de la construction, » sa sœur Martine, de New York, accompagnée de sa fille Margo, est venue passer quelques jours chez nous. Nous sommes sortis très souvent avec elles. Comme Martine avait changé de religion, elle m'a une fois posé cette question : « Enice, pourquoi tu te maquilles ? » Je lui ai expliqué que j'ai toujours aimé me maquiller, une pratique d'ailleurs adoptée dès mon jeune âge. Elle s'est alors tournée vers Jacques : « Je ne sais pas pourquoi tu laisses Enice se maquiller, elle n'a même pas terminé sa phrase. » J'ai rétorqué : « Écoute ma chère, personne au monde ne peut m'empêcher de me maquiller, même pas ton frère. » Bien qu'elle argumente, elle n'est plus revenue sur la question, et Jacques non plus. Le sujet était donc définitivement clos. Pour une fois, je m'étais imposée très nettement.

Après le départ de Martine et de sa fille, je me suis sentie épuisée et déprimée. J'ai alors pensé : « Mon Dieu, cela fait longtemps que je n'ai pas écrit : je vais essayer de reprendre où je m'étais arrêtée. »

Journal intime

Le 7 août 1989

Depuis le 17 mai, j'ai cessé d'écrire ; je me contente de fixer, durant de longs moments, la page blanche. C'est le silence autour de moi. Je ne parle à personne. Je me sens seule et triste. Je me mets à penser qu'il doit exister d'autres sujets d'occupation dans la vie.

Je n'arrive point à communiquer avec mon conjoint, que je ne comprends plus (je suis consciente que je me répète). Cet homme est devenu extrêmement malveillant et j'en souffre beaucoup. J'ai bénéficié, il est vrai, d'une petite accalmie : pendant le séjour de Martine et de sa fille, celle-là, passablement loquace, faisait beaucoup rire. Jacques semblait radieux en leur compagnie, alors qu'avec ma fille et moi il se montrait rude, sec et méprisant. Cette situation influençait négativement mon inspiration : c'est avec peine que je parvenais à écrire quelques mots dans mon journal intime. Par la suite, je n'ai rien rédigé pendant près de six mois. Je me contentais d'observer les événements et de les subir.

Sixième partie

La vie continue son cours à la rue Lamoureux

Quand je suivais mes cours de secrétaire-comptable, cela me faisait du bien de rencontrer régulièrement d'autres gens. Mais depuis quelque temps, je ne sors plus. Je m'occupe seulement de la maison et surtout des affaires de Jacques. De toute façon, il n'appréciait pas que je sorte. Il me fixait alors d'un air dédaigneux, qu'il voulait sans doute culpabilisant.

Pour faire changement, je me suis rendue à une réunion de l'Association des Miragoânais. On a procédé à l'élection des membres du conseil d'administration. J'ai été élue trésorière. Les réunions se tenaient un dimanche par mois, ce qui me fournissait une occasion de sortie. Il m'accompagnait toujours. Je participais à plusieurs événements : les piques estivaux, les bals à l'occasion de la Saint-Jean, etc. Il ne s'en plaignait pas, puisqu'il était toujours à mes côtés.

Nous nous sommes intégrés dans un groupe qui mettait sur pied une agence de voyages pour Haïti. Ce très important projet nous a permis d'acquérir une précieuse expérience des affaires. S'il n'avait pas été en butte à diverses magouilles, il aurait comme un beau succès et la communauté haïtienne en serait maintenant très fière.

Jacques et moi étions membres du conseil d'administration, lui à titre de trésorier adjoint, moi comme conseillère. Le conseil comptait 12 personnes et l'entreprise d'une centaine d'actionnaires, détenteurs de chacune d'une à cinq actions. Le conseil d'administration fonctionnait de façon très rigoureuse et se réunissait toutes les deux semaines.

Mais, un petit groupe de cinq se rencontrait séparément chaque semaine. Le président du conseil connaissait très bien le mode de fonctionnement d'une agence de voyages. Tout était prêt : la charte de plan de travail, etc., il restait ; à mettre au point quelques détails. Mais un embêtement, un point d'interrogation persistait : la rémunération du président. Celui-ci réclamait des honoraires exorbitants et d'excessifs avantages sociaux. Fort heureusement, l'argent avait été placé en fiducie, pour en disposer, deux ou trois signatures étaient nécessaires : celle du président, la mienne ainsi que celle d'une autre femme, cette troisième personne restant toujours très ferme sur ses décisions, le préside m'avait demandé. « Puisque Marie ne signe pas, ai-je déclaré, je ne signe pas, moi non plus ! » Par la suite, il a catégoriquement refusé de rembourser les actionnaires.

Marie et moi nous avons communiqué avec ces derniers pour les rassurer, en leur annonçant que nous allions engager un avocat pour régler la question et les remboursements.

Les autres membres du conseil d'administration étaient tous des citoyens très fiables. Marie et moi avons utilisé nos propres fonds pour recruter un homme de loi. Celui-ci a forcé le récalcitrant à remettre les documents de l'entreprise. Et le conseil a engagé un comptable pour faire le partage. Tout était réglé en une journée. Ma camarade et moi avons signé puis expédié aux différents actionnaires les chèques de remboursement comprenant les intérêts accumulés. Puis nous avons payé le comptable.

Nous sommes sortis propres de cette aventure. La plupart des actionnaires et des gens du conseil étaient nos amis. Le président, il faut le préciser, n'avait pas acheté une seule action. Cela donnait une bonne indication sur ses véritables intentions !

Je n'ai pas du tout regretté cette expérience, car elle m'a permis de rencontrer des gens sérieux et nouer de nouvelles amitiés.

Septième Partie

Mon deuxième accident de voiture et la maladie de mon neveu Maki

Pour les enfants, tout allait bien. Max avait eu ses 18 ans. Je lui avais indiqué qu'il pouvait dès lors rentrer un peu plus tard. « On verra, » avait-il laissé tomber ? C'est qu'il ne s'était pas encore fait une petite amie. Natatsha, quant à elle ; participait à beaucoup d'événements et de concours.

À sa première année au secondaire à l'école de Roberval, elle avait gagné une bicyclette en participant à un concours de dessin sur le thème de l'usage de la cigarette. Elle avait suivi un cours de formation, de perfectionnement féminin, de théâtre et un cours de mannequin. À la fin de chaque année scolaire, elle participait aux réalisations théâtrales, aux défilés de mode en qualité de mannequin et aux différentes remises de titres.

Elle a également pris part à plusieurs défilés de mode à Montréal. C'est d'ailleurs à l'un de ces défilés qu'elle a rencontré son ami Patrick. Il participait lui aussi à titre de mannequin. Ma fille m'a informée de la rencontre, mais sans insister sur le sujet.

Je considérais alors que les choses allaient bien du fait que j'encourageais mes enfants dans leurs diverses initiatives. Mais un soir, je suis allée seule à une réunion. Comme je traversais une rue, une autre voiture a violemment heurté la mienne du côté du passager, pliant ma Mercedes en deux. Je me suis trouvée coincée entre la porte de droite, dans l'impossibilité de bouger. Je ressentais une atroce douleur au dos. Les policiers arrivés sur les lieux ont fait venir une ambulance qui m'a transportée à l'hôpital Santa Caprini. Jacques aussitôt prévenu s'y est présenté. Après m'avoir fait passer une radiographie, l'urgentiste a décidé de me garder à l'hôpital. Le lendemain, j'avais mal partout : à la jambe, au dos, etc.

À la suite d'une batterie d'examens, le médecin m'a révélé que les dommages subis étaient surtout d'ordre interne, après m'avoir prescrit des anti-inflammatoires, il m'a placé un corset au cou, une bande au pied et au bras, et il m'a recommandé des bains chauds, il m'a ensuite retournée à la maison. Je n'ai donc passé qu'une nuit à l'hôpital.

De retour chez moi, je fus prise d'un sentiment de révolte. J'avais très mal, mais je n'y pouvais rien. C'était l'automne. Il ne faisait pas beau. Je n'avais plus ma voiture ; la compagnie d'assurances refusait de la faire réparer une deuxième fois.

Tout allait mal. Les mauvaises nouvelles se succédaient. J'ai ainsi appris que mon petit neveu de New York venait de se faire amputer une jambe. Ce fut pour moi tout un choc. À son retour de vacances en 1987, son père l'avait fait examiner par un médecin parce qu'il éprouvait de fortes douleurs au pied. Par la suite ; les douleurs avaient persisté. D'autres tests avaient suivi, qui avaient révélé un cancer. Opération d'urgence. C'est avec un sentiment de profonde tristesse que j'avais écouté tante Dadia, qui était allée le visiter à l'hôpital, me fournir tous les détails du drame. Elle m'a signalé que c'était l'enfant qui, par son attitude, redonnait du courage à toute la famille. Il ne voulait pas que ses parents pleurent, il avait alors quinze ans.

À la suite de cette affligeante nouvelle, je me suis refermée sur moi-même et je me suis mise à manger pour me satisfaire et me consoler. Je ne voulais plus parler à personne. Je restais confinée dans ma chambre à regarder la télévision. Je préparais les soupers parce qu'il fallait que je mange. Je signifiais à Jacques de se débrouiller pour les factures. Je lui faisais son lunch, mais il y avait toujours quelque chose qui manquait. Il n'était pas de bonne humeur. Il voulait du sexe et je lui en donnais pour le satisfaire, mais je ne faisais plus le nettoyage comme auparavant dans la maison. Et chaque fois que je rentrais dans les toilettes, je me sentais écœurer. Alors, j'avais décidé de faire le vide.

S'adressant un jour très sévèrement à moi, Jacques m'a signalé que les factures contenaient des erreurs et que je devais les recommencer. « Refais-les toi-même ! » ai-je maugrée. Ma sœur à qui il s'est plaint de mon laisser-aller a cherché à rassurer : « Ne t'inquiète pas, ça va se replacer, elle prend juste une pause. »

Et justement un beau matin, me regardant dans le miroir de ma coiffeuse, j'ai été vivement surprise par ce que j'y ai vu. J'avais engraissé, mon visage sans maquillage était boursouflé, je me trouvais alors seule à la maison. « Enice, ma chère amie, qu'est-ce qui se passe ? ai-je murmuré. Tu ne peux te laisser aller ainsi. Fais un effort. » Alors j'ai pris un bain et je me suis coiffée, puis j'ai fait un peu de ménage et arrangé mon lit pour ne pas y retourner me coucher. Je suis ensuite descendue au sous-sol pour vérifier si tout était en ordre.

Un peu plus tard, j'ai préparé un bon souper. Au retour de Jacques et des enfants, je n'étais plus dans ma chambre.

Affairée à mon ordinateur, je préparais les factures de Jacques.

Max, était ravi de constater que j'allais mieux : il était tout sourire, de même que ma fille d'ailleurs. Jacques, quant à lui, m'a lancé : « Enfin, tu te décides à sortir de ta coquille ? » je n'ai pas réagi, car je me doutais bien qu'au fond il était content lui aussi.

Je me suis remise tranquillement de ma petite dépression. J'ai réussi à réparer ma voiture : mais j'avais dû pour ce faire ajouter un important complément au montant qui m'avait consenti la compagnie d'assurances.

Une année s'était écoulée sans que j'aie écrit un mot dans mon journal intime. Quelques jours plus tard, je me suis aventurée à écrire les quelques lignes qui suivent.

Journal intime

4 novembre 1990

Ce matin, je me sens en pleine forme. J'aimerais faire beaucoup de choses. Mais, je me sens un peu déprimée encore.

Depuis quelque temps, beaucoup de choses se sont passées dans ma famille. Je voulais reprendre l'écriture depuis longtemps, mais je ne me sentais pas assez forte pour le faire. Pourtant, tout était dans ma tête.

Depuis mes deux accidents de voiture, je sens un blocage. Pourtant, j'aimerais reprendre ma vie comme avant. Sortir, aller travailler à l'extérieur, voir d'autres gens. J'y pense souvent.

Jacques ne voulait pas. Il préférait que je reste à la maison. Je ne sais pas pourquoi. Si c'est par amour, par jalousie, par contrôle, ou par méchanceté. Par moments, j'ai eu l'impression qu'il ne nous aimait pas. Je ne sais plus quoi en penser. C'est tellement compliqué.

Quelquefois, j'ai l'impression de ne pas le connaître, il est comme un étranger. (Fin du passage)

Huitième partie

Les conflits entre Natatsha et son père

Un secret de famille

19 heures 30

Depuis quelque temps, ma fille me parlait très souvent de son ami Patrick. Ils se rencontraient dans les répétitions de préparation aux. Il avait commencé à venir chez nous. Il m'embrassait sur les deux joues, très respectueusement. Il m'apportait à l'occasion des petits cadeaux, des choses très simples, juste pour montrer qu'il m'appréciait. Ces petits gestes ne me dérangeaient pas. Sans arrière-pensées, je faisais voir les cadeaux à Jacques. Je n'aurais jamais pensé qu'il était jaloux à ce point. Il était fâché et me répétait qu'il n'aimait pas que Patrick m'embrasse et qu'il me donne des cadeaux. Selon lui, je devais le refuser. Je lui répondais qu'il n'avait pas à s'en faire, que Patrick était un garçon cultivé, sympathique et respectueux. Mes paroles d'apaisement ne l'ont pas du tout calmé.

Et pourtant, les amis de Max, qui étaient du même âge que Patrick, me saluaient eux aussi en m'embrassant. Je ne sais pourquoi, le geste de Patrick lui paraissait tout à fait inacceptable.

Il cherchait très probablement à construire un prétexte. Il soutenait par exemple que Natatsha devait s'abstenir de travailler. Pour ma part, j'avais plutôt indiqué à ma fille qu'elle pourrait se chercher un emploi à la fin de l'année scolaire. Je tenais à ce qu'elle réussisse sa dernière année au secondaire.

Le 10 novembre 1990, elle m'a annoncé une importante nouvelle. Voici comment je l'ai notée et commentée dans mon journal.

**Le 10 novembre 1990*

Aujourd'hui, Natatsha m'a révélé qu'elle et Patrick s'aimaient, celui-ci nous avait demandé la permission d'emmener Natatsha au cinéma. Je l'avais référé à Jacques, après avoir pris au préalable la précaution d'en toucher un mot au père de ma fille.

Il ne l'avait pas bien pris. Il m'avait déclaré : « je le voyais venir, les embrassades, les cadeaux, c'était pour se faire accepter. Moi, on ne me prendrait pas dans ces pièges. Ma réponse serait non. » Je l'avais prévenu que de toute façon

Patrick lui adresserait bientôt directement sa requête, tout en lui recommandant de faire preuve de compréhension et d'ouverture.

Il travaillait au sous-sol quand Patrick est allé lui parler. Ma fille et moi sommes restées à l'étage. Leur conversation a duré un long moment. J'ignore encore aujourd'hui de quoi ils ont exactement discuté. Quoi qu'il en soit, il a accordé sa permission.

Ce premier soir, les deux jeunes sont rentrés tard (ils nous ont affirmé qu'ils se sont parlé pendant longtemps devant la porte d'entrée). Pris de peur, nous avions cru qu'ils avaient eu un accident. Nous avons téléphoné chez la mère de Patrick, ils n'y étaient pas. Au moment où nous nous apprêtions à contacter la police, ils se sont amenés, comme si de rien n'était, et se sont assis dans le salon. Malgré leur justification, nous avons trouvé leur comportement tout à fait inexcusable. Ma fille a donc reçu une punition de son père.

11 novembre 1990

Le lendemain, j'ai révélé à Jacques que sa fille et Patrick étaient amoureux l'un de l'autre. Il en a fait toute une crise. Je lui ai expliqué que c'était normal à son âge. Mais je le comprenais un peu. La plupart des pères aimeraient que leur fille reste toujours leur petite fille chérie.

Il faut cependant qu'il réalise qu'elle a 16 ans. Je trouve que nous sommes chanceux qu'elle nous l'ait avoué. De toute façon, il fallait que cela arrive un jour ! Max, lui, a 22 ans et je ne sais même pas s'il est déjà tombé amoureux.

Je retourne dans le passé.

Depuis que j'ai annoncé la nouvelle à Jacques, la vie à la maison est devenue infernale. C'est moi qui encaissais tous les coups. Patrick a continué à venir à la maison sans se soucier de rien. Natatsha a commencé à son tour à se rendre chez lui, ce qui évidemment déplaisait à son père. Celui-ci s'est plaint à toute la famille et à nos proches que j'accordais trop de liberté à notre fille, que j'étais excessivement tolérant, bref que j'étais une mauvaise mère.

Ma fille était indignée. Elle manifestait sa révolte en faisant constamment le contraire de ce que lui ordonnait son père. Par exemple, il l'attendait à 10 heures du soir, elle rentrait à minuit. Je tentais de la raisonner, mais en vain. Jacques s'en prenait à moi et à l'amoureux de sa fille, lequel était en vérité la cible d'injustices et accusations. J'ai en effet appris un peu plus tard de celui-ci qu'elle agissait ainsi de façon délibérée, afin de s'opposer directement à l'autoritarisme de son père.

Il m'arrivait, pour apaiser la fureur de monsieur, de l'inviter à faire l'amour, alors que je n'en avais pas du tout envie, je savais qu'il s'endormirait immédiatement après. Doucement ensuite, je m'éloignais et j'allais désamorcer le signal d'alarme placé à la porte, pour l'empêcher de découvrir à quelle heure sa fille rentrait, tout cela, dans le but d'éviter ses insanités et ses invectives.

Un jour que Max et moi étions au sous-sol, et Natatsha dans sa chambre, j'ai aperçu un bruit de dispute, à mon arrivée dans la chambre, Jacques était en train de secouer violemment sa fille Er de lui cogner la tête contre le mur. « Jacques non ! non ! ai-je crié. Ne pas fait ça ! Tu vas tuer l'enfant ! » Les yeux en feu, il quitte précipitamment la chambre. Fonçant vers la salle à manger, j'appelle Max au secours. « Max ! Max ! Viens vite ! » Comme dans un film et à la manière d'un robot, le fou furieux brise tout sur son passage. Il jette sur le plancher les chaises et la table de la cuisine, tout en se ruant sur moi. Il se met à me presser si fort que les empreintes de ses doigts s'impriment sur mes avant-bras. Max s'amène, il lui lance : « Lâche ma mère ! Si tu veux frapper quelqu'un, frappe-moi à sa place ! »

Il avait aussitôt lâché prise et est rentré dans sa chambre. J'avais le visage inondé de larmes, alors que mon fils tentait de me consoler. « C'est la première fois que je le vois dans cet état », répétais-je en sanglotant. Nous sommes retournés voir Natatsha qui, elle aussi, pleurait dans sa chambre ! Comme moi, elle avait les bras couverts de bleus. Redoutant les réactions possibles de Jacques, j'ai supplié dès lors les enfants de se conduire très sagement ; de mon côté, je me faisais toute petite, pour éviter des problèmes. Ce pénible m'a fait réaliser que je ne connaissais pas cet homme que j'avais épousé. Je ne lui faisais plus confiance. Les enfants étaient extrêmement malheureux de la situation. Max, lui, ne parlait presque plus : il tâchait d'observer tout ce qui se passait dans la maison.

Or Jacques était loin d'avoir désarmé. Il téléphonait fréquemment à ma sœur pour nous dénigrer et se représenter comme une victime. Ma sœur, bien sûr, contestait vivement ses déclarations.

Lorsque je suis rendu compte que ses agissements risquaient de me faire perdre la tête, j'ai décidé de révéler personnellement à ma sœur les mauvais traitements que les enfants et moi subissions dans la maison. Au cours d'une conversation, elle lui a un jour lancé : « tu sais, je sais toute la vérité sur ce que tu es en train de les faire endurer. Je ne veux plus que tu m'appelles. » Et après avoir crié : « Ce sont des martyrs ! » elle a raccroché. Jacques était en colère. « Comme cela, m'a-t-il reproché, tu es allée raconter ce qui s'est passé dans la maison à ta sœur ! » J'ai répondu par l'affirmative et j'ai ajouté : « J'ai toujours tenu ma promesse de ne rien raconter à personne de ce qui se passe dans la maison, mais j'ai remarqué que c'est toi qui as commencé le premier. Alors, je fais la même chose que toi. Donc, sans rancune ! »

La famille était peinée du comportement de mon mari à notre égard. Notre vie n'était plus la même. Nous étions en automne et bientôt ce serait l'hiver, donc des saisons mortes pour la rénovation, Jacques ne travaillait presque pas. Nos cartes de crédit avaient atteint leurs limites par la suite de multiples achats de matériaux que Jacques avait effectués avec elles. Il se contentait d'acquitter chaque mois le montant minimal requis. Nos dépenses excédaient nos revenus. J'ai alors exercé une autre fois mon ultime recours : ma sœur a de nouveau accepté de nous endosser pour une consolidation de dette négociée avec la banque encore une fois. Tout a ainsi été remboursé : les cartes de crédit et les autres emprunts. Nous avions juste un versement mensuel à effectuer en plus de l'hypothèque. Mais le montant de l'hypothèque était très élevé à cause des intérêts excessifs de l'époque. En outre, nous n'avions plus de locataires au sous-sol. « Il faut vendre la maison », ai-je proposé à Jacques. « Tu vends la maison, m'a-t-il signifié ; je prends ma part et je m'en fais habiter en Haïti. »

L'ayant pris au mot, j'ai immédiatement communiqué avec l'agent qui nous avait vendu la maison. En vue d'en obtenir un bon prix, j'ai pressé Jacques de terminer au plus vite les toilettes : tous les membres de la famille lui ont donné un coup de main pour exécuter les travaux. Comme il n'agissait d'une belle et grande maison, elle s'est vendue rapidement, mais pour un prix moindre que celui que nous désirions. J'ai précisé à Jacques que je voulais me rapprocher du centre-ville ou des environs : j'accepterais de vivre dans une petite maison puisque, lui partit en Haïti, je resterais seule avec les enfants. J'accepterais également qu'il apporte là-bas une partie de notre mobilier. Il m'a alors offert de m'accompagner au cours de mes visites de maisons. Je n'y voyais aucun inconvénient et je n'ai pas imaginé une seule fois qu'il comptait me tendre un traquenard. J'ai finalement déniché une modeste maison dans le quartier Villeray, à la rue Boyer. Comme Jacques travaillait à son compte, j'ai accepté qu'il cosigne le contrat d'achat et ma sœur nous a endossés.

Mais quand est venu le moment d'emballer ses effets pour Haïti, Jacques a tout d'égo déclaré qu'il avait changé d'idée. Il m'a alors annoncé calmement qu'il avait choisi de vivre dans la petite maison avec nous. Puis il a ajouté : « Ma décision est irrévocable. J'ai mon plan. N'oublie pas que, de toute façon, c'est moi le boss ici. »

Les enfants, à qui j'ai fait part de sa volte-face, paraissaient décontenancés : « Mais c'est bien trop petite mammy où va-t-il mettre son stock ? » Je leur ai expliqué que nous n'y pouvions plus rien. Nous étions consternés.

C'est Jacques qui avait de plein gré décidé de retourner en Haïti : en fait, il m'avait constamment menti dans toute cette affaire : il m'avait trompé sur ses véritables intentions. La maison était déjà achetée, je ne pouvais plus revenir en arrière. J'étais dès lors en proie à d'intenses sentiments d'angoisse et d'amertume.

21 heures — *Je me sens fatiguée et j'ai mal au dos et aux jambes. Je suis restée trop longtemps assise. J'arrête d'écrire et je vais prendre un bain. Bonne nuit.*

Neuvième partie

Le décès du frère de Jacques

Au même moment où nous affrontons toutes sortes de problèmes nous parvient une mauvaise nouvelle. Raymonde, la sœur de Jacques qui demeure à Philadelphie, nous apprend que leur plus jeune frère, Frantz, est gravement malade et qu'il ne lui reste plus longtemps à vivre.

Les différents membres de la famille sont alors mis au courant. Natatsha pour sa part n'est pas encore rentrée. Dès son arrivée, je l'invite à m'accompagner à l'épicerie. En cours de chemin, nous parlons de tout et de rien. Tout à coup, je me rends compte que je ne lui ai pas encore révélé la nouvelle. « Tu sais, Natatsha, commencé-je, ton oncle Frantz est mourant. » Elle ne me laisse pas terminer : « Je suis contente », lance-t-elle aussitôt. Devant ma stupéfaction, elle répète : « je suis contente qu'il soit mort. »

Sur le coup, elle a refusé de justifier ses propos. Puis, comme j'insistais, elle m'a déclaré : « Si je te le dis, il ne faut pas que tu en parles à mon père. » Sans rien lui promettre, j'ai réitéré ma question : « que s'est-il passé ? Tu dois me le dire. » Elle a alors laissé tomber, d'un ton résigné : « Il m'a fait du mal, quand j'étais petite. — Quoi ? ai-je crié. — Il a abusé de moi.

Sous l'impact de la révélation, j'ai failli causer un accident. Après avoir arrêté la voiture, je l'ai enjointe de tout me raconter. Frantz lui avait fait croire m'a-t-elle dévoilé, qu'il s'agissait d'en jeu et qu'elle ne devait en parler à personne, pour que le jeu reste intéressant. Elle avait cinq ans. Elle a ajouté : « Il m'a dit, même si tu le dis, ton papa ne te croirait pas. »

J'ai voulu savoir pourquoi elle ne m'avait pas parlé avant. « En grandissant, m'a-t-elle expliqué, j'ai commencé à comprendre certaines choses. De plus, il y a eu, à l'école, les cours d'éducation sexuelle et les conversations avec mes camarades. On en parlait aussi à la télévision. Je me suis aperçue que ce n'était pas du tout un jeu. À un moment donné, j'ai pensé à vous en parler, mais je savais bien que mon père ne me croirait jamais. — Moi je te crois ! » Je l'ai embrassée. On aurait dit que je voyais la scène se dérouler devant mes yeux. J'aurais voulu étrangler cet homme. Ses actes d'agression sexuelle avaient été perpétrés à Terrebonne, alors que nous l'hébergions. Il avait parfois la garde des enfants. Je lui avais tout d'abord fait confiance, mais après que ma voisine m'eut raconté comment il s'y était pris pour la courtiser, je ne croyais plus en lui.

De retour à la maison, je suis immédiatement allée voir Jacques. Il se prélassait dans la baignoire à remous. Après l'avoir mis au courant de la confidence de Natatsha, je lui ai fortement conseillé d'aller en parler avec sa fille. Il ne l'a jamais fait. Je lui ai fortement recommandé de se rendre à Philadelphie afin de confronter son frère sur son lit de mort. « C'est entendu, j'irai la semaine prochaine, avait été sa réponse. — Non, vas-y tout de suite, il peut mourir d'un jour à l'autre ! » Il a ignoré ma suggestion. Deux jours plus tard, sa sœur nous appelait pour nous annoncer la mort du frère.

Jacques ne m'a plus jamais parlé de son frère. Et il n'a jamais abordé le sujet avec sa fille, jugeant sans doute celui-ci trop lourd à traiter. Il a manifestement décidé d'agir comme si la question était pour toujours enterrée.

La maladie de mon frère Robert

Mon frère Robert vit depuis toujours avec ma sœur Irène, et cela fait quelques années qu'il est malade. Par moments, sa maladie s'aggrave : ma sœur m'appelle alors pour que nous l'emmenions, d'un hôpital. Notre cousine Viviane nous accompagne à l'occasion. Très souvent, il s'écoule près d'heure avant que notre frère accepte de se faire conduire à l'hôpital. C'est évidemment à cause de sa maladie, et non par mauvaise foi, qu'il adopte un tel comportement.

Il se montre plus réceptif quand Viviane est présente. Ma sœur, à elle seule, ne réussit jamais à le convaincre. Quant à moi, lorsque je passe le prendre dans ma propre voiture, il me lance : « Ah ! comme ça, tu viens me chercher dans ta Mercedes, à la manière d'une grande zouzoune (une grande dame), en pensant que j'accepterai de venir avec toi ! » Et il éclate de rire.

Lorsqu'il s'exprime ainsi, nous ne réagissons pas. La patience est alors de mise. Nous attendons qu'il se décide à sortir. Je sais qu'il s'agit pour ma sœur d'un très lourd fardeau à porter. Au début de sa maladie, nous avions rencontré son médecin pour examiner les deux solutions possibles : le placer dans un centre communautaire ou le garder chez Irène, celle-ci a accepté de le garder. Je sais que cet arrangement est extrêmement éprouvant pour elle. Je passe la voir régulièrement et, quand elle s'absente pour un ou deux semaines, je vais le voir chaque jour tout en lui apportant un souper ou un dîner, même s'il n'aime pas trop cela. Il me déclare chaque fois qu'il peut s'arranger tout seul.

Il est effectivement assez autonome, mais je continue quand même à lui apporter ma modeste contribution.

Un dimanche à Québec (22 octobre 2006)

***18 heures 30**. Il a fait très beau ce dimanche matin. Après le déjeuner, je suis allée à la messe de 9 heures. À mon retour dans ma chambre vers 10 heures, je me suis assise devant le bureau. Je voulais recommencer à rédiger. Je me suis souvenue que, durant des années, j'avais écrit souvent dans mes journaux intimes ou griffonnés des notes personnelles sur des feuilles de papier, j'ai ensuite pensé que je ferais mieux au préalable de mettre de l'ordre dans mes documents. Je l'ai donc rangé selon le mois et l'année : puis j'ai soigneusement révisé mon plan d'écriture, toute l'opération a pris un certain temps, mais cela valait la peine.*

À 12 heures 15, je suis allée dîner. Une dame s'est approchée de ma table et m'a demandé si elle pouvait s'asseoir avec moi. J'ai acquiescé. Nous avons parlé de tout et de rien. Elle m'a confié qu'elle était venue suivre un cours au monastère.

Elle s'est enquise de la raison de ma présence ici. Je lui ai répondu que c'était pour écrire. Après le dîner, je suis remontée chercher mon manteau dans ma chambre, dans l'intention d'aller faire une promenade. Le surveillant m'a alors appelée pour m'offrir des soins de pieds gratuits. Les étudiants, m'a-t-il expliqué, ont besoin de volontaires pour pratiquer. J'ai accepté, la séance était prévue pour 15 heures.

Je suis allée faire un tour dans le quartier. J'ai marché pendant près de 40 minutes. Je suis revenue à 13 h 45. J'ai écrit durant une heure, juste pour me détendre. À 15 heures, je me suis rendue à l'endroit où l'on donnait le soin de pieds. J'ai apprécié, cela m'a fait du bien. La pédicure s'était aperçue que je faisais un début de mycose Après m'avoir appliqué un traitement, elle m'a prescrit un ensemble de produits pour soigner l'infection. Il était 16 heures 10 lorsque je suis retournée à ma chambre. J'ai médité et fait le vide. À 17 heures, je suis descendue souper. Après quoi, je me suis dirigée vers la chapelle pour ma prière du soir.

Avant de remonter dans ma chambre, je téléphone à ma sœur pour avoir de ses nouvelles. À mon retour, je change de vêtements et je m'installe pour écrire. Il est maintenant 19 h. Tout compte fait, je pense que je vais plutôt me reposer ce soir. Je ferai un peu de lecture dans mon lit. Bonne nuit et à demain.

Chapitre 8

La petite maison des horreurs, à rue Boyer — juin 1991
Lundi 23 octobre 2006 Québec
Moment présent

9 heures 20. Salut, mes petits. Je suis à vous. Hier soir, je n'ai pas écrit sur mon passé. Je me suis couchée tôt. Je voulais reprendre mes esprits. J'ai lu quelque chose de relaxant. Mais avant de commencer ma lecture, je sentais le besoin de parler à toi, Elle-Camay, et à toi, Mikaël. Parce que, depuis que je suis ici au monastère, je n'ai pas pu communiquer avec vous. J'ai appris par votre maman que vous étiez occupés. Il y avait vos devoirs scolaires et vous deviez tourner dans un film américain.

Quand nous nous sommes parlé, vous m'avez donné des détails surtout, toi, elle : tu m'as révélé que le film mettait en scène un agresseur sexuel. Au terme de la journée de tournage, on a remis à chacun de vous quatre-vingts dollars. Ta mère m'a fait savoir que Mikaël a acheté un souvenir chez Costco.

Nous nous sommes confié que nous nous aimions. J'étais contente de vous parler parce que cela me manquait beaucoup. Après, dans notre conversation, j'ai fait un peu de lecture. J'ai pu dormir vers 22 heures. J'ai bien dormi, mais vous me connaissez : comme d'habitude, j'ai beaucoup rêvé ; mon esprit a voyagé toute la nuit.

J'étais rendue à Miami, à New York, à Montréal. J'ai rencontré des cousins, des cousines, des amis et des inconnus.

Chaque soir, quand je vais me coucher, je demande à Dieu de m'épargner des cauchemars. Vous savez, je me suis aperçue que tout dépend de la façon dont j'ai passé ma journée. Et également de ce que j'ai écrit au sujet de mon passé.

Certains soirs, je crains d'aller dormir ! Je me dis qu'avec tout ce que je vois dans mes rêves, je pourrais écrire une œuvre de fiction.

Alors, mes chers, ce matin, nous allons passer à une autre étape de nos aventures à la rue Boyer, située au centre de Montréal.

Vous savez que, depuis hier, j'aurais dû commencer à vous raconter cette partie de ma vie. Je n'en étais pas capable. Je craignais de me blesser ou de souffrir. Malgré la force morale que j'ai acquise depuis que j'ai commencé ce récit, je me sens un peu fébrile.

Ce que je dois vous raconter se rapporte à des faits au sujet desquels je vis un âpre combat intérieur. Des événements que je ne peux dévoiler à personne. Mes petits, vous êtes devant moi, avec votre maman Natatsha et votre papa Max. Je vous regarde à travers vos portraits placés sur mon bureau. Toi, Elle-Camay, toi, Mikaël, toi, Isaiah, toi, Analysia, Aaliyah et toi, Samy, mon cher petit neveu. Je vous vois sourire devant le beau gâteau de Samy à l'occasion de son anniversaire, tout joyeux et innocent à l'égard de ce que la vie vous apportera, sans penser au lendemain.et sans savoir comment.

Je dois faire mon possible pour continuer cette aventure, et c'est à travers votre joie et votre innocence que je dois puiser cette force et cette volonté pour continuer à raconter mon histoire.

Voici donc la suite de mon aventure.

Première partie

Emménagement dans la petite maison des horreurs de la rue Boyer

Déménagement

Notre famille connaissait bien le régime du déménagement. Cette fois-ci, c'était hors du commun ! D'ailleurs, pour l'emballage des effets, ce fut un véritable casse-tête, parce qu'au fil des années nous avions accumulé tellement de choses ! À cause de sa compagnie de rénovation, Jacques avait acheté beaucoup d'outils, des gros comme des petits, et disposait de tout un stock de matériaux.

Oh, mon Dieu ! C'était trop ! Je ne savais pas par où commencer, ma tête était en train d'éclater. Et justement, à la seule évocation de ces souvenirs, j'éprouve depuis hier un mal de tête pas ordinaire. Je sens qu'à l'intérieur de mon cerveau les choses se bousculent, dans un complet désordre : elles veulent toutes sortir en même temps. Attendez ! Je ferme les yeux pour placer mes idées. Un instant ! Je suis là ! Avant de poursuivre la description du déménagement, c'est bien mieux, je pense, de décrire la petite maison des horreurs. Vous comprendrez ensuite pourquoi j'ai choisi cet ordre.

Décrivons tout d'abord l'extérieur de la petite maison des horreurs. À l'avant, une petite clôture touchait le trottoir. De chaque côté de l'entrée, un parterre de fleurs et une coquette galerie en bois traité, très propre avec un petit toit. Également de chaque côté se trouvait une fenêtre avec vitres quadrillées en bois vernis, qui donnait un cachet très mignon à la petite maison. La porte d'entrée était aussi en bois vernis. Dans l'entrée, c'était le vestiaire. À la gauche, on voyait la chambre des maîtres, pas très grande ; du côté droit, la chambre de ma fille, qui était encore plus petite que la mienne. Un couloir les séparait. Tout de suite après la chambre de Natatsha, c'étaient les petites toilettes, assez sombre avec de la céramique un peu trop foncée, à mon goût. En sortant du couloir, on pouvait apercevoir la cuisine, assez grande pour contenir une petite salle à manger. À l'arrière des toilettes avait été installée une laveuse. La chambre de Max était derrière la mienne, qui s'ouvrait sur la cuisine. Elle ne comportait pas de fenêtre. L'ancien propriétaire avait aménagé une extension pour un salon ainsi qu'une autre sur le côté droit. Il avait également ajouté un petit bout de deux étages de 5 pieds par 5, pour en faire un dépôt. Le dépôt, séparé du salon, était muni d'une petite fenêtre, de même que d'une porte qui donnait sur la cour et grâce à laquelle on pouvait y entrer sans passer par la maison.

Revenons au salon. C'était une pièce de 5 pieds de longueur, approximativement. Elle était vraiment trop petite pour ce que nous comptions y mettre. Une cave de 5 pieds de hauteur contenait le système de chauffage : le reste de cette cave n'offrait que 2 pieds de hauteur : pas moyen donc d'y entreposer grand-chose, d'autant plus qu'elle était en roc.

La fenêtre du salon donnait sur la chambre de Max, ne disposait d'aucune fenêtre qui en permette l'aération. La porte arrière donnait sur une grande cour qui mesurait deux fois la longueur de la maison. L'aire de stationnement, très spacieuse, pouvait accueillir facilement quatre voitures. Le reste du terrain était tapissé de gazon. La cour était complètement clôturée et une grande barrière s'ouvrait sur la ruelle. On pouvait apercevoir les autres voisins et observer le va-et-vient des passants dans la ruelle. C'était une belle petite maison juste pour les enfants et moi, sans Jacques, sans sa compagnie et ses bagages, avant qu'elle soit transformée en une maison d'horreurs.

J'avais choisi cette maison parce qu'elle correspondait à mon budget, l'hypothèque n'était pas élevée. C'était bien. Elle ne m'avait pas coûté cher et j'avais versé un bon acompte pour diminuer l'hypothèque, tout en disposant ensuite de suffisamment d'argent pour rembourser nos cartes de crédit et acquitter les autres dettes.

À la seule vue de la maison. Jacques savait déjà qu'il n'irait plus en Haïti. Il m'avait laissée me dépêtrer toute seule et dès que tout était réglé, il rentrait dans la danse pour déclarer que c'était lui, le boss. Eh bien ! Nous n'en revenions pas !

Les enfants désiraient que nous prenions un appartement assez spacieux pour la famille. C'est moi qui les avais convaincus qu'il valait mieux acheter une maison pour ne pas tout perdre. Car je me doutais bien que toutes nos économies auraient été dépensées en un clin d'œil.

Et voilà la description de la petite maison. La suite après mon dîner.

Un retour au présent.

12 heures 45. Je reviens du dîner, je monte les escaliers. En me dépêchant pour la reprise de mon récit que je commence à trouver extrêmement captivant. Je ne m'accorde aucune pause, je me remets immédiatement à la tâche.

Un autre réaménagement

Nous avons obtenu beaucoup d'aide pour le déménagement. Il y avait les amis de Max, mon frère Robert une nouvelle fois, ainsi que deux employés de Jacques. Cette fois-ci, il a effectué le déménagement avec sa grande remorque, qu'il avait construite lui-même.

Ma fille Natatsha et ma nièce Marlène étaient également là pour m'aider. Quand les hommes sont arrivés avec les meubles, ils les ont déposés dans chacune des chambres selon leur place spécifique. Quand est le tour des meubles des deux salles à manger, alors là, ce fut tout un problème ! Pour la petite, tout allait bien, mais comment disposer les meubles de la plus large ? Jacques les a placés l'un par-dessus l'autre dans la cuisine. Quand arrivèrent les autres meubles, comme la grosse télévision, les meubles du salon, le gros bureau, etc., il procéda de la même façon, les reléguant l'un par-dessus l'autre dans un coin de la maison.

Quant aux boîtes, je les avais identifiées avant le déménagement. Nous avons pu les mettre à leur place respective. Celles des enfants ont été déposées dans leur chambre, une bonne partie des miennes (parmi les plus importantes), dans ma chambre : d'autres sur le comptoir de la cuisine. On a placé le bureau de travail de monsieur Jacques à l'endroit qui était censé être le salon. Pour le reste, il ne restait plus de place « Nous, allons tout mettre dans la cave et l'on verra après », a décidé Jacques. En réalité, il manœuvrait en vue de se réserver le plus d'espace possible pour ranger ses outils et ses matériaux. « Vite ! Plus Vite ! », insistait-il auprès de ceux qui nous aidaient, il se comportait comme un vrai garde-chiourme.

Les autres objets telles les bicyclettes, la souffleuse, la tondeuse à gazon, des pneus, etc., il les avait laissés à l'extérieur sur une petite terrasse en bois sans toit situé à l'arrière de la maison. Il les avait recouverts avec du plastique. Mon Dieu, c'était effroyable ! Je ne savais quoi faire ni quoi dire. Les enfants de même que leurs amis restaient sans voix. Après avoir repris mes esprits, j'ai indiqué à Natatsha et à Marlène que nous devions faire quelque chose. J'ai commencé par défaire les boîtes dans la cuisine, après quoi nous avons placé la vaisselle. Nous avons démonté la salle à manger dont nous avons placé les éléments au fond avec les chaises, l'une par-dessus l'autre. Nous avons procédé de la même façon avec les composantes de la petite salle à manger, afin de réussir à circuler, puisque tous ces objets nous obstruaient le chemin. Les boîtes vidées, je les sortais dans la cour, pour gagner de l'espace. J'ai fait de même pour les chambres.

Bref, nous avons travaillé presque comme des robots. Les hommes travaillaient à l'extérieur et dans la cave sous sa supervision, alors je me débrouillais de mon côté avec deux filles. Entre-temps, monsieur m'appelle pour me montrer où il projette de construire une petite cabane. Dès le lendemain, il a effectivement commencé à l'ériger avec le concours de ses employés. Ce qui m'a retardée dans mes propres travaux.

Ma priorité absolue, c'était de mettre la maison en ordre, parce que nous attendions la visite de deux des nièces de Jacques, Margo, 16 ans et Violette, accompagnée de ses deux enfants, une fillette de 5 ans et un bambin de 3 ans. Leur séjour devrait durer deux semaines.

Avec beaucoup d'effort et d'entrain, les filles et moi avons fini par ranger quelque peu la maison. Certains objets ont été placés temporairement dans le salon. Au moins, la petite cuisine et les chambres étaient prêtes et utilisables.

Jacques quant à lui a bel et bien construit sa cabane. Il y a logé quelques outils tout en mijotant l'idée d'ériger un garage et d'agrandir la maison. Il projetait d'effectuer de nombreux changements. J'avais bien sûr mes réserves…

Deuxième partie

Vivre dans une maison étroite

Jacques travaillait presque tout le temps. C'était l'été et il décrochait des contrats ; tout en les exécutant, il s'occupait également de la rénovation de la maison, et ce, surtout sur les murs extérieurs, il tentait en même temps de mettre de l'ordre dans ses outils relégués dans la cave.

La fête de fin d'études de Natatsha a eu lieu alors que nous venions d'emménager dans la petite maison. Elle était accompagnée de son ami Patrick. Sa tante Irène, qui est aussi sa marraine, avait assumé toutes les dépenses pour l'occasion. C'est aussi elle qui avait confectionné la belle robe rouge que portait Natatsha le jour de remise des diplômes. Ma fille était très belle. Au bal de fin d'études, tout s'est bien passé. À son retour, elle était heureuse, elle avait grandement apprécié sa soirée.

Au début de juillet, la famille de Jacques est arrivée de Philadelphie. Elle comptait cinq personnes, à part de Marlène, qui était toujours avec nous pour nous apporter son aide. C'étaient les vacances. La famille était heureuse ; nous anticipions d'agréables moments d'une excitante aventure.

La petite chambre de Natatsha comportait un lit à tiroirs de deux compartiments. C'est dans ce lit que couchait la mère et ses enfants. Natasha, sa cousine et Marlène dormaient dans le salon. Ce qui leur convenait parfaitement, puisqu'elles pouvaient ainsi bavarder une bonne partie de la nuit. Marlène leur racontait aux autres des histoires d'horreur pour les empêcher de dormir. Elles s'amusaient follement.

Max était toujours occupé à aider Jacques dans ses travaux de rénovation, ses amis venaient donc le rejoindre à la maison à la fin de ses journées de travail. C'est à moi qu'incubait la responsabilité d'engager des employés, de faire la comptabilité de l'entreprise, etc.

Durant le séjour de la famille de Jacques chez nous tout s'est bien passé, même s'il y avait tout ce monde à la maison. Notre budget avait augmenté, particulièrement à cause de la nourriture. La nièce organisait presque quotidiennement un barbecue, un grand déjeuner, etc. Je ne m'en formalisais pas, car je voulais que le monde se sente heureux.

Puisque Jacques travaillait continuellement, c'est moi qui sortais avec sa famille. La mère aimait les crabes, et en préparait chaque soir. Et chaque soir, après avoir bien soupé et pris son bain, elle se délectait de crabes, tout en s'envoyant une bonne bière. Elle y prenait plaisir, je n'y pouvais rien. Au bout de deux semaines, elle est repartie avec ses enfants et l'une de ses deux nièces, Margo dont la mère était censée venir la chercher après deux semaines.

J'étais complètement épuisée. Peut-être m'étais-je laissé imposer trop de responsabilités. La maison était trop exiguë pour la quantité de personnes qui y séjournaient, je devais préparer le lunch pour Jacques et toute son équipe, garder à jour la comptabilité, superviser les employés, gérer le budget, etc. C'en était vraiment trop. En plus de cela, voici que Jacques recommençait à nous traiter avec malveillance et à témoigner du mépris à Natatsha. Il comblait d'affection sa petite nièce Margo, qui lui tenait à tout instant compagnie. Il lui donnait de l'argent de poche, mais pas à sa fille. Natatsha avait déniché un emploi dans un restaurant Mac Donald. Il lui interdisait d'aller travailler, prétextant qu'elle en profiterait pour faire « du vagabondage. »

À deux occasions — l'anniversaire de Natatsha et de son l'obtention de son diplôme, j'avais demandé à son père de l'argent pour lui acheter un cadeau. J'ai essuyé chaque fois un refus. « Je ne donne rien bèkèkè (bec à l'eau) ! » Ironisait-il ? Il nous humiliait devant celle de sa nièce. Une fois, il a, en ma présence, remis de l'argent à sa nièce pour permettre à celle-ci d'aller acheter des vêtements lors d'une braderie à la rue St-Hubert. Natatsha l'y a accompagnée. Margot snobait Natatsha et tentait, par différentes allusions, de lui démontrer que Jacques l'aimait bien plus que Natatsha. Ma fille ne répliquait et faisait semblant de ne rien entendre. Lorsqu'elle m'a raconté l'incident, je l'ai exhortée à ne pas s'en faire pour des futilités : l'essentiel, c'est que je l'aimais, elle, ainsi que son frère.

Au sujet de l'emploi chez Macdonald, j'ai finalement accepté la décision de Jacques, tout en lui formulant la proposition suivante ! « C'est entendu, Natatsha n'ira pas travailler. Mais tu devras lui fournir de l'argent de poche ; car elle veut travailler simplement pour pouvoir acheter ce que tu refuses de lui donner. Tu devrais aussi t'occuper d'elle comme tu es censé le faire. — Ce n'est pas mon problème, a-t-il aussitôt rétorqué, c'est moi le boss ici. Tout le monde doit marcher selon mes ordres. »

En ce temps-là, Jacques et sa fille se disputaient presque tous les jours ; et la maison devenaient un véritable enfer il était présent. Un jour, je m'en souviens comme si c'était hier, j'étais assise dans le salon. L'ordinateur et l'imprimante se trouvaient dans un coin sur le bureau. De retour du travail,

Jacques s'était immédiatement mis à m'engueuler au sujet de Natatsha. Cette fois-ci, je n'en pouvais plus, c'était la goutte d'eau qui a fait déborder le vase : j'ai saisi l'imprimante et je l'ai lancée par terre. Elle s'est brisée en plusieurs morceaux, dont l'un m'a blessée au pied. J'en porte encore la cicatrice. « C'en est trop ! ai-je crié. Laisse-moi vivre en paix. »

Jacques inventait tous les prétextes pour s'en prendre à sa fille. Il lui arrivait même s'appeler ma sœur pour la dénigrer. Une fois, Natatsha a lancé à son père : « Tu ne m'as jamais aimée ! « Souviens-toi de ce qui s'était passé avec ton frère ; tu n'étais jamais venu me voir pour me parler. Par ce geste, tu m'as démontré que tu ne me faisais pas confiance et que, selon toi, ton frère n'avait jamais commis cet acte ! »

Je suis intervenue pour lui indiquer que je ne comprenais pas pourquoi il n'était pas parti en Haïti, comme prévu. Puis en pleurant, j'ai crié : « Natatsha doit travailler ! » Et j'ai ajouté : « Tu n'es plus le seul boss ici ; il y en a deux maintenant ! » Sans me répondre, il est brusquement parti se réfugier dans la cour.

Ce fut la fin de la confrontation : Natatsha est allée travailler. Durant une fin de semaine, nous avons raccompagné la nièce chez sa mère à New York. Je reste de l'été s'est achevé tranquillement. Jacques m'a tout de même déclaré que, puisque Max et Natatsha avaient chacun un emploi, ils devaient payer une pension. J'ai accepté pour éviter une autre occasion de dispute. Mais j'ai fait, sans qu'il l'ait su, d'autres arrangements avec les enfants.

Notes de mon journal intime

15 juillet 1991

Depuis quelque temps, je suis en proie à une crise intérieure qui m'enlève toute la force d'écrire. La vie me ménage tant de surprises que je n'y comprends rien.

J'ai un mari que je ne connais pas vraiment. Et une fille que je ne connais pas encore. Je souffre beaucoup et je ne sais plus quoi faire. Je demande à Dieu de m'aider.

J'espère que je ne vais pas craquer avant. J'aimerais partir loin d'ici pour pouvoir réfléchir et reprendre mes esprits, parce que je ne peux plus penser normalement.

Un incident qu'il serait peut-être intéressant de raconter. Un jour, j'étais que seule à la maison, un employé de la compagnie Videotron est venu installer le câble. Il a brisé ma vidéocassette. Je lui ai donc déclaré qu'il devait remplacer mon appareil. Il a refusé, prétextant que cela ne relevait pas de sa responsabilité. Étant donné les très pénibles moments que je connaissais alors, je n'étais pas d'humeur à tolérer ce type de contrariété. Le technicien m'a lancé avec arrogance : « Eh bien, madame, faites ce que vous semble, vous n'obtiendrez aucun appareil vidéo de moi. » Je lui ai demandé d'appeler son superviseur, en vain. « Vous avez brisé mon appareil, lui ai-je vertement signifié et vous croyez que vous allez vous en sortir si facilement ? — Que pouvez-vous faire contre moi ? a-t-il ironiquement répliqué. Vous n'avez aucune preuve. » M'emparant d'un bâton de baseball tout proche, j'ai hurlé : « Savez-vous, monsieur, ces derniers temps j'ai traversé toutes sortes d'épreuves ! » Ce disant, je tapais le bâton tout en fixant alternativement celui-ci et son visage. « Tu appelles ton patron tout de suite ! ai-je poursuivi, sinon... » Saisissant d'une main tremblante le téléphone, il contacte son superviseur et lui explique ce qui s'est passé, tout en lui révélant que je suis armée d'un bâton et prête à le frapper. Puis, brusquement, il me passe le téléphone. D'une voix calme, le superviseur me promet de m'envoyer un autre technicien et de me faire parvenir un nouvel appareil.

Au cours de notre bref entretien, je lui avais bien sûr communiqué les motifs de ce recours aux grands moyens.

Notre conversation terminée, je lui avais repassé son employé, lequel a alors rédigé une attestation écrite de sa responsabilité dans le bris de mon appareil, dont un équivalent, m'aurait-il, me serait remis dans un délai de deux jours. L'homme a ensuite filé tout en jetant de temps en temps un regard en arrière.

L'issue de l'aventure m'a procuré tout un soulagement. Jacques et les enfants à qui j'ai raconté l'histoire à leur retour à la maison en ont ri aux larmes. L'insolite incident avait causé quelques moments de joie dans la famille.

Troisième partie

Les enfants au collège ; le prix gagné par Natatsha et le chien Rex

Et la vie suivait son cours. Les vacances terminées, Natatsha devrait aller au collège La Salle pour acquérir une formation en dessin de mode. Max, de son côté, avait finalement opté pour des études en architecture intérieure.

Nous nous étions entendus pour défrayer les dépenses strictement scolaires, alors que les enfants payeraient leurs vêtements et quelques fournitures complémentaires. Lorsque leur père a su qu'ils avaient aussi acheté des petits objets de fantaisie, il s'est fâché : « ils ont de l'argent pour du superflu, qu'ils assument les autres dépenses ! » Puisqu'en réalité ils n'en avaient pas les moyens, c'est ma sœur qui est à venir à ma rescousse pour acquitter le reste des frais.

Dès son entrée au collège La Salle, Natatsha avait participé à un concours de mode ; elle y avait gagné un voyage pour Paris.

Elle avait conçu l'idée de confectionner une robe courte, en franges et sans manches, à partir de sacs à ordures en plastique. Comme d'habitude, je lui avais offert mon concours, mais c'est bien elle qui a exécuté le gros du travail, y compris le dessin de la robe. La matière en plastique a été particulièrement difficile à coudre. Elle devait porter elle-même la robe au cours d'un défilé à l'école. Elle est partie entièrement convaincue de gagner — comme elle l'a été à toutes les complétons auxquelles elle a participé. « Il faut toujours être positif dans la vie », selon elle.

Vers midi, alors que Jacques s'affairait à construire un garage dans la cour et que je mettais à jour ma comptabilité, j'ai entendu sonner. À la porte se tenait Natatsha, toute radieuse, les mains chargées de cadeaux. « Mammy, s'est-elle exclamée, rayonnante, j'ai gagné tout cela, ainsi qu'un voyage à Paris. Quand, j'ai su que j'obtenais le premier prix, je jubilais ! » La prenant dans mes bras, j'ai sauté de joie avec elle. Je suis ensuite allée annoncer la bonne nouvelle à Jacques, mais celui-ci n'a exprimé aucune réaction. « Jacques, fais un effort, va la féliciter », ai-je discrètement plaidé. S'exécutant enfin, il s'est approché d'elle et l'a embrassée sur la joue, tout en esquissant un léger rictus. Après quoi il est reparti travailler. C'était tout. Je n'ai jamais cherché à savoir comment ma fille l'avait pris ; j'avais été trop outrée par le comportement de Jacques.

Mis au courant de la nouvelle à son retour de l'école, Max s'est empressé de serrer sa sœur dans ses bras et de la féliciter chaudement. J'ai ensuite préparé à celle-ci un délicieux souper. Ma sœur lui a promis de l'argent de poche pour le voyage à Paris.

Max s'était fait de nouveaux amis à son collège et quelques jeunes filles faisaient maintenant partie de son entourage. L'une d'entre elles en particulier, très gentille, venait souvent à la maison. Mais c'est finalement l'une de ses meilleures amies qu'épousera mon fils.

Jacques et son voisin italien étaient devenus de très grands amis. Un beau jour, ce dernier, qui passait ses hivers en Floride, a offert à Jacques son berger allemand, un chien méchant, mais bien dressé. Ils ont tout d'abord discuté de la nécessaire phase d'apprivoisement. « De temps en temps, a expliqué le voisin à mon conjoint, je vais te laisser lui donner à manger ; il finira par comprendre que tu es mon ami, ce qui te permettra de l'adopter et de l'emmener enfin chez toi. Par la suite, ne le laisse jamais détacher. « Ce qui fut fait. Jacques a construit au chien une niche qu'il a placée dans la cour. Il m'arrivait de le nourrir moi-même. Max également. Mais nous en avions très peur et nous ne lui faisions pas confiance. Natatsha n'a jamais pu s'en approcher, malgré tous ses efforts pour le séduire, car elle aimait beaucoup les animaux.

L'un de nos voisins, un jeune homme, travaillait parfois pour Jacques. Un après-midi, alors que son patron est absent, il se présente inopinément à la maison pour toucher son salaire. S'aventurant dans la cour, il aperçoit le chien dans son abri — non fermé — et poursuit son chemin, celui-ci s'élance et attaque le jeune imprudent. Il réussit à lui percer le pantalon et à lui mordre les fesses. Jacques a dû dédommager foncièrement le garçon.

J'ai su peu après que celui-ci connaissait bien le chien et avait même « Contracté une dette envers Rex ». Ses amis et lui, alors qu'ils étaient gamins, s'amusaient à provoquer et irriter l'animal, à travers la clôture de son ancien propriétaire ; ils lui lançaient des pierres ou des copeaux de bois. Il n'a jamais oublié. Les chiens, on le sait, ont la mémoire longue, à l'instar des enfants…

De retour sur les bancs de l'école

Comme j'avais déjà suivi un cours de secrétariat au collège C.S.M., j'ai décidé de compléter ma formation en comptabilité et en informatique en m'inscrivant au collège de Rosemonde. Je dédirais bien sûr me perfectionner en bureautique, rencontrer des gens intéressants et de dynamiques, etc.

Ce fut un cours intensif et exigeant ; j'ai exécuté de nombreux travaux de session. Et grâce à des efforts assidus et à une constante détermination, j'ai réussi le cours. Je comptais ensuite faire des études universitaires, mais j'ai dû y renoncer, car je voyais le manifeste bien des obstacles se dresser devant moi, entre autres le manque de temps et le très malsain climat familial.

Jacques s'était toujours opposé, pour des motifs plus ou moins clairs, à ce que les enfants disposent de leur propre ligne téléphonique. Tout à coup, il m'a un jour annoncé qu'il acceptait qu'ils aient leur propre numéro de téléphone. Dès le lendemain, je faisais les démarches nécessaires et les enfants avaient leur ligne téléphonique. Ils en étaient ravis. Mais nous laissions alors prendre à un piège, comme je le montrerai plus tard.

Un bref relâche.

Il est 18 heures 15, je reviens du souper. Cet après-midi, j'étais tellement pressée d'aller souper afin de revenir reprendre très rapidement mon travail d'écriture que je me suis présentée dix minutes plus tôt au réfectoire. D'habitude, les religieuses soupent à 17 heures, alors que les pensionnaires le font quinze minutes plus tard. Je n'avais pas vérifié l'heure. Quand je suis entrée au réfectoire, elles étaient deux. L'une d'entre elles m'a rappelé l'horaire des repas pour les religieuses et pour les autres. Je lui ai présenté mes excuses. Puis je suis sortie attendre la fin de leur service. Le rappel à l'ordre de la religieuse ne m'avait pas du tout froissée : je trouvais tout à fait normal que les règles de l'intuition soient respectées.

Cette observation s'applique à toutes les sphères de la vie sociale. Je m'octroie une brève trêve de récupération. J'ai mal au cou et je n'arrive pas à me concentrer ; quelques étirements m'apporteront peut-être quelques soulagements, à plus tard.

19 heures. J'ai fait 15 minutes de marche dans la chambre et exécuté quelques étirements. Ça va mieux maintenant. Alors, poursuivons notre histoire.

Je vais maintenant vous raconter comment a été effectuée la démolition d'une partie de la petite maison. Soyez très attentif, car cette étape de mon histoire est extrêmement éprouvante.

Quatrième partie

La démolition et la rénovation de la petite maison

L'un des employés de Jacques, Maurice, était très expérimenté dans la rénovation des maisons. Mais il travaillait comme un fou.

Je savais que, si la maison était peu spacieuse, nous devions à un moment donné y apporter des rénovations. Mais je ne m'attendais pas à des travaux d'une telle ampleur, ni à ce que mon conjoint amorce ceux-ci sans me prévenir.

Avant de continuer, je vais vous expliquer ce qui devait à faire comme rénovation. Pour vous dire : la maison était une maison dont la structure s'arrêtait avant la rallonge. Cette partie était en brique. Jacques allait la démolir tout en respectant le support pour agrandir les pièces à partir de la rallonge.

Avant d'aller plus loin, j'aimerais d'écrire avec autant de précision que possible le programme de transformations établi par Jacques. La maison comportait une annexe érigée. Il projetait de la démolir tout en conservant la structure de base, cela, en vue d'agrandir les pièces à partir de l'annexe. Il prévoyait enlever les toilettes situées derrière de la chambre de Natatsha pour les mettre à la gauche de l'annexe ; replacer la cuisine du côté droit de l'annexe, en face des toilettes, ce qui lui permettrait de loger la petite salle à manger entre les toilettes et la cuisine ; déplacer le mur en bois pour installer la salle à manger. La machine à laver et la sécheuse seraient placées dans les nouvelles toilettes, assez grandes avec une douche encastrée et une petite baignoire à remous. La nouvelle chambre de Max serait située à l'arrière de celle de Natatsha. Il agrandissait la chambre principale, installerait un bureau à l'endroit où se trouvait la chambre de Max. En plein milieu de la maison seraient aménagés un grand salon et une garde-robe. Tel était dans le plan de rénovation établi pour Jacques.

Assisté de ses employés, il a immédiatement entrepris la démolition de murs ; s'armant de masses, ils travaillaient comme de vrais déments, se semant partout de la poussière. La maison, à l'instar des vieilles constructions de l'époque, était faite de lattes couvertes de plâtre, je n'avais pas recouvert les meubles. Mon Dieu, que cette poussière était envahissante et insoutenable ! L'ait en devenait irrespirable. Chaque fois, je m'en plaignais, Jaques me lâchait : « va dans ta chambre et laisse-nous travailler. » Et ses ouvriers de s'esclaffer.

Il effectuait toujours son boulot de démolition à la fin de la journée, à son retour du travail, sans me prévenir. Il a tout de même réussi assez rapidement à mettre le tout à terre. Puis, pendant qu'avec Maurice il posait de nouvelles poutres de support, ses autres employés transportaient à l'extérieur les briques, les lattes, etc. De mon côté, je n'arrêtais pas de passer le balai. Seule la chambre de Natatsha en était quelque peu épargnée.

C'était un vendredi soir. Avec l'aide de Maurice, il avait décidé de travailler toute la nuit pour terminer la plomberie et l'installation des toilettes. Au petit matin, il raccompagnait Maurice chez lui. Et c'est avec le concours de Max que, dans la journée du samedi, il a achevé la plomberie. Le lavabo a été placé temporairement, de même qu'une petite douche encastrée, parce que la céramique n'avait pas encore été posée. La machine à laver et la sécheuse ont été aussi installées.

Puis il s'est attelé à la chambre de Max. C'est celui-ci qui l'a toute fois terminée, car il avait hâte d'en finir pour pouvoir jouir d'un espace affranchi de poussière. Ayant terminé les toilettes. Jacques s'est occupé de la plomberie, de la cuisine et a installé un comptoir non fini, avec des étagères non munies de portes. Le reste du travail a également été exécuté sans finition.

Nous avons vécu longtemps dans cette poussière. Et l'atmosphère familiale était revenue intenable. Jacques avait repris ses disputes avec sa fille depuis qu'un soir, à l'occasion d'une tempête de verglas, elle nous avait téléphoné pour annoncer que les conditions routières l'empêchaient de rentrer à la maison. J'avais accepté, mais Jacques m'avait contrainte à rappeler l'ami de Natatsha pour exiger qu'il la ramène, malgré le mauvais temps et le précaire état des routes.

À partir de cet incident, Natatsha a recommencé à défier son père. Celui-ci a alors interdit l'accès de notre domicile à Patrick, qui a passé l'autre. Il se tenait sur la galerie, en compagnie de Natatsha et de leurs amis. Si jamais ont soupait qu'il était présent, je lui offrais de la nourriture sur la galerie.

Malgré mon désarroi, je continuais à suivre mes cours au cégep et à participer aux réunions de l'association des Miragoânais, ce qui m'aidait à changer les idées. Il m'arrivait aussi d'assister, en compagnie de mon amie Anièce, aux rencontres d'un groupe charismatique ; celles-ci se déroulaient au sous-sol de l'église Saint-Antoine située à la rue Beaubien, entre les rues Christophe-Colomb et Normanville, à proximité de chez moi. L'association, qui projetait d'organiser une fête à la Saint-Jean-Baptiste, comptait louer un chalet pour l'occasion. Jacques et moi connaissons quelqu'un qui en possédait un à Morin-Heights ; nous y avions même séjourné à quelques reprises. Le propriétaire, une fois informé du projet, l'a mis gracieusement à notre disposition, pour deux jours.

Le chalet, qui surplombait un côté, était pourvu d'une très spacieuse cour qui s'étendait jusqu'à la rivière. Au cours de la première journée, plusieurs personnes ont choisi de passer le temps au bord de l'eau, autour d'un barbecue. Entre-temps, Viviane, ma sœur et moi avons préparé du riz. Les gens s'amusaient, qui en dansant au son d'une très entraînante musique, qui en se baignant dans la rivière. Je m'occupais de tout, veillant à la bonne marche des choses. C'est en montant à l'étage que j'ai rencontré le mystérieux amoureux qui m'a donné un doux baiser sur la joue (j'ai déjà raconté cet incident dans mon premier livre).

Bref, presque tout le monde était joyeux, de bonne humeur. Certains ont rencontré l'amour ; un enfant a même été conçu à ce chalet. C'était merveilleux d'observer cette joie qui régnait sur les visages. On retrouvait des amis qu'on avait perdus de vie. Et Viviane qui ne cessait de nous faire rire avec ses désopilantes farces. Elle se plaisait à voir les gens manger goulûment et, lorsque la nourriture faisait défaut, elle se joignait à ma sœur et à une autre participante pour apprêter un autre chaudron de riz. Revenait cinq minutes plus tard avec le chaudron vidé de son contenu, elle lançait à la blague : « tiens, il n'y a plus de riz dans le chaudron, nos amis ont tout mangé, comme des Apaches ! »

La journée terminée et les fêtards partis, Viviane et ses deux filles, Jacques, mon frère et moi sommes restés au chalet pour tout remettre en ordre. Le lendemain dans la matinée, nous étions de retourner, à Montréal, satisfait.

Alors donc que j'endurais de douloureuses épreuves familiales et conjugales, je faisais tout mon possible pour créer la joie autour de moi. Cette attitude m'aidait à survivre. Durant ces moments, je goûtais une certaine joie ; rien qu'à voir mon entourage heureux, j'en ressentais du bien.

Québec

Mardi 14 octobre : Une pause d'introspection.

Je me sens très faible ce matin ; je n'ai pas connu une nuit reposante, incapable j'étais de trouver le sommeil. J'éprouvais un certain vide intérieur ; rien ne tournait rond dans ma tête. Je ne me sentais pas apte à prier ni à réfléchir, même après avoir pris une tisane à la menthe. Un instant, j'ai pensé que des somnifères pourraient m'aider ; mais cela fait des années que mon médecin me les interdit. La journée d'y hier a été particulièrement éprouvante, mes enfants ; je m'étais probablement forcé les méninges. Mais je sais que je dois, malgré tout, continuer ; et je prie Dieu de me procurer l'énergie et la santé nécessaires. Je n'aime pas m'étendes sur mes différents états d'âme ici, au cours de cette entreprise d'écriture. Je ne voudrais pas vous inquiéter ni alarmer vos parents et votre tante Irène. Dans les pages que je vous ai écrites hier, j'ai procédé à la matière de quelqu'un qui a préparé un gâteau en mélangeant plusieurs recettes. J'imagine que si un philosophe ou psychiatre lisait mon histoire et mes commentaires, il ne pourrait s'empêcher de tout souligner en rouge.

Cinquième partie

Noël 1991

À cause des travaux de rénovation dans la maison, il était impossible de fêter Noël comme auparavant. Nous pouvions décemment recevoir des invités dans un lieu presque enseveli sous les décombres. J'ai quand même garni le salon de petites décorations, à défaut d'arbre de Noël. Les enfants ont obtenu leurs cadeaux, ce qui ne m'empêchait pas d'avoir le cœur triste. En prévision de chacun des Noëls précédents, j'économisais quelques dollars dans un endroit discret (une boîte) dont seul Jacques partageait le secret. C'est en partie grâce à l'exécution de commandes de gâteaux et des pâtés que je réussissais à épargner cet argent. Lorsque nous habitions à la rue Lamoureux, les affaires étaient plus florissantes. Pour chaque imprévu, je rassurais Jacques : « Ne t'en fais pas, j'ai le montant dont tu as besoin. » Quand il a fallu réparer ma Mercedes, je disposais du complément requis. Mais à un moment donné, les choses commencèrent à aller mal : après mon accident de voiture, je ne prenais presque plus de commandes de gâteaux ; je n'arrivais donc à économiser comme avant. L'argent s'est fait rare et notre budget a diminué.

Je tenais quand même à faire plaisir à ma famille, tout en me faisant aussi plaisir. J'ai toujours considéré la fête de Noël comme une institution sacrée. Tous les êtres humains devraient se sentir heureux, en ce jour béni.

L'hiver en était à ses premières manifestations et Jacques travaillait moins à l'extérieur ; il passait donc plus de temps à la maison. Mais lorsque je l'invitais à m'accompagner pour des courses, il se défilait presque continuellement, prétextant les importantes réparations qu'il effectuait à notre résidence. En fait, il en faisait très peu, tout en se plaignant sans cesse d'être à court d'argent, je lui rappelais alors qu'à maintes reprises je lui avais conseillé de profiter de ses lucratifs contrats d'été pour réaliser des économies en prévision de l'hiver, mais qu'il avait toujours fait fi de mes mises en garde. Désireux de rester à la fine de la modernité, il achetait constamment des outils, sans se soucier de leur coût. Ceux-ci constituaient pour lui de vrais jouets. Et il justifiait ses incessantes dépenses en me répétant qu'il se devait de protéger « ses petits bras. »

En même temps. Il veillait à ce que je ne sois pas heureuse. Chaque fois qu'il me voyait heureuse, il s'ingéniait par de moyens répugnants à torpiller ma bonne humeur. Il n'aimait pas que je fasse de la lecture, car cette activité m'éloignait de monsieur! Ses manifestations d'agacement me confondaient, et ce ne sera que plus tard que je comprendrai ses vraies motivations.

Comme elle le faisait chaque année (et ce, depuis Terrebonne), ma sœur m'a invitée, une semaine avant Noël, à l'accompagner au centre-ville pour faire des emplettes et choisir mes cadeaux. À la même occasion, elle me remettait un certain montant avec lequel j'achetais d'intéressants présents aux enfants ainsi que quelques bouteilles de boisson, en prévision des fêtes.

Ce jour-là, j'ai pris 250 dollars de ma petite caisse d'épargne secrète, tout en y laissant un billet de 100 dollars. J'ai déposé l'argent dans mon sac à main. J'avais la veille prévenu Jacques que j'irais faire des courses avec ma sœur. Le lendemain matin, après m'être préparée pour partir et lui avoir fait un déjeuner ainsi que son lunch, je lui ai indiqué que je partais. Il n'a exprimé aucune réaction et n'a pas prononcé un seul mot. Il m'a juste lancé un regard bizarre, les lèvres bien serrées.

En quittant la maison, j'ai eu vaguement l'impression que mon projet de sortie l'irritait. Mais comme je tenais à ce que ma journée ni mes fêtes ne soient gâchées, j'ai fait comme si de rien n'était.

Ma sœur m'avait donné rendez-vous au métro Berri. À cette époque de l'année, le transport en commun est évidemment la meilleure solution. Nous avons magasiné durant toute la matinée. J'ai choisi un beau complet, comprenant une jupe bleu marine, et une blouse de soie couleur crème. J'ai toujours ce complet.

Nous sommes allées dîner à ce grand restaurant qui était situé au huitième étage du magasin Eaton. Vers le début de l'après-midi, nous nous sommes quittés. Je n'avais rien dépensé de mon argent. De retour chez moi, j'ai ouvert mon sac : et mon porte-monnaie y était, mais non l'argent que j'avais mis. Je n'y comprenais plus rien ! J'avais toujours gardé mon sac dans mes mains durant mon trajet dans le métro ; personne n'y avait touché. J'ai aussitôt appelé ma sœur. Elle non plus n'y comprenait rien. Je lui ai souligné que j'avais mis cette somme de côté en prévision de petits cadeaux pour la famille. Après avoir raccroché, je suis allée ouvrir la petite « boîte secrète ». Le billet de 100 dollars avait disparu ! J'ai alors demandé à Jacques s'il avait retiré de l'argent de ma boîte. « H on ». A-t-il fait très calme ? Assis dans son fauteuil relax, il regardait une émission de télévision et n'a pas bougé.

Je lui ai décrit en pleurant ce que j'avais fait la veille au soir : l'argent pris de la petite caisse et placé dans mon sac ; cet argent s'était volatilisé. Il n'a pas branché. Il faisait plutôt semblant de trouver très amusante l'émission ; mais je devinais bien que c'était de moi qu'il riait, puisque l'émission en question ne comportait rien de comique.

J'ai aussitôt appelé Irène à qui j'ai relaté la scène que je vinais de vivre avec Jacques. Elle en a tout de suite déduit que celui-ci était le coupable. C'était d'ailleurs mon point de vue ainsi que celui des enfants. En effet, lui seul, à part moi, était au courant de l'existence de la petite caisse secrète. Réagissant à la situation, j'ai pensé ! « Tu ne m'obligeras pas à passer un mauvais Noël. » Cette année-là, je n'ai pas fait de gros cadeaux aux enfants. J'ai plutôt apprêté des petits pâtés à la viande que j'ai mis dans des boîtes de cadeaux et que j'ai distribués à mes proches. Ma sœur, de son côté, avait donné aux enfants un peu d'argent en leur recommandant de choisir eux autres leurs cadeaux.

Le soir de Noël, nous avons assisté à la messe de minuit, après quoi les enfants et moi sommes passés saluer, ma sœur. Jacques, lui, est resté à nous attendre dans l'auto.

Le jour de l'an, ma sœur reçoit toujours toute la famille et quelques amis. Jacques m'avait averti qu'il ne serait pas au rendez-vous. Il est demeuré intraitable, malgré les objurgations d'une de mes amies.

Nous y sommes donc allés sans lui ; et nous avons passé une très agréable journée. Voilà comment s'est écoulé mon premier Noël à la petite maison de la rue Boyer.

De l'aide pour les rénovations

J'ai déjà souligné le fait que, durant l'hiver 1991, Jacques a obtenu très peu de contrats. Je lui avais donc suggéré de terminer les réparations dans la maison. Mais il ne disposait pas, m'avait-il affirmé, des fonds nécessaires pour payer ses employés. « Max, lui, pourra t'aider, de même que notre ami Dédé », lui avais-je rappelé. Effectivement, durant deux semaines, Dédé et Max ont apporté leur concours et ont mis la maison à la pâte, avec leur assistance, Jacques a fait progresser les travaux de rénovation et finition intérieure (les toilettes, la cuisine, etc. Toutefois, il restait encore pas mal de réparations à compléter ; les planchers du salon, de la cuisine, des toilettes, les armoires de la cuisine, etc. Mais ma chambre au moins était, quant à elle, terminée.

Par la suite, la maison étant enfin devenue tant soit peu vivable, les travaux ont été arrêtés pendant deux semaines.

Une nouvelle pause

11 heures 50. Je ne peux pas me concentrer pour écrire. Il fait froid dans la chambre. Je prends une pause en attendant l'heure. Dehors. Mais j'ignorais quelle est précisément la température, parce que je ne dispose pas de radio.

Sixième partie

Juillet 1992 : Le voyage de Natatsha à Paris

Vers la fin du printemps, les affaires ont repris leur cours pour Jacques. Il obtenait beaucoup de contrats, ce qui l'excitait. C'est moi qui devais embaucher les employés ; les anciens de l'été précédent ont normalement repris leur travail. Quant aux nouveaux, je les ai fait passer en entrevue avant de les engager. Parmi les employés, il y en avait un qui était toujours disponible, même durant l'hiver quand Jacques requérait ses services ; il s'appelait Justin. À l'occasion, je procédais à des achats de matériaux à la place de Jacques, lorsqu'il n'était pas libre. Mes journées étaient, tout compte fait, extrêmement chargées. C'est moi qui devais négocier les contrats avec les clients éventuels et leur indiquer le calendrier des travaux. Je m'occupais également des transactions bancaires, des salaires, des taxes à acquitter et de la comptabilité en général.

Dès la fonte des neiges, Jacques a décidé de construire un garage. Il ne s'est pas procuré un permis ignorant ainsi mes conseils. Il voulait en faire à sa tête. Aidé de ses employés, il a amorcé les préparatifs, y œuvrant l'après-midi dès son retour de son travail normal. Un jour, nous avons reçu la visite d'un inspecteur. Il a réclamé la présentation d'un permis. Il n'y en avait pas. L'inspecteur a remis à mon conjoint un fascicule traitant des préalables à l'obtention d'un permis. Jacques devait entretemps stopper la construction du garage.

Parmi les conditions, il fallait notamment dresser un plan complet du projet de construction. Max, qui s'y connaissait en architecture a dessiné ce plan. Les préalables remplis, je suis allée moi-même chercher le permis. Il va sans dire que Jacques a dû tout recommencer, en respectant cette fois les normes de construction. Ce garage nous a finalement coûté très cher.

La ronde d'utilisation à l'extrême de cartes de crédit a ainsi repris de plus belle. À en croire monsieur, il parviendrait aisément dès le prochain été à tout rembourser, grâce à ses nombreux et très rentables futurs contrats. Dans l'intervalle, lorsque l'argent rentrait, il renvoyait les paiements à plus tard, prétextant d'autres dépenses urgentes.

La date du voyage de Natatsha était fixée pour la fin de juin. Elle était censée séjourner à Paris pendant deux mois, mais elle est revenue au pays avant la date prévue. À son départ, j'avais éprouvé beaucoup de peine, la maison était alors comme un chantier. Tout m'énervait, en particulier, les clients qui m'appelaient pour se plaindre que Jacques n'était pas encore arrivé et qu'ils l'attendaient depuis une ou deux heures. Absorbé qu'il était dans la construction du garage, il faisait fi de mes recommandations touchant le respect de ses engagements et de ses clients. Il lui arrivait même de me dépêcher pour superviser des employés chez un client ; Max allait surveiller un autre groupe et lui, un troisième. Pour moi, la situation devenait très vite interminable, puisque du travail supplémentaire m'attendait à la maison : la mise à jour de la comptabilité, le ménage, la cuisine, le lavage, les rapports sexuels dans des conditions épouvantables. Bref, je ne savais plus où mettre la tête.

Un jour, un client a encore appelé pour se plaindre, de Jacques qui, déplorait-il, n'arrivait pas. Je n'en pouvais plus. Je l'ai rabroué. Il n'était évidemment pas content.

Au retour de Jacques, j'ai crié à celui-ci mon ras-le-bol ; « Toi, tu fais juste ton petit job de rénovation. Moi, ici, je fais tout et même, quelques fois, j'effectue ton travail à ta place. Avertis tes clients de ne plus m'appeler pour se plaindre, puisque c'est toi la cause de tous les retards. Je n'accepte plus d'encaisser les injures à ta place. » Il a tourné le dos, sans articuler un seul mot.

Revenue de Paris, Natatsha m'a annoncé qu'elle retournerait travailler, chez Macdonald ou à n'importe quel autre endroit. Jacques, à qui j'en ai fait part, a déclaré que Natatsha ne travaillerait pas cette année-là. Alors que nous conversions dans notre chambre, j'ai tenté de lui expliquer qu'à 18 ans il était normal que notre fille travaille. Il a gardé le silence. Mais, après être sorti de la chambre, il a appelé Natatsha. « Ta mère m'a dit que tu veux travailler et moi, je t'avertis tout de suite que je ne veux pas, c'est tout », a-t-il décrété. S'en est suivi entre eux un dialogue assez animé :

_ Eh bien, moi, j'ai décidé de me trouver un emploi. Tu ne me donnes pas un sou et maman, de son côté, n'est pas en mesure de m'en donner. Veux-tu que je te le dise ? Tu ne remplis pas ton rôle de père. Si tu veux éviter que je travaille, tu devrais me fournir ce dont j'ai besoin.

_ Tu as un toit sur la tête, tu es bien nourrie. Alors, qu'est-ce qu'il te faut de plus ? Ton vrai problème est que tu n'écoutes que ta mère et ta tante qui t'enflent la tête et t'incitent à faire du vagabondage.

_ Vraiment, tu ne comprends rien ; j'ai 18 ans maintenant. J'ai désormais le droit de prendre mes propres décisions : j'irai donc travailler. L'échange a semblé les calmer et Jacques est sorti. Quelques jours plus tard, Natatsha s'est effectivement trouvé un emploi à temps partiel, en vue d'accroitre son expérience sur le marché du travail.

Jacques était très jaloux des enfants, et surtout de sa fille. Il n'aimait pas nous voir ensemble, elle et moi. Selon lui, c'était malsain ; il aimait encore moins voir les enfants me faire des câlins. « Ouais, ouais, ironisait-il en grimaçant, les enfants chéris de maman, les petits becs, les câlins, ouais, ouais, ouais ! » Pourtant, lui ne me gratifiait jamais de caresses ; tout se passait dans le lit, à sa façon et sans préalable.

La vie à la maison devenait de plus en plus intenable. Nous étions au mois d'août, un jour, au tour d'une course, j'ai entendu Jacques se disputer avec sa fille. Ayant noté ma présence, celle-ci m'a lancé : « maman, je pars de la maison, je vais me chercher un appartement ! » Je lui ai demandé pourquoi. Sur le coup, elle n'a pas répondu. Puis au bout de quelques secondes, elle a lâché ;« J'ai parlé à mon père et il m'a ordonné de quitter la maison, » Jacques à qui j'ai ensuite réclamé des explications m'a signifié que c'était mieux pour tout le monde. « Mais moi aussi, j'ai mon mot à dire », ai-je objecté. Me laissant à peine terminer ma phrase, il a hurlé : « Je ne veux plus que tu me parles de cela ! C'est moi le boss ici ! Je veux que tu me respectes ! Le sujet est clos ! » J'ai fait mine de poursuivre la discussion, en vain. Il a brusquement tourné les talons.

Cette journée du 13 juillet 1992, ma peine était si immense que je ne pouvais n'y penser ni écrire. J'ai quand même ouvert mon journal intime et voici ce que j'ai réussi à y griffonner.

13 juillet 1992

Mon Dieu, il faut que je raconte cette histoire, il faut que j'en parle. Ah ! que ça fait mal. J'en ai tellement à dire que je ne sais pas par où commencer et quoi écrire. Oh, mon Dieu, aide-moi...

Fin du journal

Ma sœur, à laquelle j'avais fait part de mon profond sentiment d'accablement m'a promis d'aider Natatsha à dénicher un appartement. Après en avoir examiné plusieurs en notre compagnie, ma fille a choisi un modeste logement situé près du parc Lafontaine et à proximité de chez Irène. C'est Jacques qui, avec sa remorque, a déménagé les effets de Natatsha. Mais, durant toute l'opération, il s'est gardé de prononcer un seul mot et n'est pas entré dans l'appartement. Son attitude apparentait à celle de quelqu'un qui avait hâte de se débarrasser de sa propre fille. Voici les réflexions que j'ai consignées à ce sujet dans mon journal intime.

16 juillet 1992

Natatsha, ma fille chérie que j'aime est partie habiter seule en appartement. Elle a 18 ans et elle n'a pas fini ses études. Je suis très affligée et contente en même temps. Je vais m'expliquer mieux ; je préfère écrire ma peine au lieu d'en parler ou pleurer. Je souffre parce que j'ai perdu ma fille, mon amie et ma confidente en même temps. Je ne sais pas ce qui se passe de mon côté. Et aujourd'hui, j'aimerais être seule pour penser et méditer en paix. J'aimerais partir loin, loin…

Les suites du départ de Natatsha

Natatsha, en partie, j'ai vu mes tâches familiales et professionnelles, déjà passablement lourdes, s'accroître davantage. Ma fille n'étant plus physiquement près de moi, je n'avais plus personne à qui me confier comme auparavant. Personne pour me supporter dans mes moments de désarroi. Je me sentais cruellement isolée. Mais, à tout prendre, c'était pour elle la meilleure solution. Le traitement que son père m'infligeait la révoltait, m'avait-elle révélé. Son nouvel emploi en parfumerie à la baie lui permettait d'acquitter son loyer. Elle commençait à travailler également dans la coiffure, après avoir tout d'abord voulu étudier en dessin de mode. Elle venait très souvent me voir à la maison. Elle disait toujours bonjour à son père qui toujours ignorait son salut. À la longue, j'ai fini par ne plus m'en faire.

L'atmosphère à la maison, je l'ai dit, était en train de me rendre folle. L'argent rentrait, il est vrai, mais Jacques continuait ses ruineuses et extravagantes dépenses.

L'automne était proche. Monsieur faisait totalement fi de mes avis quant à la nécessité d'épargner. Il commençait, aurait-il, à s'habituer au manque d'argent. Il comptait passer l'hiver au chaud en restant bien tranquille chez lui.

Septième partie

Une offre pour Miami

Un soir du mois d'octobre 1992, j'entends sonner le téléphone. Jacques est à la maison. C'est ma copine Doris qui appelle de Miami. L'ouragan Andrew a passablement endommagé sa résidence ainsi que celle de mon amie Josie. Doris propose que Jacques aille là-bas exécuter les travaux de rénovation. Je suis discuté du sujet avec Jacques et mon fils Max, qui trouve l'offre très séduisante. Mon conjoint et moi décidons donc d'aller travailler en Floride durant l'hiver. Steve, un ami anglophone de Max et employé, occasionné de Jacques nous accompagnera. Nous lui proposons de déterminer son salaire une fois que nous serons rendus en Floride. Mes proches sont mis au courant du projet. Nous partirons dans deux semaines. Je rappelle Doris pour lui indiquer notre date d'arrivée. Entre-temps, Jacques met sa camionnette au point, car nous voyagerons par voie terrestre, ce qui nous permettra de transporter tout l'équipement nécessaire.

Je prépare une liste de consignes que devra appliquer Max en mon absence. Je lui enverrai de l'argent tous les mois pour le paiement des factures. J'ai laissé un certain montant dans le compte bancaire. Max aura à prendre soin du chien, ôter la neige, tenir la maison, suivre ses cours au cégep et travailler le soir à temps partiel. Je lui en demande beaucoup, j'en suis conscient. Il tient tout de même à me rassurer : « Tu sais, mammy, ça ne me fait rien pourvu que tu sois bien là-bas. »

La planification du voyage a donc été soigneusement exécutée. Parti le 21 octobre accompagné de Steve, nous avons couché à New York, puis dans une autre ville située à proximité de Washington. Nous sommes ainsi arrivés à Miami dans l'après-midi de la 3e journée de voyage. Un voyage que je qualifierais à la fois d'agréable et d'épuisant.

Notre séjour à Miami d'octobre 1992 à août 1993

Nous avons trouvé une ville désolée. Des maisons sans toit, sans fenêtres, comme abandonnées. Plus on avançait, plus c'était horrifiant.

Plusieurs maisons, de fait, n'étaient plus habitées ; des sinistrés vivaient dans des roulettes installées devant ce qui avait été leur domicile. Démunis, ils avaient quand même été largement dédommagés par leurs compagnies d'assurances, une fois les formalités d'inspection remplies. Les montants accordés étaient utilisés pour louer une roulotte ou une chambre d'hôtel, en attendant la réparation ou la reconstruction complète — dans certains cas — des maisons. Vu l'ampleur des dégâts, la main-d'œuvre faisait défaut. Il y avait de faux entrepreneurs qui disparaissaient avec l'argent qu'on leur vessait et de réels promoteurs qui exécutaient plusieurs contrats en même temps. En fin de compte, plusieurs d'entre ces derniers finissaient eux aussi par prendre la poudre d'escampette en laissant des logis inachevés.

C'est donc avec vif soulagement que nous avons été accueillis là-bas. En plus de Doris et Josie, bon nombre d'autres sinistrées convoitaient nos services. Josie et son mari s'étaient réfugiés dans une autocaravane garée dans leur cour. Doris, pour sa part, n'avait pas quitté sa maison ; pour remplacer des vitres brisées, elle avait attaché des draps aux fenêtres et portes — fenêtres. Presque toute la famille — sa sœur, ses enfants et elle-même, son mari étant décédé — dormait dans la même pièce, étant donné que des parties de la résidence étaient totalement inhabitables. Son amie Roline ainsi que trois bambins de celle-ci logeaient aussi chez elle, sur une base temporaire (le mari de Roline travaillait alors dans l'État du Maryland). Tout ce monde constituait une proie sans défense pour les moustiques qui régalaient à cœur joie.

Doris nous avait placés dans la chambre la moins abîmée. J'ai découvert, à mon grand étonnement, que Roline était l'une de mes élèves, à l'époque où j'enseignais au primaire, en Haïti. Elle avait été prévenue de mon arrivée, mais avait fait promettre à Doris de ne pas m'en toucher un mot, en vue bien sûr de ménager l'effet de surprise. La revoir m'a causé une très sincère joie. Nous sommes devenues de très bonnes amies au cours de mon séjour à Miami. Le soir de notre arrivée, c'est elle qui a préparé le souper pendant que Doris nous faisait visiter la maison au complet.

Après avoir soupé, nous avons passé une partie de la soirée à parler des retombées de l'ouragan Andrew. Nous sommes ensuite allés nous coucher puisque Doris devait travailler le lendemain et que nous étions, quant à nous, épuisés de ce si long voyage.

Le lendemain, Jacques et moi avons procédé au relevé des réparations à faire dans la maison, pour pouvoir préparer le contrat. Nous sommes allés nous enquérir des prix matériaux. Jacques a ensuite fixé temporairement les fenêtres du salon et la porte panoramique.

Le lendemain dans l'après-midi, mon amie Josie et son mari sont venus nous saluer ; ils en ont profité pour nous demander de leur accorder la deuxième place dans notre calendrier de reconstruction. Nos clients éventuels se sentaient rassurés et confiants, d'autant plus qu'ils avaient bien noté que Jacques n'avait pas voyagé seul (Steve, je le rappelle, nous accompagnait). Ils comptaient beaucoup sur nous, pour eux, comme si le bon Dieu leur avait envoyé des anges pour les sauver. De mon côté, j'étais très heureuse de constater que nous leur apportions de la joie et de l'espoir. Cela se voyait nettement dans leurs yeux.

Deux jours plus tard, nous avons présenté à Doris le contrat de réfection du toit et des fenêtres ; les clauses relatives aux travaux subséquents lui ont également été soumises.

Sur le coup, elle a paru hésitante. Jacques lui a alors accordé un délai de deux jours pour nous indiquer sa décision. Dans la négative, nous étions prêts à retourner immédiatement chez nous. Entre-temps, d'autres clients potentiels piaffaient d'impatience. Jacques a ainsi consenti à exécuter de petites réparations chez une dame. Constatant le fait, Doris a finalement accepté le contrat et nous a consenti un acompte de 60 % pour le démarrage des travaux. L'argent servirait à l'achat des matériaux et versements des salaires (un nouvel employé s'était joint à Steve).

C'est ainsi que nous avons réussi à rénover plusieurs maisons. Il fallait refaire des toits, poser de la céramique, peindre, reconstituer la plomberie, etc.

Au fil des jours, Roline était devenue, comme je l'ai déjà noté, l'une de mes meilleures amies, c'est toujours ensemble que nous allions magasiner, faire l'épicerie et tant d'autres courses. Je l'ai encouragée à obtenir son permis de conduire et à acheter une petite voiture.

L'une des maisons endommagées était à vendre. Très spacieuse, elle comprenait cinq chambres à coucher, deux salons, une salle de bain, une salle de séjour, deux grandes toilettes et deux portes panoramiques dans la chambre principale, celle-ci donnant vue sur une très large piscine. Le prix était très raisonnable ; il fallait toute foi payée comptant. J'ai donc téléphoné à ma sœur pour lui faire part de mon désir d'acheter la propriété et solliciter d'elle un prêt. Requête agrée. Doris m'a elle aussi avancé une partie de la somme nécessaire. Après avoir peu après vendu la maison, j'ai réussi à tout rembourser.

Tout allait donc assez bien. Jacques avait obtenu de petits contrats supplémentaires, le gros de son travail était bien sûr concentré chez Doris. Les réparations dites de menu dépannage étaient effectuées l'après-midi ou le soir. La petite équipe œuvrait presque sans arrêt. Steve, par exemple, était toujours à pied d'œuvre et estimait très bien payer.

L'une des voisines de Doris s'appelait Jocelyne. Elle vivait avec sa mère et ses deux filles, l'une âgée de 6 ans et l'aînée, de 14 ans. Le père de la benjamine était le frère de Doris. Jocelyne était devenue notre amie, ou plus exactement l'amie de Jacques. Celui-ci m'a annoncé, un beau matin, qu'il partait quelques jours avec elle, pour affaires, elle acceptait, expliquait-il, de lui montrer comment s'y prendre pour acheter des voitures de seconde main, en vue de les revendre à profit par la suite. Il tenait beaucoup à ce voyage et m'a laissée seule avec Steve pour la continuation des travaux. Son absence a duré une semaine complète.

Nous étions à la saison des fêtes de fin d'année. Il était prévu que nous rentrions à Montréal dans les derniers jours de décembre. Nous comptions renouveler nos passeports afin de nous rendre au remariage de ma tante Dadia (avec son ex-mari), prévu pour le 3 janvier 1993. J'ai décidé de faire le voyage de retour en avion en compagnie de Steve, alors Jacques préférait revenir avec la camionnette. À mon arrivée à Montréal, le 22 décembre 1992, tout le monde était ravi de me revoir. Dès le lendemain matin, je me suis présentée au bureau des passeports et on m'a promis de les recevoir dans une semaine.

Huitième Partie

Le retour à Miami — Le Mariage Dadia

Les péripéties vécues durant le trajet Montréal — New York

Pour le voyage de retour à Miami, nous avons mis au point toute une organisation. Plusieurs membres de la famille projetaient d'assister au remariage de tante Dadia, soit Natatsha et Patrick qui feraient le voyage dans leur propre voiture, Viviane et ses deux filles, Steve, Jacques, Max et moi. Tout ce beau monde mettrait d'abord le cap sur New York. Mais ensuite, Max, Steve, Jacques et moi poursuivrions notre route jusqu'à Miami. Viviane et ses filles reviendraient en voiture avec Patrick et Natatsha.

La camionnette était bien bondée d'outils. Max conduisait la Mercedes que Jacques avait voulu à tout prix amener à Miami. Nous avons traversé sans encombre la frontière canado-américaine. Mais quelques kilomètres après la frontière, la camionnette s'est arrêtée. La pompe à essence venait de tomber en panne. Jacques était certain de pouvoir la réparer ; il a repoussé nos suggestions de faire remorquer le véhicule jusqu'au garage le plus proche. Il s'est donc sans hésitation attelé à la tâche. Il faisait entre-temps un froid de canard. Ayant à un moment donné que Jacques était en train de geler, Patrick est allé le chercher : « Ne reste pas dehors à te faire congeler, a-t-il plaidé, viens nous rejoindre dans l'auto. » Pour une fois, il a écouté. Après s'être assis dans la voiture, il pouvait à peine articuler un ou deux mots, tellement il avait les lèvres engourdies. Quelques minutes plus tard, il a tenté de nouveau de faire repartie la camionnette, mais en vain. Lançant finalement la serviette, il a accepté que Max aille chercher une remorqueuse. La camionnette a été tirée jusqu'à un garage. Près de 5 heures s'étaient ainsi écoulées lorsqu'il a enfin abdiqué. Cet incident montre bien jusqu'à quel point il était entêté.

La camionnette réparée, nous avons repris la route jusqu'à New York où nous avons passé deux nuits, après quoi nous sommes repartis pour Miami, Max conduisant toujours la Mercedes. Dès le lendemain de notre arrivée en Floride, il a fallu se remettre au travail : Max restait à Miami pour seulement un mois ; il devait ensuite prendre l'avion pour aller poursuivre ses études collégiales à Montréal. Doris a beaucoup apprécié son efficacité et son ardeur au travail.

Un peu plus tard, nous avons pris possession de notre propre maison. Jacques avait eu le temps d'en reconstruire le toit, de tout nettoyer à l'intérieur et d'enlever les débris qui gâchaient la piscine. Les vraies rénovations seraient faites par la suite. En attendant, nous occupions une maison raisonnablement habitable.

Un soir, Natatsha m'a téléphoné de Montréal pour m'annoncer qu'elle retournait vivre avec nous. J'ai transmis l'information à Jacques. Il était tout à fait d'accord, ainsi, Max ne resterait pas seul à la maison.

Mon frère Raymond qui vivait à Fort Lauderdale était au chômage. Jacques a réussi à le convaincre, de se joindre à notre équipe tout en logeant chez nous. L'un des petits neveux de Jacques est lui aussi venu habiter avec nous. Un mois plus tard, mon amie Roline et ses 3 enfants qu'hébergeait Doris venaient s'ajouter à notre petite colonie. Nous avons mis à leur disposition toute une partie de la maison. Nous vivions en fait comme une seule famille. Ne travaillant pas à l'extérieur, j'avais accepté la tâche de cuisiner. Puisqu'il faisait presque toujours chaud, c'est vêtu la plupart du temps d'un simple maillot de bain que je préparais les repas. Et de temps en temps, j'allais me tremper dans la piscine, pour apaiser la sensation d'extrême chaleur.

Neuvième Partie

Les conflits conjugaux resurgissent

Je retourne à Montréal

Au fil des jours, Jacques était redevenu très agressif envers moi. Cela avait commencé dès notre arrivée dans la nouvelle maison. Il s'abandonnait à des sautes d'humeur ; il me traitait vraiment mal en présence des employés et de nos amis.

Je perdais peu à peu mes illusions : c'est qu'en vivant à Miami, j'avais espéré une amélioration de nos rapports et la fin des stériles chicanes. Durant le temps que nous avions séjourné chez Doris, il est vrai, très peu de heurts entre nous.

Tous nos proches qualifiaient de couple idéal, ce qui ne m'empêchait pas de rester sur mes gardes.

Mon amie Josie me confiait ses ennuis conjugaux ; elle souffrait de continuels maux d'estomac. Voici l'essentiel des confidences qu'elle m'a faites. « Nouche (c'est le surnom qu'elle m'avait donné), tu sais, je n'ai jamais fait de mes difficultés à personne d'autre que toi. Nous passons aux yeux de tous pour un couple modèle, exemplaire et bien si tu savais ce que j'endure ! J'en ai toujours mal à l'estomac. Parfois, je me ferme les yeux et je supplie Jésus de venir me chercher. » Je tentais de la consoler en l'exhortant à ne pas se décourager et en ajoutant que tout finirait par s'arranger pour elle.

Je lui ai, moi aussi, confié un peu mes propres peines. Elle estimait que seule la prière pouvait changer les choses. Comme moi, elle avait deux enfants, une fille et un garçon, sensiblement du même âge que les miens.

Nous nous visitions très souvent. Et brusquement, un beau jour, elle m'a annoncé que je ne devais plus mettre les pieds chez elle. Elle en était très malheureuse, et moi aussi. « Nouche, a-t-elle gémi, tu sais que je t'aime beaucoup ; tu sais aussi pourquoi tu ne peux plus venir chez moi. » J'ai réagi en hochant la tête. J'ai ensuite essayé d'aborder le sujet avec Jacques qui n'a pas voulu en discuter.

Il tentait, par tous les moyens, de me soumettre à une véritable dictature. Lorsque je lui ai révélé mon état d'extrême épuisement et que je lui ai proposé quelques jours de vacances à Montréal, il a catégoriquement refusé. Et pourtant, il avait déjà terminé plusieurs contrats, entre autres la réfection des domiciles de Doris, de Josie, etc. Dans son esprit, il était inconcevable d'arrêter. Son entreprise de construction était devenue pour lui une véritable obsession.

Or, cette obsession entraînait de répercussions dans nos rapports sexuels : il me faisait l'amour avec une sauvage violence et j'en ressentais d'atroces douleurs. Comme je disposais d'un billet de retour pour Montréal, j'ai fait une réservation. Monsieur a saisi mon passeport dès que je lui ai annoncé mon départ. Par prudence et par souci de sécurisation, j'ai alors confié tous mes autres documents s'identité à Roline. Le jour du départ, il a refusé de me remettre mon passeport et de me conduire à l'aéroport. C'est finalement Jocelyne qui m'y a amenée.

Arrivée à Montréal, j'ai aussitôt reçu de Jocelyne un appel téléphonique : elle venait elle aussi à Montréal, pour un séjour de trois jours. Je n'y comprenais plus rien. Pourquoi ce voyage ? L'affaire ne paraissait mystérieuse et troublante, d'autant plus qu'elle ne connaissait personne à Montréal et qu'il s'agissait de son premier voyage au Québec. Accompagnée de sa fille, elle a effectué en jeep le trajet Miami-Montréal et séjourné chez moi ! Pourtant, c'est Jacques, son ami !

Je reconnais que, dans certaines situations, il vaut mieux ne pas en savoir trop… Jocelyne était pentecôtiste alors moi, je suis catholique. Il arrivait pendant que Jacques et moi l'accompagnions à son église. Je crois fermement que nous vénérons tous le même Dieu et qu'il écoute nos prières, où que nous l'honorions.

Dixième Partie

Le choc du retour à Miami

À mon retour de Montréal, Jacques a consenti de venir me chercher à l'aéroport. Toutefois, il ne m'a pas adressé un mot. Il m'a juste déposé devant la maison avec Milly, la fille de Vivianne et Max et il est reparti travailler.

En ouvrant la porte de notre domicile, j'ai failli perdre connaissance, totalement celui-ci se trouvait dans un piteux état. La piscine était sèche et sale, le plancher de la maison maculé et gluant. Les ventilateurs ne fonctionnaient pas. La cuisine et les toilettes empestaient, tant elles avaient été laissées à l'abandon. Des cafards et des mouches circulaient partout. Mais c'est le spectacle de ma chambre qui me réservait la plus répugnante surprise : on aurait cru que quelqu'un y avait déversé un amas de déchets. Du linge crasseux était éparpillé sur les chaises, la coiffeuse, le plancher. Le lit était évidemment défait et repoussant. Bref, la malpropreté s'étalait dans toute la chambre et générait une odeur insoutenable. La salle de bain pour laquelle j'étais toujours aux petits soins était désastre. Je me sentais envahie par la tristesse, le dégoût et la honte.

Les premiers moments de stupeur passés, j'ai cherché à rassurer Max et Milly leur en promet que j'allais rapidement tout nettoyer. Puis respirant profondément, j'ai soliloqué : « À nous deux, Jacques, tu veux donc m'écœurer ? Eh bien, mon ami, tiens-toi et gare à toi ! »

Aussitôt dit, aussitôt fait : prenant mon courage à deux mains, j'ai effectué un nettoyage complet à l'intérieur comme aux alentours de la résidence, à l'exception de la piscine. J'ai ensuite préparé un copieux souper, car Max et Milly avaient très faim. Moi aussi, d'ailleurs.

Bonjour, madame, s'est exclamé Roline en rentrant. Que la maison est propre ! Que ça sent la fraîcheur ! J'ai voulu aussitôt savoir pourquoi tous les occupants de la maison l'avaient laissé dans un si pitoyable état. Elle m'a révélé que, depuis mon départ, Jacques avait ordonné que personne ne touche à rien dans la maison. « Tu as pu quand même noter, a-t-elle poursuivi, que ma chambre et celle de Raymond sont propres. » Elle a ajouté que, dès le premier jour de mon absence, Jacques avait vidé la piscine et y avait déversé des détritus. Ses enfants, son mari Francis (qui était venu la rejoindre à Miami) et elle-même restaient confinés dans la chambre. Et malgré l'accablante chaleur du mois de juillet, Jacques n'avait pas mis la piscine en état de fonctionnement. Elle n'arrivait pas à concevoir comment un être humain pouvait être aussi malfaisant.

De retour du chantier en compagnie de mon frère et de ses autres employés, Jacques, me voyant en conversation joyeusement avec Roline, a paru surpris de ma bonne humeur. Il l'a été davantage de constater que j'avais eu le temps de tout nettoyer.

Nous avons tous soupé ensemble. Au moment d'aller dormir, j'ai rangé un lit dans les toilettes que j'ai ensuite verrouillées. Jacques a cogné à la porte, prétextant qu'il devait aller aux toilettes. Un peu plus tard, il a frappé de nouveau tout en m'annonçant qu'il désirait me parler. J'ai refusé les deux fois de lui ouvrir. « Tu es ma femme, tonnait-il, je veux que tu viennes me trouver tout de suite. J'ai à te parler ! — Eh bien, moi, répliquais-je, je n'ai rien à dire. » Après m'être livrée à de multiples considérations, j'ai enfin ouvert la porte et lui ai lancé : « Tu as besoin de moi pour le sexe, pour continuer à me mutiler le vagin. Tu veux juste me faire du mal afin de te venger. Sache-le, jamais plus tu ne me feras endurer ces infamants supplices, sinon je te tue. Et je préfère t'avertir que, si tu tentes de me violer pendant la nuit, je retourne aussitôt à Montréal. » J'ai pu dormir tranquillement dans les toilettes pour toute le reste de la nuit.

C'est depuis ce soir fatidique qu'il a cessé de me torturer dans mon corps et mes parties intimes. J'en avais assez de supporter toutes ces souffrances. Il s'est aussi un peu calmé dans ses rapports avec moi. Le lendemain du fameux incident, sans que je le lui demande, il a, vers la fin de l'après-midi, nettoyé et rempli d'eau la piscine. La situation semblait en voie de s'améliorer et j'en étais contente.

Vers la fin du mois de juillet, ma nièce Yolaine qui est médecin vivait normalement en Haïti m'a appelé de New York. Elle devait bientôt accoucher et connaissait des problèmes de logement à New York. Elle m'a donc demandé si Jacques et moi acceptions de l'héberger à Miami. J'en ai parlé à celui-ci qui m'a aussitôt donné une réponse positive. Yolaine m'a indiqué qu'elle arriverait dans deux ou trois jours.

Nous étions en plein été. Max était revenu travailler à Miami avec Jacques. Je lui ai demandé de m'accompagner en vue de trouver une clinique publique qui prendrait soin de Yolaine. Nous en avons heureusement déniché une à Key West. J'ai décrit aux personnes responsables le cas de ma nièce. « Aucun problème, m'a-t-on déclaré, amenez-la-nous dès qu'elle arrivera ici. Elle n'aura aucuns frais à assumer pour la consultation. »

Je suis moi-même allée chercher Yolaine à l'aéroport ; elle était heureuse de me voir et m'a informé qu'elle était enceinte de sept mois. Étonnamment, son ventre avait très peu grossi. Dès le lendemain de son arrivée, je l'ai emmenée à cette clinique publique de Key West. Après l'avoir examinée, le médecin lui a remis des vitamines. Deux semaines plus tard, elle se sentait déjà mieux et son ventre commençait à grossir. Elle a accouché le 13 septembre 1993 du petit Samy, auquel je me suis très profondément attachée. Je n'ai pas pu malheureusement assister à l'accouchement.

Montréal : un repliement en catastrophe

La fin de l'été approchait à grands pas. Jacques et ses employés travaillaient d'arrache-pied. L'entretien de la maison occasionnait de fortes dépenses. Entre-temps, je trouvais que l'attitude de nos invités avait bien changé : l'hypocrisie s'était installée. J'ai confié à Jacques qu'il était temps de vendre la maison et de retourner chez nous à Montréal. « Je ne retournerai plus jamais habiter à Montréal. » A-t-il lâché ? Sa réponse m'a laissée pantoise. Il éprouvait toutes sortes de difficultés à se faire payer par des clients avec lesquels il se disputait presque continuellement ; nous n'arrivions pas à nous adapter à l'extrême chaleur de climat de la Floride, et voilà que monsieur dévoilait son intention d'y séjourner en permanence.

Or, par un bizarre coup du destin, il est tout à coup tombé malade : il perdait de l'appétit, s'affaiblissait au fil des jours. Et un matin, il a perdu connaissance. Après l'avoir fait monter dans la Mercedes avec l'aide de ma nièce, je l'ai conduit dans une clinique médicale. Dès notre arrivée, on l'a alité. Diabétique, il faisait une crise d'hyperglycémie. Dans l'après-midi, le médecin qui l'avait examiné a jugé qu'il valait mieux le retourner à Montréal. De retour à la maison, j'ai communiqué avec mon médecin de famille, le docteur

Pavilanis. Celui-ci m'a recommandé de faire entrer Jacques d'urgence à l'hôpital Notre-Dame, dès notre arrivée à Montréal ; de son côté, il entrerait en contact avec l'hôpital pour la suite des choses. J'ai ensuite appelé ma sœur pour l'informer de la situation. Puis j'ai fait les réservations pour le retour par voie aérienne. Le fils de la cousine de Jacques nous accompagnerait. Max, pour sa part, était déjà rentré au Québec en vue de reprendre ses études.

Jacques n'a regrettablement pas eu le temps de récupérer l'argent — de très fortes sommes — que lui devaient certains de ses clients. Mon frère Raymond et Yolaine sont restés quelque temps dans la maison de Miami. Et c'est justement à cause de notre dramatique retour à Montréal que je n'ai pas pu assister à la naissance du petit Samy, le 13 septembre 1993.

À l'hôpital Notre-Dame de Montréal, Jacques a immédiatement été admis dans la section soins intensifs. Nous laissions derrière nous, à Miami, les deux véhicules, le jeu complet d'outils de Jacques, la remorque, etc., avant notre départ, il avait réussi à garer la camionnette dans le garage et à y entreposer les outils ; la Mercedes était restée devant le garage. Par prudence, il avait vidé la piscine.

C'est ainsi que nous avons quitté Miami. S'il m'avait écouté, les choses se seraient très certainement déroulées autrement. Nous étions en Floride en octobre 1992, dans le but d'améliorer notre situation financière durant la saison morte. Mais, malheureusement, nous sommes revenus à Montréal, en août 1993, plus fauchés qu'avant et criblés de dettes.

Un arrêt dans le présent

Mercredi 25 octobre 2006

10 heures 30. Me revoilà avec vous, mes petits ! Je viens de passer une merveilleuse nuit. Je me suis réveillée vers 5 heures au beau sourire doux de Natatsha : je rêvais d'elle et je me sentais bien dans mon rêve.

Je me sens très sereine ce matin. Hier après-midi, en rédigeant la tranche de ma vie que j'ai passée à Miami, je ne me sentais pas très motivée. Une partie de moi ne voulait pas revivre ce passé. Celui-ci recèle trop de secrets, et des faits bouleversants à un point tel que je ne pourrai jamais lever le voile sur leur nature.

Je ne sais pas si vous avez deviné ce blocage et cette résistance. Il y a des événements dans la vie qu'il vaut toujours mieux garder sous silence.

Onzième partie

L'hospitalisation de Jacques

Jacques a donc été admis à l'hôpital Notre-Dame. Il occupait une chambre privée et j'allais le visiter tous les jours. Monsieur n'acceptait pas du tout d'être ainsi immobilisé dans un centre hospitalier. Des membres de la parenté proche et des amis venaient le soir. Il détestait ces visites et m'a enjoint de faire en sorte qu'elles cessent. Il ne comprenait pas pourquoi il ne m'était pas possible d'accéder à ses exigences et en était très irrité. Sa constante mauvaise humeur se manifestait contre moi, mais également contre les infirmières. J'en étais désespérée. Je me réfugiais souvent dans la chapelle de l'hôpital pour prier et sangloter. Un matin, je lui ai apporté une image de l'ange Saint-Michel. « Prie-le pour ta guérison », lui ai-je recommandé. Mettant en pièces l'image, il m'a ordonné de ne plus lui parler de prières.

L'une des infirmières de l'étage, une Haïtienne, s'est en jour approchée de moi. « Tu es sa femme ? » s'est-elle informée. J'ai acquiescé. Elle a poursuivi : « Pourquoi te traite-t-il ainsi ? Il est vraiment méchant avec toi. Ne te laisse pas faire comme ça. Il devrait s'estimer chanceux d'avoir une femme comme toi qui s'inquiète de son état et vient le voir chaque matin. Il devrait te remercier tous les jours. ».

Et elle a conclu : « Tu sais, ma chère, pense à toi ? C'est le conseil que je te donne. » J'ai fait mine de l'approuver, mais en même temps j'avançais des excuses pour expliquer le comportement de mon conjoint. J'étais plongée dans un profond désarroi et me sentais totalement désorientée. Et comme pour empirer la situation, les médecins ne parvenaient pas à détecter la cause de sa grande faiblesse et de son manque d'appétit.

Son séjour à l'hôpital a duré deux semaines. Les rares matins où j'étais un peu en retard, il me faisait de durs reproches. Il cherchait à s'informer de tout ce qui se passait à la maison. C'est comme s'il nous surveillait de loin, au point une fois de faire toute une scène à ma sœur, au téléphone — de son lit d'hôpital.

Mais au fil des jours, il avait pris du mieux. Quand même, il se sentait encore un peu faible et me confiait ne pas être capable d'aller prendre seul son bain. Un matin, je l'y ai amené. « Tu penses que je n'ai plus de force ? m'a-t-il soudain lancé. Je vais te montrer que je suis en pleine forme au sujet de ce que tu sais. Viens ici, donne-moi ce qui m'appartient. » Je résistais et me débattais, tout en lui faisait remarquer qu'on nous entendrait, finalement, il a eu ce qu'il voulait et a paru assouvi. Mais, moi, je n'étais pas contente et l'ai averti qu'il aurait à s'arranger tout seul, la prochaine fois. Il me faisait l'effet de quelqu'un qui n'était plus sain d'esprit. Aucune autre explication ne me paraissait concevable.

Dès lors, j'espaçais mes visites. Lui ne pensait maintenant qu'à quitter l'hôpital. Il en avait assez et a fait part de son intention à l'infirmière de garde. « Monsieur, l'a-t-elle prévenu, seul le médecin peut nous autoriser à vous laisser sortir. » Devant son insistance, on a fait appeler l'infirmière-chef. Tout habillé et prêt à partir, il a déclaré à celle-ci qu'il était disposé à signer un document la dégageant de toute responsabilité. De guerre lasse, la dame a cédé. Et monsieur est sorti de l'hôpital, à la manière d'un coq prêt à se battre.

J'avais prévu ce qui se passerait à notre retour à la maison : il s'est immédiatement mis au lit. J'ai hésité à l'imiter, anticipant la suit des éléments. Et arriva ce qui devait arriver : dès que je me suis couchée à mon tour, sans le moindre préliminaire, il m'est sauvagement monté dessus comme si j'étais un animal ou un meuble. L'instant d'après, il était déjà endormi. Je me suis levée et suis allée m'assoir au salon. « Mon Dieu, ai-je soupiré, qu'est-ce qui nous attend, mes enfants et moi ? Jusqu'à quand pourrai-je en durer ces souffrances et ces humiliations ? »

Le lendemain, sa sœur Laura et l'amie de celle-ci, toutes deux de confession protestante, se sont présentées chez nous dans l'intention de prier pour lui. J'ai essayé d'en dissuader Laura, sans succès. Lorsque Jacques est rentré dans le salon, sa sœur l'a mis au courant de son projet ; elle avait entre-temps déposé une bible sur la table. Jacques s'est emporté ; saisissant l'intruse par le bras, il l'a traînée à la porte tout en l'avertissant de ne plus revenir chez lui. En même temps, il lançait la bible sur la chaussée. La scène m'a laissée complètement pétrifiée, au bout de quelques secondes que j'ai pu me ressaisir et aller rejoindre Laura à l'extérieur pour tenter de l'apaiser. Elle n'arrêtait pas de lui clamer que Satan s'était emparé de son âme de psalmodier : « Alléluia, Satan ! Alléluia, Satan ! »

Alors que Jacques la pressait de s'en aller, elle s'est tournée vers moi : « Enice, il faut faire quelque chose », m'a-t-elle supplié. Après lui avoir narré la scène de l'hôpital, je lui ai promis que je tenterais de le raisonner, mais que je ne garantissais rien. « Courage, ma sœur », m'a-t-elle soufflé, avant de s'éloigner.

Voilà le traitement que je réserve aux gens qui ne suivent pas mes directives », a-t-il tonné quand je suis rentrée. Et il a poursuivi : « Je ne cesserai pas de te répéter ; je suis le seul boss chez moi. » J'ai gardé le silence. Pendant qu'il continuait dans le même sens, je retournais à mes affaires tout en pensant à l'avenir incertain de ma fille Natatsha.

Dans les jours qui ont suivi, il passait le temps à bricoler dans des appareils électroniques ou à écouter la télévision. C'est moi qui le conduisais à l'hôpital pour son traitement médical hebdomadaire. L'arrangement avait été conclu à la suite de son départ prématuré.

Par souci d'apaisement, je m'étais faite toute petite et me pliais à ses caprices. J'en avais parlé aux enfants qui avaient accepté d'être plus sages. De son côté, il semblait fournir des efforts pour rester calme et se montrer affectueux. Entre-temps, mon amie Roline, qui demeurait dans notre résidence de Miami, venait d'acheter sa propre maison. Après l'accouchement de ma nièce, elle et son mari avaient emménagé, en laissant derrière eux mon frère Raymond.

Le rapatriement de nos possessions

L'état de Jacques s'était sensiblement amélioré. Pour des raisons d'économie, nous nous sommes mis d'accord pour qu'il retourne seul à Miami en vue de récupérer ce qui nous appartenait et mettre la maison en vente. Dans le but de minimiser les risques de stress, il a pris l'avion.

Il s'est bien acquitté de sa mission, si l'on peut dire. Au bout de deux semaines, il était de retour à Montréal. Il avait cédé la Mercedes à un voisin, sans m'en prévenir. La remorque, toute remplie de nos bagages, a été garée dans le garage de son cousin Dophi, à New York. C'était un autre problème de réglé. L'un de ses anciens clients, un notaire très fiable, avait accepté de trouver un acheteur pour la maison. Ce qu'il a fait. Les formalités à remplir ont duré quelque deux mois et nous avons dû nous rendre à Miami pour signer l'acte de vente. J'ai été hébergée pendant mon séjour là-bas par ma bonne copine Roline. Grâce à cette vente, nos dettes ont été épongées, y compris l'emprunt de ma sœur Irène.

Nous sommes passés voir mon amie Josie à son travail (son mari, je le rappelle, lui avait interdit de me recevoir chez eux). Ce fut pour nous tous un choc de constater son état physique ; il ne lui restait que la peau et les os.

Méconnaissable, elle avait l'air pitoyable. J'ai éprouvé une immense peine en la vouant. Elle m'a confirmé qu'elle avait encore mal à l'estomac et que les médecins se perdaient en conjectures sur la cause de sa maladie. Je l'ai embrassée et nous avons pleuré ensemble. Nous avons ensuite renouvelé nos gages d'inaltérable attachement et de sincère affection. Je lui ai promis que

je continuerais de prier pour elle. Cette rencontre m'a bouleversée. J'en ai presque perdu la voix, tant ma gorge était nouée par l'émotion.

Nous sommes rentrés le lendemain à Montréal. J'ai appris peu après que Josie était mourante. Malheureusement. Je n'ai pas pu retourner la voir avant son décès. Elle était dans la quarantaine. Sa fille m'a confié plus tard qu'elle avait eu une pensée spéciale à mon égard. « Dis à Nouche que je l'aime », lui avait-elle murmuré. Après la mort de Josie, mon comportement et ma conception de la vie ont profondément changé. Les pages qui suivent en rendront très clairement compte. Je n'oublierai jamais ma chère amie Josie. Je prie pour le repos de son âme et je rêve très souvent à elle.

Une halte au présent

11 heures 45. J'arrête d'écrire. Je voulais vérifier le plan de mon projet d'écriture pour faire le point. C'est l'heure d'aller dîner.

13 heures 45. De retour du dîner. Savez-vous tout en dînant, j'avais hâte de revenir pour continuer à vous raconter mes aventures. Plein d'idées trottaient dans ma tête. Il y avait comme des petites voix qui me chuchotaient : « dépêche-toi, nous avons hâte de connaître la fin de cette partie de tes aventures concernant la petite maison de la rue Boyer ! Je ne pouvais pas me dérober. Je me suis donc dépêchée, et me voici !

Douzième Partie

La vie dans la petite maison de la rue Boyer : Suite

Le second départ de Natatsha

À notre retour de Miami, il nous restait un peu d'argent. J'ai payé à la banque les mois de retard de notre hypothèque ; j'ai aussi acquitté tous mes arriérés auprès de la société de financement Amco. Je tenais à tout prix à préserver le crédit de ma sœur qui s'était spontanément portée garante de nos emprunts. J'ai ensuite effectué un petit versement sur chacune de nos cartes de crédit, ce qui nous permettait de gagner du temps et de tenir le coup en attendant la reprise de nos activités.

Nous ne disposions plus que d'une seule voiture, mais nous nous en accommodions assez bien, puisque Jacques travaillait peu à l'extérieur. Je recevais toutes les deux semaines un salaire. Le retour s'est avéré à la longue plus difficile pour lui. Il n'obtenait pas de contrats et nos minces réserves s'épuisaient inexorablement. Et voilà que, de nouveau, j'avais recours aux cartes de crédit pour acquitter des factures et rembourser des dettes. Plus le temps passait, moins l'argent était au rendez-vous.

Tante Nadia, venue de New York, a vite noté que mon conjoint ne m'accordait aucun respect. Elle s'en est plainte à ma sœur. Au cours d'une rencontre chez Irène, nous avons discuté du sujet. Elles n'arrivaient pas à comprendre, répétaient-elles avec insistance, comment je pouvais supporter tant d'humiliations et de méchancetés. Je leur ai rétorqué que je n'autorisais personne à m'indiquer si je devais ou non me séparer de mon mari ; la décision n'appartenait qu'à moi et à moi seule.

Irène n'a pas apprécié mon attitude, mais je n'avais guère le choix, je pensais alors non pas à la sécurité des enfants, car ils étaient maintenant assez vieux pour s'autogérer, mais aux emprunts pour lesquels Irène s'était portée garante. Je calculais que si je quittais Jacques, ce n'était certainement pas lui qui continuerait à payer les dettes. Je me retrouverais toute seule à chercher les moyens de m'en dépêtrer.

À plusieurs reprises, j'ai été tentée de solliciter l'aide sociale — Mais chaque fois, un sentiment de honte me retenait. Jamais je n'oublierai ces sombres moments de détresse. J'ai pleuré et prie. Puis j'ai demandé à tante Dadia de m'accompagner à un endroit dont je lui ai tu le nom. Et c'est alors que j'ai rempli le formulaire de demande d'aide.

Je me sentais extrêmement gênée en décrivant ma situation à la conseillère en aide sociale. Elle m'a expliqué que ma demande était tout à fait normale. J'ai le jour même obtenu le supplément de revenu souhaité avec la promesse que je recevrais un premier chèque dès le lendemain. La conseillère m'a de plus fait remplir une « demande d'invalidité » pour mon conjoint, étant donné son état de santé. Je suis sortie, le cœur léger du bureau de l'aide sociale. Mais j'étais en même temps consciente de faits que j'étais la seule à affronter toutes ces responsabilités. Je prenais soin de Jacques sur les plans physiques (en gérant le traitement de son diabète) et psychologiques. Je faisais également face, seule, aux contraintes financières, celles de la maison et celles de la compagnie.

Les chèques reçus de l'aide sociale se sont bien vite révélés insuffisants, Jacques semblait posséder une double personnalité : lorsque nous manquions d'argent, il ne manifestait aucun stress ; mais dès que notre situation financière donnait des signes d'amélioration, il se transformait en vrai « coc », provoquant sans cesse la bagarre. C'est ainsi que, pour des motifs futiles, il a recommencé à disputer avec sa fille. Il se fâchait quand il me voyait embrasser Natatsha. Il rapportait à un de ses amis ce qui se passait à la maison et n'arrêtait pas de médire de nous et de ma sœur. Il accusait celle-ci d'être la source de nos difficultés familiales. Irène a décidé de s'en expliquer avec lui et lui a téléphoné : leurs échanges ont été des plus violents et Jacques lui a tenu de propos qui m'ont fait très mal.

Ses rapports avec sa fille ne s'amélioraient pas, au contraire. Comme elle n'hésitait pas à lui lancer ses quatre vérités en pleine face, il lui a intimé, une nouvelle fois, de quitter la maison. M'interposant, je lui ai crié que je détenais autant de droits que lui et qu'en ce qui me concernait ma fille n'irait nulle part. Ma déclaration l'a rendu furieux au point qu'il s'est mis à taper les murs du salon, n'osant pas s'en prendre physiquement à nous : Max se tenait à proximité ; tout en gardant le silence, il ne quittait pas Jacques des yeux. « Si tu ne veux pas compris qu'elle quitte la maison, a soudain lancé celui-ci, arrange-toi ! » Je n'en ai pas compris où il voulait en venir. En fin de compte, Natatsha n'est pas partie tout de suite.

Max venait d'acheter une petite familiale et, comme la camionnette de Jacques devait subir plusieurs réparations, celui-ci, ayant repris le boulot, l'utilisait pour se rendre à son travail. Il était tenu de déclarer son salaire au service de l'aide sociale. Afin qu'on puisse apporter des rectifications à son allocation mensuelle, si cela s'avérait nécessaire.

Entre-temps, il s'est mis à nous faire toutes sortes de mauvais tours, lorsque Natatsha faisait sa lessive, il versait, en catimini, de l'huile de moteur dans les vêtements de sa fille. Quand je voulais emprunter la voiture de Max pour mes courses, celle-ci, par un mystérieux hasard, ne partait pas. Je me résignais alors à solliciter son aide. Il ouvrait le capot du véhicule, touchait à je ne sais quoi, et la voiture démarrait. Ainsi, j'étais sans cesse obligée de l'appeler à mon secours. À la longue, il était seul à savoir comment s'y prendre pour faire fonctionner la voiture. Me doutant bien que quelque chose ne tournait pas rond, j'ai amené un beau jour le véhicule chez Caron, le mari de Viviane. Comme il était mécanicien, il a accepté de l'examiner. Très rapidement, il m'a livré son diagnostic : « Enice, ton auto n'a rien de tout, a-t-il lâché en s'esclaffant. Quelqu'un a tout simplement enlevé le démarreur. Comment t'y prenais-tu pour faire partir la voiture ? » Lorsque je lui ai indiqué que c'était toujours mon mari qui s'en occupait que celui-ci nous avait même conseillé de nous en débarrasser, vu son état, il s'est remis à rire. En repensant à toute cette histoire, je vois encore l'expression d'incrédulité sur son visage. Viviane, elle aussi, avait l'air abasourdie.

Reprenant son sérieux, il m'a affirmé que c'était Jacques qui avait démonté la pièce et il m'a proposé d'aller acheter un nouveau démarreur pour me l'installer. Dans l'intervalle, je continuais de réfléchir : « Je suis sûre que la pièce se trouve dans l'auto », ai-je suggéré à Caron. Après avoir cherché un peu partout dans le véhicule, j'ai soulevé le tapis de la maquette et j'ai trouvé quelque chose que j'ai montré à Caron. Il m'a immédiatement affirmé qu'il s'agissait de la pièce manquante. Il l'a remontée aussitôt et le véhicule a démarré au premier essai. Nous étions heureux dénouement de l'affaire. Mais ma sœur, à qui nous avons ensuite tout raconté, a exprimé un sentiment de tristesse en pensant au pauvre Max qui ne méritait certainement pas un tel traitement.

De retour chez nous, j'ai indiqué mine de rien à Jacques que Caron avait détecté le problème et trouvé la solution. Il n'a pas réagi. Je suis ensuite allée voir Max dans la chambre pour le mettre discrètement au courant de ce que je venais d'apprendre. Je lui ai en même temps recommandé de ne plus garer son auto dans notre aire de stationnement. Par la suite, je n'ai jamais révélé à mon mari ce que je savais de son méfait ainsi que de ses autres mauvais coups. À quoi cela aurait donc servi ? À empirer sans doute la situation.

Natatsha a finalement décidé de partie — une seconde fois — parce qu'elle n'en pouvait plus : l'atmosphère familiale était décidément devenue trop malsaine. Elle s'est trouvé un appartement à la rue Saint-Denis, à proximité de chez nous.

Les affaires ont repris pour Jacques. Afin de mieux le seconder sur le plan administratif, je me suis inscrite à un cours de comptabilité — informatique. Comme je désirais obtenir une subvention pour la compagnie, j'ai consulté ma conseillère financière : il fallait participer à un programme de formation. Ce que nous avons fait à titre d'associés :

Jacques en tant qu'entrepreneur et moi, on qualité d'administratrice — comptable. La formation terminée, je devais, sous la supervision d'un comptable agréé, procéder à l'élaboration et à la rédaction d'un projet commercial communément appelé « plan d'affaires ». Chaque après-midi, j'allais le rencontrer à son bureau et il me guidait sur la marche à suivre : la formation d'une problématique, la recherche et l'interprétation de données statistiques, etc. Un jour, il m'a déclaré : « Maintenant, tu sais quoi faire ; construis toi-même ton plan d'affaires chez toi, à partir de ton ordinateur. »

La rédaction du programme terminer, il a vérifié celui-ci et m'a demandé de la reproduire en quatre exemplaires : un pour la compagnie, les trois autres a faire parvenir au service des subventions. Puis il m'a informée sur la suite des choses : « Vous serez bientôt convoqués, vous et votre associé, à une entrevue. Dans l'intervalle, il aura à se familiariser avec le contenu du plan pour être capable de répondre aux questions lors de l'entrevue. Attention ! vous êtes deux associés ; si l'un de vous ne se présente pas à l'entrevue, vous n'obtiendrez pas la subvention.

J'étais vraiment fière de moi. De retour chez nous, j'ai remis le document à mon conjoint. Il avait l'air satisfait du travail, mais il ne m'a ni félicitée ni remerciée. Son attitude ne m'a pas blessée, car je savais maintenant ce que je valais, indépendamment de son appréciation.

Je me suis alors rappelé que, lorsque j'avais décroché mes premiers diplômes de comptabilité et de secrétariat, il ne m'avait, à ces occasions non plus, adressé le moindre compliment. Je m'étais tout simplement fait plaisir en allant faire les courses à la rue Saint-Hubert. J'y avais acheté ces jolies boucles d'oreilles que je convoitais depuis longtemps, puis j'avais dîné dans un élégant restaurant. Tout en remercie le seigneur Jésus, je me félicitais de mes résultats et j'étais très heureuse de ma performance. Jacques en me laissant, suivre ces cours d'informatique et de comptabilité ne pensait pas à moi, j'en étais bien consciente, mais aux intérêts de sa compagnie. Mais c'est d'abord pour mon épanouissement personnel que j'avais effectué la démarche. Et, quoi que j'en prenne dans la vie, je reste convaincue que j'en récolterai toujours des retombées positives.

Treizième partie

Nos derniers moments dans la petite maison des horreurs

Les circonstances de ma séparation.

En écrivant cette partie de ma vie, je dois vous avouer, mes chers enfants, que je sens monter en moi une intense pression ; j'éprouve la même impétueuse sensation que lorsque je vivais tous ces événements. C'est que je pressentais alors que quelque chose de singulier allait infléchir mon destin sans pouvoir en discerner la forme. Je me dépêchais de tout accomplir. C'est dans ce même état d'esprit que je me trouve actuellement. Comme je l'ai déjà indiqué, la mort à Miami de mon amie Josie m'avait profondément peinée. En même temps, elle avait déclenché en moi une sorte d'éveil que je ne puis exactement d'écrire. Non, aucune velléité de vengeance, mais un réel et irréversible changement : c'est cela qu'avait provoqué en moi le choc de la tragédie.

La maison était en état de rénovation. Et j'incitais Jacques à poursuivre le travail laissé en plan. Comme il prétextait ne disposer de personne pour l'aider, j'ai convaincu Dédé et Max de l'assister. Même s'il savait que je n'aimais pas la céramique de couleur noire, il en avait posé dans les toilettes, agissant ainsi selon son habitude de toujours me contredire. Je ne protestais plus parce que j'étais fatiguée de prêcher dans le désert. Pour le moment, il restait à terminer les finitions de la cuisine, à poser la maquette dans le salon, etc., tâches qu'il reportait sans cesse. Ce qui ne l'empêchait pas d'exploser les cartes de crédit, toutes à mon nom. Il s'achetait sans cesse de nouveaux outils. Et moi qui ne disposais même pas d'une voiture.

Natatsha venait de m'informer qu'elle était enceinte ; je lui ai promis de l'accompagner dans sa grossesse. Mais lorsque j'ai annoncé la nouvelle à Jacques (après l'avoir révélée à Irène), il m'a fait toute une scène : criant et gesticulant, il proférait les pires insanités. Il était au courant de tout ce qui se passait dans la maison, sans que je ne lui en dévoilasse. Comment s'y prenait-il ? Espionnant tous mes faits et gestes, il cherchait sans cesse à restreindre mes sorties. Un jour, ma sœur est passée me chercher avec Dédé pour me conduire à l'épicerie ; selon lui, j'étais allée rencontrer un autre homme et agissais en vraie pute. J'ai tenté de le raisonner : « Quand tu étais malade, ce sont ma sœur et Dédé qui m'ont donné leur support. Dédé est un précieux ami de la famille. Il est toujours à tes côtés dans tout ce que tu entreprends. Pourquoi es-tu si ingrat ? Envers lui ? » Il était tellement en colère qu'il ne m'écoutait plus.

Nous étions enfin au printemps. J'avais pris un peu de poids durant l'hiver et j'avais pris la résolution de me débarrasser de ces quelques livres de trop. Ma sœur et moi, mous, nous sommes donc inscrits à un programme des Weight Watchers (elle voulait sans doute m'encourager dans ma démarche) ; nous allions effectuer nos exercices une fois par semaine. Eh bien, Jacques se tenait aux aguets, nous épiant pour vérifier si ce programme d'amaigrissement n'était pas un leurre. Tous les matins, j'allai marcher seule pour compléter mon entraînement : il me suivait comme un terrier jusqu'à mon retour à la maison. Aux séances hebdomadaires de pesée, loin de perdre du poids, j'en gagnais. Pourtant j'appliquais à la lettre toutes les consignes du programme. Irène m'a proposé une très vraisemblable explication : « Tu es trop stressée et tu manges tes émotions ; voilà pourquoi tu n'arrives pas à maigrir. » J'ai décidé d'abandonner le programme.

Retenue en otage

Un après-midi que nous étions seuls à la maison, j'ai entendu Jacques fixer des vis à la porte d'entrée. Je n'y ai pas porté d'attention particulière. Quelques minutes plus tard, il répétait l'exercice à la porte arrière. « Enice, je ne suis pas là ! », a-t-il fait avant de sortir par cette porte arrière. Vers le milieu de l'après-midi, je décide d'aller faire quelques commissions. Tout bonnement. J'ouvre la porte d'entrée, ou plutôt je tente de l'ouvrir. À mon grand étonnement, je n'y parviens pas. J'essaie alors de sortir par la porte arrière. Même résultat. « C'est impossible ! Il n'oserait pas m'enfermer dans la maison ! » ai-je aussitôt pensé. Les portes avaient été vissées de telle façon que même si Max était revenu avant lui, il n'aurait pas pu me libérer. Très énervée, j'appelle Natatsha qui me suggère de forcer l'une des fenêtres. Ce que j'ai fait en brisant celle des toilettes, la plus grande de la maison.

Après quoi, je suis sortie. Mais comme je ne pouvais plus rentrer, je me suis réfugiée chez ma sœur. Un peu plus tard, j'ai téléphoné à la maison. Max y était, après que je lui ai raconté ce qui s'était passé, il m'a indiqué que c'est Jacques qui, de retour avait lui, avait ouvert la porte.

Rentrée chez nous, j'ai demandé à Jacques pourquoi il n'avait pas décroché le téléphone lorsque j'avais appelé. Ignorant ma question, il m'a bêtement souri, d'un sourire narquois et hypocrite. Je n'en pouvais plus. J'étais au comble de l'écœurement. J'aurais très certainement pu avertir la police au moment où j'étais enfermée dans ma propre maison. Mais j'avais bien vite écarté cette solution, parce qu'il aurait été incarcéré pour quelques jours, après quoi il aurait déclenché contre moi une intenable opération de harcèlement, que j'ai décidé de déserter la maison ou non. Je pensais également à ces lourdes dettes contractées à partie de l'usage abusif qu'il avait fait de mes cartes de crédit. Et je me sentais alors envahie par des sentiments d'angoisse, de crainte et de douloureuse résignation.

Une brève, mais fausse accalmie s'est peu après produite. Max s'était fait une petite amie anglophone qui venait assez souvent à la maison, Yole. Jacques, quant à lui, passait la majeure partie de son temps dans le garage, où il bricolait presque sans arrêt. Il rentrait à la maison juste pour se laver, avaler à l'occasion un repas, aller aux toilettes et dormir. À notre insu, il avait installé un interphone quelque part : il réussissait à capter nos conversations et celles de nos invités ; il était au courant de tout. Bref, un vrai maniaque, sans cesse à l'affût de sales coups

Trahison et perfidie

Jacques avait fréquenté une jeune femme en Haïti. Celle-ci vivait maintenant à Toronto et était veuve. Elle appelait souvent à la maison et s'entretenait longuement avec mon mari. Un jour, il s'est procuré un cellulaire pour me permettre, m'assura-t-il, de le joindre plus facilement. C'était en réalité pour communiquer directement avec son ex-blonde, sans que je le sache. Sur le coup cependant, aucune arrière-pensée ne m'avait traversé l'esprit, même si j'avais noté qu'il devenait de plus en plus nerveux. Et je pressentais un autre mauvais coup en préparation.

Nous étions à Pâques. Il avait projeté un voyage à New York et m'a proposé de l'accompagner. J'ai accepté tout en offrant à Viviane et à sa benjamine de se joindre à nous. Au jour du départ, celle-ci s'est amenée avec sa fille. Dans ces occasions, Jacques accuse toujours quelques heures de retard. Pour passer le temps, nous étions donc une émission de télévision, alors il effectuait, prétendait-il, une dernière vérification à la camionnette. Il était 10 heures du soir et nous traînassions encore à Montréal. Vers minuit, il est venu nous annoncer qu'il allait se reposer et que nous quitterions à 2 heures du matin. Viviane s'est endormie sur le sofa et j'ai continué à regarder la télévision. À 9 heures du matin, j'ai réveillé Jacques et nous nous sommes finalement mis en route une heure plus tard. L'attente avait, tout compte fait, duré près de 17 heures, un record ! Il n'a pas desserré les dents durant tout le voyage, sauf une fois pour chercher à savoir si nous désirions aller aux toilettes. Et à un moment donné, il a quand même ouvert son cellulaire pour entretien longuement avec quelqu'un.

Avant de nous diriger chez tante Dadia, une fois à New York, nous sommes passés chez mon frère Alain à Manhattan et Jacques nous a demandé de retourner l'attendre dans la camionnette pendant qu'il s'entretiendrait avec Alain. Ce dialogue a passablement duré. Viviane et moi étions en pleine confusion. Lorsqu'il nous a enfin rejointes dans la camionnette, il paraissait plutôt excité et affichait une mine narquoise. Tu en as mis du temps, ai-je remarqué. As-tu des problèmes ? Il a répondu par la négative, tout en précisant que c'était « personnel. »

À notre arrivée chez tante Dadia, celle-ci nous a fait entrer, Viviane et moi, dans la chambre de l'une de ses filles, pendant que Jacques allait se reposer dans une autre chambre. « J'ai une mauvaise nouvelle à vous annoncer », a-t-elle commencé. Poursuivant à voix basse, elle nous a tout révélé : Alain m'a appelé avant votre arrivée pour m'informer que Jacques avait enregistré tout le monde sur des cassettes qu'il a fait écouter à Alain. Mais celui-ci souhaiterait que vous n'en touchiez pas un mot à Jacques pour le moment.

J'étais si estomaquée que j'en avais perdu la voix. Viviane a voulu savoir si l'expression, tout le monde l'incluait-elle. « Mais oui ! a aussitôt fait tante Dadia ; toi, Irène et tous les autres. » Elle a enchaîné : « Alain a entendu ta voix et la mienne demandant à Enice pourquoi il te faisait tout cela ! Jacques est d'avis que tu es une espèce de désœuvrée. Et tout en riant, elle a repris : "Jacques a avoué à Alain que, depuis plusieurs années, toute la famille et tous les visiteurs avaient été placés sous écoutes ; il est au courant de tout, et surtout de tout ce qui te concerne, Enice." Il avait aussi argué à mon frère qu'il ne craignait aucune poursuite judiciaire, puisqu'il avait entièrement le droit de se renseigner sur ce qui se passait dans sa propre maison. Est-ce qu'Enice a un amant ? » s'était enquis Alain. Il avait répondu que non et avait indiqué que c'est avec plaisir qu'il avait fait écouter quelques-unes des cassettes d'une amie de Irène.

Je me sentais trahie, salie, ridiculisée. En fait, ces qualificatifs décrivent très imparfaitement ce que j'éprouvais vraiment. Je restais silencieuse, mais j'aurais aimé crier ma peine. En écrivant cette partie de ma vie, je me sens submergée de dégoût d'avoir enduré tout ce calvaire sans me récolter. Je suis entrée dans la chambre de tante Dadia et j'ai regardé dormir mon bourreau. Une brusque et furieuse envie m'a prise de le tuer, mais j'ai résisté à la tentation et j'ai prié. J'ai demandé à Dieu de me pardonner cet homicide pensé et de m'aider à conserver mon équilibre psychique.

À son réveil, personne ne lui a parlé du sujet. On s'est comportées comme si de rien n'était. Mais lui, il avait l'air très fier de lui, puisque sans aucun doute il était certain d'avoir réalisé un autre coup de maître. De mon côté, je gardais une apparence de bonne humeur. Nous sommes allés visiter des magasins. J'avais quand même hâte de retourner à Montréal afin de découvrir où était caché ce diabolique dispositif d'enregistrement. « En temps, Alain avait mis Irène au courant de l'affaire. « En tout cas, c'est une vraie bombe qui vient de tomber sur la famille ! » lui avait-il déclaré. Max en avait également été informé, lors d'une visite chez Irène. Ce fut ensuite au tour de Natatsha d'être mise au parfum. Au cours d'une petite réunion de famille, nous nous sommes mis d'accord sur les conditions d'usage des téléphones. Je devrais, pour ma part, à l'insu de Jacques l'appareil d'enregistrement. Je ne l'ai pas trouvé, mais j'ai découvert un petit interphone. Il me fallait poursuivre mon investigation et tenter notamment de mettre la main sur la clef qui me donnerait accès au garage.

Dans l'intervalle, vivre sous le même toit que cet homme m'était devenu atroce et insoutenable. Malgré la constante tension qui régnait entre nous, il ne se passait pas une nuit sans qu'il ne m'arrache sa dose de sexe. Juste à l'idée de voir venir la nuit, j'en avais des nausées.

J'estimais que je devais au plus tôt quitter cette maison, mais il importait de réunir, au préalable, toutes les preuves de la rouerie de mon conjoint. Je me retenais avec une croissante difficulté, car je sentais mon sang bouillir d'une tenace colère. Et le couvercle pouvait sauter à tout moment.

Un vendredi, il était passé minuit et mon exécuteur n'était pas encore rentré. Ne sachant à quoi m'en tenir, j'ai composé le numéro de son cellulaire : pas de réponse. Max auprès de qui j'ai ensuite tenté de m'informer n'avait pas eu de ses nouvelles. Un tel retard de sa part — il était maintenant 3 h du matin — était tout à fait inhabituel. Une idée m'est venue tout à coup. J'ai jeté un coup d'œil à l'endroit où il rangeait ordinairement sa petite valise. Elle n'y était pas. J'ai ensuite noté qu'il manquait des vêtements dans l'armoire. « Il se pourrait qu'en mon absence, ai-je alors pensé, il ait reçu un urgent appel d'un proche parent de New York et qu'il soit précipitamment parti là-bas. »

Le lendemain matin, j'ai donc téléphone à sa cousine bébé qui a écarté toute hypothèse d'urgence familiale. Et voilà qu'il m'appelle dans le courant de l'après-midi pour m'annoncer qu'il se trouve chez son ex-copine à Toronto et qu'il rentrerait le lendemain dimanche. Il a vite raccroché, ne me laissant pas le temps de placer un mot. J'ai couru chez ma sœur pour lui faire part de la nouvelle. En un rien de temps, Viviane, tante Dadia et Alain étaient mis au courant. C'était comme si une deuxième bombe venait d'exploser dans l'aire familiale. Toute la parenté était catastrophée, atterrée. Et la pauvre Natatsha qui portait alors un bébé ! Je m'efforçais tant bien que mal de la mettre à l'abri de toutes ces affligeantes nouvelles.

Rentrée chez moi ce samedi soir, j'ai fait mes bagages sans rien oublier. Mais j'ai tout caché pour éviter qu'il devine mes intentions. Le lendemain matin, Max a réussi, à l'aide, je ne sais trop de quoi, à ouvrir la porte du garage. Le dispositif d'enregistrement se trouvait là, sur une étagère et dissimulé derrière une boite. Voilà donc le mystérieux engin qui le rendait « habile » et lui conférait cette aura d'apparente invincibilité !

Nous avons essayé l'appareil. Il y avait un téléphone dans le garage. J'ai demandé à Natatsha de composer mon numéro à partir de son propre téléphone et de raccrocher, le magnétophone s'est mis en branle. Le téléphone de Max n'avait pas été placé sur écoute, mais par prudence nous évitions de nous en servir. Après avoir pris des photos, nous avons tout remis en place.

Jacques est revenu de Toronto dans la nuit des dimanches. Je l'attendais, couchée dans mon lit. Au moment où il est venu s'étendre à côté de moi, je me suis levée. Je lui ai aussitôt révélé que je savais tout au sujet du dispositif d'enregistrement ; qu'il ne devait pas me toucher et que je n'étais plus sa femme. Son instinct de bagarreur a vite resurgi. Il était prêt à m'expliquer pourquoi il nous avait mis sur écoute. La femme de Toronto était juste une amie. Puis il a cherché à me toucher ; je le lui ai interdit. Je tentais de sortir de la chambre, il m'en empêchait et a fermé la porte. Il suppliait : « Chérie, je veux te parler, viens te coucher. » Je n'ai pas cédé.

Je suis restée encore une semaine dans la maison. J'attendais que Max finisse son année scolaire pour m'aider à déménager, je cherchais aussi à lui faire subir le moins de stress possible. Il terminait ses études collégiales. Ses productions scolaires ainsi que celles de ses camarades (peinture, photographie, sculpture, etc.) seraient exposées.

Suivrait un goûter. Jacques n'était pas censé assister à la petite célébration, car il travaillait ce jour-là. Il avait accepté de me prêter son caméscope pour la circonstance. Sœur Berthe et sa compagne sœur Marie Marthe, Irène, Natatsha et tous les amis de Max avaient été invités. J'étais en train de filmer quand nous avons vu Jacques arriver, à notre grande surprise. Après avoir salué sœur Berthe, il s'est offert pour continuer à filmer.

J'ai prolongé quelque peu ma présence sur les lieux. Max m'avait offert ainsi qu'à mes invitées de nous ramener chez nous, mais nous avions décliné son offre ; nous préférions prendre le métro. Durant tout le trajet, mes problèmes avec Jacques ont constitué le seul et unique objet de conversation. J'ai reconnu que je vivais de très douloureux moments. « C'est ta vie, m'a rappelé ma sœur, c'est toi seule qui peux décider de ce qui est bon pour toi ou non. »

Irène est descendue du métro avant nous. Après son départ, j'ai décrit à sœur Berthe mon état d'esprit : « C'est vrai que Jacques m'a fait subir beaucoup de choses horribles. Il y a donc un côté de moi qui le hait à mourir, mais en même temps j'éprouve de la pitié pour lui. Il m'a demandé de lui accorder une autre chance. Je pense que je vais la lui donner, parce qu'il est venu à la réception ce soir et que sa présence a réjoui Max. Je crois que c'est la preuve qu'il veut vraiment se faire pardonner. » Après m'avoir écouté très attentivement, sœur Berthe m'a conseillé de ne pas forcer les choses, mais d'écouter quand même mon cœur et de prier instamment Dieu pour qu'il m'aide à faire le bon choix. Nous nous sommes ensuite quittées et, avant de rentrer, j'ai acheté une bouteille de vin dans un dépanneur.

À mon arrivée, Jacques n'était pas à la maison. Mais qu'importe ! Je me sentais toute joyeuse. Je venais de prendre la décision de lui accorder une ultime chance et je m'apprêtais à le lui annoncer. Ayant noté que le bouton du téléphone clignotait, j'ai décroché celui-ci et voici ce que j'ai entendu : « Allo, Enice, je suis à 200 milles de Toronto, je ne sais pas quand je reviens. » C'était tout. Je me suis brusquement sentie totalement désarmée. Désespérée et complètement abattue, j'ai appelé ma sœur à qui j'ai fait part de ce que je venais d'entendre et de vivre. J'ai refusé son invitation à me rendre chez elle et je lui ai affirmé que je quitterais la maison dès son retour. J'ai aussi tout raconté à Max qui venait de rentrer et je l'ai averti que nous viderions les lieux dans les plus brefs délais. « Mammy, m'a-t-il alors confié, si je suis resté ici pendant tout ce temps, c'était seulement pour toi, pour te protéger. » Nous nous sommes embrassés.

Le lendemain, j'ai communiqué la nouvelle à Natatsha. Ma sœur a accepté que j'entrepose mes bagages chez elle, mais nous avons convenu que j'irais vivre pendant deux ou trois jours chez Viviane, pour éviter que Jacques cherche à me harceler. Max passerait cependant quelque temps chez elle. Comme celui-ci travaillait le samedi et le dimanche soir, il a demandé à sa petite amie Yole de me tenir compagne pendant deux nuits, Yole a dormi au salon et moi, dans la chambre de Max.

Jacques est revenu dans la nuit du samedi vers 5 heures. M'ayant retournée couchée dans la chambre de mon fils, il s'est penché vers moi, tout en me chuchotant : « Viens dans ton lit ne te couche pas ici. N'oublie pas que tu souffres de problèmes de dos. » Voilà qu'il se souciait maintenant de mon dos. ! « Va-t'en, ai-je hurlé, je m'en vais dès demain matin. Tous mes bagages sont prêts. J'ai même réservé un camion. » Il s'est jeté à genoux, en me suppliant de ne pas quitter la maison ; il accepterait que je dormisse seule dans notre chambre, alors qu'il occuperait désormais la chambre de Natatsha. Je lui ai aussitôt coupé la parole. « Jacques, ai-je tranché, avant-hier soir je suis rentrée à la maison avec l'intention de t'accorder, comme tu me l'avais demandé, une deuxième chance. Mais j'ai trouvé la maison vide et j'ai pris connaissance du message que tu m'avais laissé. Ce message m'a fait l'effet d'une bombe. Je ne savais même pas quand tu reviendrais. Alors, cette fois, c'est vraiment fini entre nous ! Va te coucher dans ton lit ; moi, je reste ici. »

Quand le jour s'est levé, j'ai pris une douche, puis mon petit déjeuner. Vers 11 heures, les amis de Max sont venus lui prêter main-forte pour mon déménagement. Et le dimanche 5 juin 1995, à midi, Max et moi abandonnions la petite maison des horreurs de la rue Boyer. Cette date restera à jamais gravée dans ma mémoire. Pendant le déménagement, Jacques restait là à m'observer, tout en risquant de temps en temps quelques tactiques d'intimidation. Mais il n'avait plus aucune prise sur moi. Une étape significative de ma vie avait pris fin à ce moment-là…

Suite du chapitre 8
Jeudi 26 octobre 2006, à Québec
Trajet d'écriture du volume 2
Un moment au présent

10 heures 15. Depuis deux jours, il fait beau. Bien que le temps soit très agréable. Je n'en profite pas pourtant pour m'offrir même une courte promenade. Je me contente d'admirer la beauté de la nature à travers ma fenêtre. Les rayons du soleil se reflètent sur la rivière des couleurs de l'arc-en-ciel. C'est vraiment fascinant et apaisant. Devant toute cette beauté, j'adresse une prière à Dieu pour lui demander de continuer à vous protéger. Je pense en même temps à vos parents, à la famille et à tous les humains de la planète.

Durant les trois jours où j'écrivais les aventures vécues avec vos parents dans la petite maison de la rue Boyer, je n'ai pas fait d'exercice ! Je me contentais de monter les escaliers du sous-sol au troisième étage et, aussi le matin, à mon réveil, je faisais simplement des étirements dans mon lit.

J'étais extrêmement pressée d'écrire cette tranche de ma vie et mes pensées jaillissaient de ma tête, et se bousculaient pour sortir, comme les clients devant les soldes de fin de saison. Pour retrouver un certain calme, je suis allée à la chapelle, j'ai prié et médité. À mon retour, la reprise m'a paru difficile, mais je suis tout à coup parvenue à maîtriser mon inspiration. Il me fallait escalader une abrutie de montagne. Il y avait beaucoup d'embuches et je craignais par moments de ne pas y arriver. J'ai bûché comme une possédée.

J'ai fait des insomnies, des cauchemars. Les personnages hantaient mon sommeil durant les premiers jours où j'écrivais le chapitre huit. J'ai prié Dieu de m'envoyer un ange de lumière et d'apaisement. J'ai alors vu ma fille qui me souriait avec une douce expression de paix sur le visage. La troisième journée fut la plus ardue. J'étais excitée, mais en même temps je réussissais à maîtriser mes émotions. De toute façon, je n'avais guère le choix.

Je désirais tellement accélérer mon travail d'écriture que j'ai pensé sauter le dîner. Pour ne pas risquer de faire resurgir mon anémie, j'y ai renoncé. Je suis descendue dîner en souhaitant ne rencontrer personne. J'ai avalé très vite mon repas du midi, afin d'être très rapidement de retour à mon travail. J'étais complètement immergé dans le passé. J'y vivais totalement. Il le fallait pour que je puisse enfin remonter à la surface.

Hier soir, quand je suis parvenue au sommet de la montagne, il était 21 heures 30. J'ai remercié le seigneur. J'ai ensuite appelé ma sœur pour lui annoncer l'agréable nouvelle. J'ai également téléphoné à votre mère qui s'est montrée très heureuse de ce qui m'arrivait. Elle m'a félicitée en ces termes : « Mammy je suis très contente, tu as fait un bon travail pour toi d'abord, mais pour Max surtout ; cela va lui faire du bien de relire le passé, il en a besoin pour se libérer et s'engager à fond dans la vie. »

Je lui ai signalé que c'était pour elle aussi : elle a aussitôt répliqué : « Tu sais, mamy, que je suis très forte d'esprit et que c'est toi et Max qui êtes les plus marqués par cette situation. » Et elle a ajouté : « N'oublie pas que ce n'est pas fini. Ne te laisse pas aller, je vais continuer à prier pour toi. » Puis, elle m'a demandé si je voulais parler à mes petits-enfants.

Mikaël, je m'adresse à toi le premier. — Tu m'as dit que tu as hâte de me voir ; — tu m'as aussi précisé que tu m'attendais pour samedi. Quand je t'ai annoncé que j'allais rentrer dimanche, tu étais déçu. On s'était répété qu'on s'aimait.

Et toi, Elle-Camay, on s'est simplement souhaité le bonjour, puis tu m'as murmuré : « Je t'attends, grand-mère. » Et moi, je t'ai rappelé que je t'aimais. Cela m'avait fait du bien de parler à la famille. J'en avais besoin.

Je dois vous signaler que ce qui m'a beaucoup aidée dans mon activité d'écriture, c'était le recours à l'eau. J'en buvais beaucoup. Je remplissais une bouteille chaque fois que je descendais au réfectoire. Cette grande consommation d'eau m'a permis de faire une cure de nettoyage en même temps.

Ma douche, quotidienne, est sacrée. C'est ma vitamine habituelle. Elle me redonne toute l'énergie dont j'ai besoin pour la journée. Encore cette présence de l'eau.

Après avoir parlé aux enfants, je me suis préparée pour aller me coucher. Étant donné que je n'arrivais pas à m'endormir, j'ai décidé de faire un peu de lecture. J'ai installé mes cinq oreillers de façon à avoir une position confortable. À mon arrivée ici, un seul oreiller se trouvait sur le lit. J'ai sorti les quatre autres de l'armoire placée dans le couloir. Je les ai alors ainsi disposés : un sous ma jambe, un de chaque côté du lit et les deux autres sous ma tête. J'avais la bonne idée d'apporter mon petit coussin long et moelleux. Pour me sentir plus à l'aise, chaque fois que j'écrivais je procédais de la façon suivante : j'ouvrais le tiroir de mon tout petit bureau et je plaçais le coussin qui me servait ainsi d'appui pour mes bras.

Je tenais à ce que mes jambes, mes pieds et mon dos jouissent d'un maximum de confort. J'ai donc mis un oreiller plié en deux au-dessous du bureau afin d'y poser mes pieds et j'ai rapproché le bureau du lit pour qu'il me soit possible de changer facilement de position, au besoin. Je pouvais poser un de mes pieds sur la barre du lit. Sur mon bureau, juste devant moi, les photos de ceux que j'aime. J'étais comblée. N'oubliez pas que je devais passer quatorze jours à écrire. Si je ne me procurais pas cet indispensable confort, il m'aurait fallu dire adieu à l'écriture.

M'étant installée dans le lit ce soir-là, je me suis mise à regarder dans le vide. Je ne voulais penser à rien. J'étais comme en extase. Je ne voyais rien et n'entendais rien ; seulement le battement de mon cœur que je trouvais un peu irrégulier et trop rapide. Par moments, des idées cherchaient à faire irruption. Je les en empêchais : « Non, pas ce soir. ». Je tenais à préserver ma paix. Et sans m'en rendre compte, je fus gagnée par le sommeil. Je fus réveillée en sursaut en proie à une très violente toux. Juste une, qui semblait tenter de m'étouffer. En fait, je venais d'avoir un cauchemar épouvantable : des gens me poursuivaient et je me débattais dans tous les sens. Une situation qui rappelait les scènes que j'avais décrites hier relativement à la petite maison d'horreur. C'était horrible et terrifiant.

Pour apaiser mon agitation, j'ai pris un peu d'eau. Je me suis tournée sur un côté, mais je craignais de me rendormir. Dix minutes plus tard, je suis allée aux toilettes. À mon retour dans mon lit, je me suis couchée, avec mon petit coussin sous mon bras comme un protecteur. Je me suis finalement endormie, mes petits, comme vous connaissez bien ma nature, je rêve chaque fois que je ferme les yeux, même le jour. Je me suis donc mise à voyager dans mon sommeil.

Je vais me permettre de vous raconter un de mes rêves. Je vais vous le raconter parce que je trouve qu'il a un sens, qu'il constitue une révélation.

Dans mon rêve, je me suis vue comme je suis maintenant. Mais, j'avais maigri. Natatsha m'attendait à une exposition. Je pense qu'elle disposait d'un kiosque. Il y avait plusieurs personnes. Celles-ci m'observaient, mais je ne leur prêtais aucune attention. Je suis allée trouver ma fille ; elle était de bonne humeur. Un certain monsieur, l'un des personnages de mon premier livre (Tony), me suivait partout.

Je faisais semblant de ne pas le voir. Je me suis approchée de la caisse pour payer. Un autre monsieur, que je ne connais pas, est venu m'adresser des félicitations : « Enice, tu sais, je te trouve très bien ces temps-ci. Tu as maigri et tu as l'air en santé. » Je l'ai remercié et je suis sortie prendre ma voiture. Le premier personnage me suivait encore ; il est lui aussi monté dans sa voiture. Je n'éprouvais aucune peur. « Je pense que je vais changer de direction », ai-je quand même songé. Mais à la sortie du stationnement, on débouchait sur deux chemins. À droite, la route était asphaltée. C'était celle-ci que normalement je devais emprunter. Lui aussi, il le savait. Comme j'avais décidé de changer de route, je me suis dépêchée et, sans qu'il ait pu me voir faire, j'ai pris la voie de gauche. Mais ce chemin était en terre battue, ce qui occasionnait une très dense poussière. Je projetais de le semer et de revenir sur mes pas pour attendre ma fille à l'exposition. Je ne pouvais toutefois pas continuer, la route étant bloquée devant moi. Je suis retournée à pied, mais en arrivant là-bas je me suis aperçue que je n'avais pas dans ma main le premier tome du livre.

Je suis rentrée dans la salle d'exposition. J'ai noté qu'il ne restait personne, sauf ma fille qui était encore au kiosque. Toi, Mikaël, tu étais avec ton père, étonné tous les deux de me voir revenir. Je vous ai exprimé mes intentions : « vous allez m'attendre ici. Je vais retourner chercher mon livre. » Et je suis aussitôt repartie à pied sur la même route.

De retour sur les lieux, je n'ai pas trouvé le livre, mais j'ai aperçu deux hommes. L'un, assis sur une pierre, était en train de feuilleter un livre. Tout près il y avait une falaise ; l'autre homme se tenait presque au bord de cette falaise. Ses pieds n'étaient retenus que par deux pierres. Le livre gisait au fond de la falaise. L'inconnu faisait mine de descendre le chercher. M'approchant du bord, je me suis exclamée : « Mon Dieu, je dois aller prendre mon livre, mais j'ai peur des hauteurs. » Je sentais que j'allais tomber. Je me suis aperçue qu'il s'agissait de l'homme qui me poursuivait. Il m'a crié : « je vais tomber ! » Je lui ai répliqué : « Je ne peux rien faire pour vous ! » J'ai pensé que, moi non plus, je ne devais pas tomber. J'ai donc abandonné le livre, tout en décidant de retourner là-bas auprès des enfants ! À mon arrivée, Natatsha, Patrick et Mikaël, j'ai constaté que vous m'attendiez.

Selon moi, la signification du rêve peut se résumer comme suit.

J'avais écrit mon premier livre, une femme parmi tant d'autres, dans l'intention de laisser cette partie de ma vie derrière moi. Lorsqu'il est tombé dans la falaise, cela signifiait, selon moi, que j'avais réussi à tirer définitivement une croix sur ce passé. De même que sur le personnage du livre qui me poursuivait et qui était tombé dans la falaise.

Quant à cet autre personnage de mon songe, celui qui feuilletait un livre assis sur une pierre, sa présence signifiée que je vais bientôt terminer le deuxième tome de mon livre ;

lui aussi disparaitra dans la falaise, de sorte que cette partie de mon passé sera également reléguée loin derrière moi.

À mon retour, à l'exposition, j'ai constaté que mes enfants et mes petits-enfants ainsi que bien d'autres gens m'attendaient. Cela signifie que je n'ai pas terminé mon travail. Il me reste à écrire un troisième tome, qui serait le dernier avant de traverser la frontière.

12 heures 20. Je fais une courte halte afin d'aller dîner. Je reviens dans quelques minutes pour la suite de l'aventure. Pour continuer notre aventure.

Québec, jeudi 26 octobre 2007

Mise en situation

Hier soir, j'ai terminé le récit de 19 années de mon existence. Mon but était de relancer le récit, en deux tomes. Mais au terme de deuxième tome, je me rends compte qu'il m'en reste tellement à raconter que je conclus à l'opportunité d'un troisième tome et d'un quatrième.

J'en ai discuté avec ma fille qui a abordé dans mon sens. Elle a considéré mon idée de rédiger un troisième tome et d'un quatrième comme tout à fait naturelle. Je commence donc aujourd'hui même.

Une femme Parmi tant d'autres écrit, par Enice Toussaint

Est le deuxième Tome d'une série de quatre Tome,

Publiés par

Édition Nouveau Siècle

ENS Publishing

Pour information, contact Natatsha Casimir

Visité notre site internet: www.enspublishing.com

Courriel: ediontionsens@gmail.com

www.ingramcontent.com/pod-product-compliance
Lightning Source LLC
Chambersburg PA
CBHW071147070526
44584CB00019B/2690